正始十年

南门太守 著

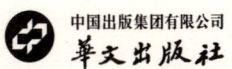

中国出版集团有限公司
华文出版社

图书在版编目（CIP）数据

正始十年 / 南门太守著 . -- 北京：华文出版社，2024.7. -- ISBN 978-7-5075-6000-8

Ⅰ . K236.09

中国国家版本馆 CIP 数据核字第 2024FS4589 号

正始十年

ZHENG SHI SHI NIAN

作　　者：	南门太守
责任编辑：	景洋子
插　　图：	李琳琳
出版发行：	华文出版社
地　　址：	北京市西城区广外大街 305 号 8 区 2 号楼
邮政编码：	100055
网　　址：	http://www.hwcbs.cn
电　　话：	总编室 010-58336239　发行部 010-58336202
	编辑部 010-58336252
经　　销：	新华书店
印　　刷：	三河市航远印刷有限公司
制　　版：	北京禾风雅艺文化发展有限公司
开　　本：	850mm×1168mm　1/32
印　　张：	12.125
字　　数：	210 千字
版　　次：	2024 年 7 月第 1 版
印　　次：	2024 年 7 月第 1 次印刷
标准书号：	ISBN 978-7-5075-6000-8
定　　价：	68.00 元

版权所有，侵权必究

如何打破历史的"恐怖平衡"

正始,是曹魏第三位皇帝曹芳使用过的年号,始于240年,止于249年。正始十年即249年,这一年四月,曹芳下诏改年号为嘉平,正始十年只存续了三个多月。不过,就在这约100天里发生了许多大事,影响到之后几年、几十年乃至更长时间的历史。

正始十年(249)正月,曹魏太傅司马懿发动了高平陵之变,将大将军曹爽及其党羽一举铲除,从而控制了朝政。之后,经过司马氏父子的接续努力,至司马懿的孙子司马炎时,通过禅让手段取代了曹魏,建立了西晋政权,结束了三国鼎立的局面。汉末群雄争霸,经过多年征战后,天下逐渐形成魏、蜀、吴三个政权;出人意料的是,最终实现统一的却是

|正|始|十|年|

晋朝,司马氏父子凭借什么做到了这一点呢?

如果以孙权称帝时的229年为时间点观察天下格局,在地图上所呈现的魏、蜀、吴三个政权的疆域面积或许相差不大,曹魏占据着北方,长江以南及广大西南地区是孙吴和蜀汉的地盘。然而,从经济总量、人口、军队数量等主要指标看,三方的差距其实非常明显。按照东汉末年的行政区划,全国共有13个州,孙吴占据的主要是扬州、荆州各一部及交州,蜀汉基本局限于益州。简单计算的话,13个州中,曹魏实际掌握着接近10个州,孙吴和蜀汉相加仅有3个州多一点。这种综合实力的比较从人口统计情况也可以看出来,蜀汉和孙吴亡国时人口分别为108万和240万,而同时期曹魏的人口为537万,天下总体是"一强对二弱"的格局,但强者很强,弱者比一般人印象中的还要弱一些。

但是曹魏未能完成统一大业,有人归其原因于赤壁之战,认为这场战役中存在的偶然性造成了天下的三分,这其实夸大了赤壁之战的影响。赤壁之战的直接后果仅是"三分荆州"而已,曹魏的实力并没有受到重创,无论是曹操还是他的继任者都有机会再次发动统一之战,但曹魏最终没有实现统一。到三国后期,吴、蜀两国经过长期战争消耗,国力下降得很快,曹魏在北方大范围屯田,经济状况相对较好,实现统一的条件更充分了,但曹魏依然没能完成统一。

魏文帝曹丕和魏明帝曹叡虽然没有曹操那样的雄才大略，但也不算昏庸无能，他们都有一定的政治抱负，在完成统一天下的事业中也做了许多努力，他们在位期间，曹魏在三国中的相对优势并没有减弱。诸葛亮当年在隆中对策中将"天下有变"作为北伐胜利的前提条件之一，但曹丕和曹叡都没有给对手这样的机会，这也是诸葛亮北伐未能成功的重要原因。

魏明帝景初三年（239）曹叡驾崩，年仅8岁的养子曹芳即位，曹爽、司马懿共同辅政。这项托孤安排有些问题，合理的安排是，要么托付给一位重臣，如刘备在白帝城托孤于诸葛亮；要么托付给几位大臣集体辅政，如曹丕托孤于曹真、曹休、陈群和司马懿。曹叡将后事托付给曹爽、司马懿二人，又不分主次，甚至让他们"各统兵三千人，共执朝政，更直殿中"，这为二人矛盾的爆发埋下了隐患。

曹爽是一个"德薄位尊"之人，能力平平，仅因为宗室的身份骤然掌握大权。为防范司马懿，曹爽身边聚集了一帮亲信党羽，在他们的怂恿下，曹爽"专擅朝政，兄弟并典禁兵，多树亲党，屡改制度"，将司马懿逐渐架空。以为大权已经稳固，曹爽和同党们于是奢华享乐起来。他们大量占官田为私有，窃取官物，向州郡求索奉献。曹爽本人"饮食车服，拟于乘舆；尚方珍玩，充牣其家"，还让何晏等人主持官员选拔。何晏"依势用事,附会者升进,违忤者罢退,内外望风,莫敢忤旨",一批正直官员因为小事而被免官,令曹魏大失官心和民心。

司马懿受排挤后一直隐忍不发,目的是让曹爽一伙的行径充分暴露,同时等待机会。正始十年(249)正月,司马懿父子借少帝曹芳和曹爽拜谒高平陵之机一举发动政变,消灭了曹爽一党,掌握了实权。此前,所有大权几乎尽在曹爽等人掌握中,司马懿之所以取得成功,主要是得到了蒋济、高柔、王观等一批曹魏老臣的支持,他们对曹爽等人早有不满,直接参与了司马懿发动的政变。政变时,许多官员发现城里有异动,预感到发生了大事,也都猜出了大概,但绝大多数人都闭门不出,静观其变,这反映出官员们希望曹爽等人下台的普遍呼声。

在曹爽等人专权期间,曹魏内部失和,政治混乱,国力不断变弱,其间,也曾出兵伐蜀,但一场大雨就让其不了了之,反映出曹魏军队战斗力的衰减。虽然"一强对二弱"的总体格局未变,但强弱之间的差距如果逐渐减小的话,就会达到一种"恐怖平衡",意味着谁都无法消灭对方。如果真是那样的话,三国分裂的局面可能不止数十年而会更长,也许会提前出现南北朝那样的大分裂时期。司马懿父子发动政变,无论其出于怎样的动机,从结果看,其实都产生了为北方政权"止损"的作用，制止了"恐怖平衡"的出现，最终使国家很快实现了统一，这是三国归晋历史意义之所在。

然而，为历史发展做出巨大贡献的司马懿，在后世人们心目中却是一个复杂的人，甚至是一个负面的人：拥有智慧，但也充满权谋；在政治上取得节节胜利，但在对手面前也显得无比冷酷；"伏膺儒教"，但也落下了篡位的骂名。人们很早就发现了司马懿身上这些矛盾之处，《晋书》既赞其"天挺之姿，应期佐命，文以缵治，武以棱威"，认为其"用人如在己，求贤若不及；情深阻而莫测，性宽绰而能容"，但同时又说他"内忌而外宽，猜忌多权变"。两面性几乎成为对司马懿评价的定论，后赵皇帝石勒甚至认为司马懿父子"欺他孤儿寡妇，狐媚以取天下也"。

三国归晋，站在成功学的角度看，司马懿父子无疑是那个时代最后的赢家；但与此同时，他们又被贴上了"阴谋家"的标签。有人从私德的角度批评司马懿的虚伪、奸诈、残忍，认为其在曹操、曹丕和曹叡时代刻意伪装逢迎才一步步走向权力的核心；有人认为司马懿父子在战争中"刚重凌厉"，留下屠城的记载；还有人认为在高平陵政变夺取权力后，司马懿父子不应该再对那些已无力反抗的对手用最残酷的手段彻底消灭。以上这些说法都有事实作为论据，确实无法抵赖。只能说，在时代的洪流面前，个人都是弱小的，往往只能被裹挟，即使司马懿父子这样的"非常之人"也难以避免，这是司马懿父子复杂、多元又充满矛盾的性格形成的原因。

本书聚焦于正始十年（249）前后所发生的历史事件，探察司马懿父子发动高平陵政变的前因与后果，在不放过历史细节的基础上总结历史的经验与教训。本书无意为司马懿父子翻案或"洗白"，而是关注他们身上的时代烙印，分析矛盾性、复杂性的成因及对历史发展的影响。本书以时间为写作顺序，为使书中的时间线索不发生混乱，凡涉及的月份如无特别注明均依据史书原文呈现。为更好地还原历史，书中使用了一些汉末三国时期通用的度量衡单位，如"斤""里"等，并在必要处进行了古今换算。特此说明。

南门太守
2024 年 3 月

目录
Contents

第一章 泥鱼之术 /1
　　一、狂风不息 /2
　　二、李刺史探府 /8
　　三、一张"便条" /14
　　四、名将凋零的时代 /26
　　五、司马懿的子女们 /35
　　六、郭太后 /44
　　七、谣言与怪石 /51

第二章 权力的失衡 /57
　　一、刘放与孙资 /58
　　二、中护军 /71
　　三、尚书台"三狗" /76

四、正始改制 /86

五、众人清醒我独醉 /97

六、走进竹林 /102

七、"忍不可忍" /109

八、政坛新生力量 /113

第三章 高平陵之变 /123

一、何晏问梦 /124

二、曹爽的自信 /131

三、"阴养死士三千" /137

四、果断出手 /144

五、"太白袭月" /152

六、放弃反抗 /159

第四章 展开清算 /169

一、最后的希望 /170

二、张当的告发 /176

三、大开杀戒 /182

四、长安惊变 /187

五、何晏与王弼 /192

六、蒋济的失望 /202

第五章 初建霸府 /209

一、三公与三台 /210

二、加强地方控制 /218

三、拒绝当丞相 /228

四、拨乱反正 /239

五、废除校事 /245

六、走出竹林 /252

第六章 吴蜀风云 /267

一、牛头山之战 /268

二、诸葛亮的继任者 /278

三、江陵之战 /284

四、孙吴陷于内耗 /291

五、孙权老了 /305

第七章　正始余音　/313

一、兖州与扬州　/314

二、引蛇出洞　/324

三、王凌束手就擒　/332

四、又一场清算　/341

五、一代魏臣入《晋书》　/350

公元 249 年大事记　/359

主要参考书目　/372

第一章　泥鱼之术

一、狂风不息

曹魏正始九年（248）十二月，都城洛阳。

眼前是一片高大、威武的宫殿群，这是竣工不久的宫城，是在原东汉洛阳南、北二宫基础上重新规划和施工的，位于洛阳城的北部，从南北方向看呈长方形，中间被一条东西向的大道分隔成了两部分，大道两边类似昔日的南宫与北宫，将朝会区与生活区分开。出了皇宫北门，有景阳山、天渊池、芳林园等皇家御苑，再往北就是洛阳城的北城墙，站在城墙上就可以清楚地看见芊芊莽莽的邙山了。

洛阳的冬天很冷，风格外大。天还没有亮，一行人匆匆地行走在街道上，中间是一乘步辇。没有人说话，只有呼呼的风声和脚步声。步辇是一种去掉轮子的小车，由人抬着行走，为帝王专用，即便是那些地位特殊的人也必须经过天子允许才能乘坐。步辇里的男人有40岁左右，精明干练，目光

第一章　泥鱼之术

炯炯有神，周身散发出一种威严之气。这个人就是大将军曹爽，他执掌曹魏政权已经有九个年头了。

曹爽是从城中的大将军府来皇宫参加朝会的。这是除休沐日外照例进行的朝会，估计今天也没有什么特别的事情需要御前决断，但曹爽仍早早出发了，这是他多年以来养成的习惯。除担任大将军一职外，曹爽还任录尚书事，即兼管尚书台。尚书台里是朝廷的中枢，天子诏令、上下公文、重要人事任免等都要从这里发出或传递，是一刻也不能停止运转的地方。正式朝会开始前，曹爽习惯先到尚书台走一趟，了解一天以来朝廷各官署及各州郡发生了哪些大事。

一行人来到皇宫南门前的大街上，没有走皇宫的正门阊阖门，也没有走东边的侧门司马门，而是顺着皇宫的东南角拐向北，走不多远，有一处东掖门，直接进去，往右一拐就是尚书台了。尚书台也称尚书寺，是在皇宫里办公的少数官署之一。此时街道上还是黑黢黢的，整个城市仍在沉睡中，但尚书台已经灯火通明了，几位尚书郎步履轻捷地穿梭其间，开始准备一天的公务。见大将军到了，尚书仆射李丰率丁谧、邓飏、黄休、郭彝等几位尚书赶忙出来迎接。尚书中还有一位何晏，他出身高贵，是魏武帝曹操的养子和女婿，又是当代知名的大学者，不喜欢按部就班，时常晚来早走。碍于是自己的长辈，曹爽也从不计较何晏的做派。

曹爽摆摆手，让众人进寺内说话。此时的尚书令是司马孚，太傅司马懿的弟弟，李丰是司马孚的副手。曹爽与司马懿曾共同辅政，之后司马懿受到曹爽的排挤回家养病，司马孚为避祸也不再过问尚书台的事情，经常请病假，曹爽也乐见于此。《晋书·安平献王传》记载："后除尚书右仆射，进爵昌平亭侯，迁尚书令。及大将军曹爽擅权，李胜、何晏、邓飏等乱政，孚不视庶事，但正身远害而已。"为避免他人的攻击，曹爽并没有免去司马孚的尚书令职务，而将尚书台的日常事务都交给了李丰。李丰虽然算不上曹爽的嫡系心腹，但很有能力，尤其善于结交朋友及处理复杂事务，曹爽对他较为满意。《资治通鉴·魏纪八》记载："曹爽专政，司马懿称疾不出……丰为尚书仆射，依违二公间。"

曹魏的尚书台总体延续了汉朝制度，只是将尚书台与九卿之一的少府彻底脱离，成为独立机构。尚书台内设六曹，分别是吏曹、二千石曹、民曹、南主客曹、北主客曹和三公曹，从官员考核任免到政事、民事、狱讼等都管，权力极大。曹爽听了各位尚书的汇报，见没有什么特别的事情，都是一些例行公务，就离开了尚书台。曹爽往西走，由止车门进去，过端门，走过宽敞的广场，上到太极殿，准备参加于卯时开始的朝会。

此时天子名叫曹芳，是魏明帝曹叡的养子。魏明帝无子，临终前立齐王曹芳为太子，升曹氏宗亲曹爽为大将军，命曹爽与时任太尉的司马懿共同辅政,二人共同录尚书事,那时曹芳仅8岁。曹爽辅政以来,先以明升暗降的手法将司马懿由太尉升为太傅,但不再提录尚书事一事,大事均由曹爽说了算。接着,曹爽重用亲属,广植亲信,罗织党羽,将他们一一安插到要害岗位,将权力牢牢掌握在自己手中。曹芳一天天长大,慢慢到了可以亲政的年龄。普通男子20岁行冠礼,预示着已成年,而帝王往往可以更早些,如周文王12岁而冠、周成王15岁而冠、汉武帝16岁而冠,就连一生都没能摆脱傀儡命运的汉献帝刘协都是在14岁时行的成人冠礼。而曹芳已经17岁了,曹爽却没有为他行冠礼、加元服的任何打算,因为那样一来就不需要有大臣辅政了。

  太极殿上的朝会没有持续太长时间,在这里通常只起到通报的作用,重要事项的酝酿和决策都是在大将军府里进行,朝臣们已习惯了这样的做法,所以曹爽所奏之事一般都无人反对,天子曹芳也从不驳回。曹爽简短说了几件事,其中重要的只有河南尹李胜改任荆州刺史这一条。曹爽说完,无人反对,曹芳一一诏准。见再无人说话,曹芳便起身返回后宫。曹爽步出太极殿,大臣们跟在后面鱼贯而出。

  曹爽出来,见风还是那么执着地刮着,不禁皱了皱眉头。太极殿十分高大,曹植在《毁鄄城故殿令》中称"故夷朱雀而树阊阖,平德阳而建泰极",这里的"阊阖"即曹魏洛阳宫正门，类似故宫的天安门；"泰极"即"太极"，是在原德阳殿旧址上新建的。这是一项浩大工程，历时多年，动用了至少四万名工匠。这是魏明帝曹叡的杰作，当年为了重修皇宫，他顶住了众多大臣的劝谏，还下令让大臣们参加义务劳动，却来不及享用便驾崩了。曹爽想到了魏明帝，想到了当日托孤的场面，心情有些复杂。

  这时，天微微有了亮色，应该是一个晴天，但风实在太大了，将宽大的袍袖吹得向后飘动。曹爽拉了拉袍服，正准备离开，忽然听到扑通一声闷响，吓了一跳，正陆续向广场走去的大臣们也听见了，纷纷停下脚步回头观望。几名卫士循声跑过去，很快便回来报告，说风太大了，将太极殿东边屋脊上一个不算小的构件吹落，掉在地上摔碎了，有没有其他损坏不详，马上去查。听了报告，曹爽大吃一惊，没想到风会这么大。这是一场记载在史籍里的罕见大风，前后刮了几十天。《晋书·五行志》记载：

> 正始九年十一月，大风数十日，发屋折树，十二月戊午晦尤甚，动太极东阁。

  著名术士管辂看到这么大的风，悄悄对朋友说："此为时刑大臣，执政之忧也！"管辂认为这是哪位大臣将死于非命

第一章 | 泥鱼之术

的征兆，所以深为当政者忧虑。古人认为一切奇异的自然现象之所以发生，最终原因都与人事、政治、社会生活相关联。上天要预示或警示什么，就会通过地震、冰雹或大雨大风来表现。现在政治黑暗、小人当道，上天刮大风不仅是警示，而且要诛杀作恶的大臣。曹爽一向迷信，认为这场风不简单，恐怕预示着某种不祥。曹爽听说汉末时大将军何进执掌大权，号令天下，但突然下起大雨，一连下了几十天，结果雨还没有停，何进就在这一带的皇宫中死于非命。想到这里，曹爽心中一凛，眼睛不禁向东南方向的某处望去。正在这时，身后有人说话，也在议论这个风。曹爽回头，见是刚被提拔为荆州刺史的李胜正跟尚书邓飏说话。曹爽向二人递了个眼色，二人立即会意。

　　还没有半个时辰，李胜、邓飏便来到了大将军府，丁谧、何晏及大司农桓范随后也赶到了。这几个人经常在一起议事，曹爽每遇重大且不好决策的事情，必然会将他们叫过来商量。今天的核心议题是这场风，曹爽让众人分析一下会不会有什么不祥之事发生。众人想了半天，觉得大将军时下的地位已稳如泰山，实在想不出来会遇到什么挑战。

　　桓范十分留意朝野动态，特别是司马懿的一举一动，经常以此提醒曹爽，但并没有引起曹爽的警觉。桓范见曹爽为大风不止而不安，就趁机再提须防范司马懿。其实，刚才走出太极殿时，曹爽下意识地也想到了司马懿，所以禁不住往太傅府所在方位看了看，经桓范这么一说，曹爽更觉不安。司马懿自去年（247）起称病不出，平时不怎么见客，对于他目前的真实情况，曹爽等人并不掌握。

几个人商量了一下，觉得有必要派人去司马懿那里探探情况，并借机摸一摸司马懿对目前政局的看法。可是，贸然派个人去显得很唐突，会引起司马懿的警觉。商量了一阵，众人觉得眼前倒有一个好机会：李胜新任荆州刺史，按照规矩，行前应向三公辞行，司马懿是太傅，地位高于三公，去他府上辞行是一件正常的事，不会引起司马懿的警觉，可借此对其进行近距离观察。

二、李刺史探府

司马懿的太傅府距皇宫不远，在宫城的东面，这里是大臣府邸的集中区，曹爽的大将军府也在这个区域内，位置在太傅府以北。曹爽之所以将自己的府邸放在偏北的地方，是因为再往北就是太仓、武库所在，都是极为要害的地方，大将军府就近设置，必要时可用最短的时间控制这些地方。李胜来到太傅府，说明来意，有家人把将他引至客厅。过了好半天，司马懿才被两名婢女搀扶着走了进来。李胜有一阵没有见过司马懿了，

第一章 | 泥鱼之术

见面后吓了一跳，觉得太傅一下子老了很多，人瘦了，背也彻底弯了，目光呆滞，不说话都气喘吁吁的。

司马懿虽然是晋朝基业的创建者，但严格说来，他是汉魏人物：出生于东汉末年，一生的主要事业建立在曹魏时期。记载汉末三国人物的史书，无论《后汉书》还是《三国志》，对司马懿的相貌都没有具体描写，人们只知道他很长寿，这一点远超曹操、刘备、诸葛亮、曹丕等人。东晋权臣桓温是晋明帝司马绍的女婿，生性豪爽有气概，姿貌甚伟，面有七星。桓温特别钦佩司马懿，认为自己长得与司马懿有些像，并且有司马懿那样的气质与风采。《晋书·桓温传》记载，桓温年轻时曾与沛国人刘惔为友，刘惔说："温眼如紫石棱，须作猬毛磔，孙仲谋、晋宣王之流亚也。"《晋书·桓温传》还记载："初，温自以雄姿风气是宣帝、刘琨之俦，有以其比王敦者，意甚不平。"这里详细写到了桓温的相貌，并刻意与司马懿进行对比，让人间接了解到司马懿的一些风采。

关于司马懿的长相，《晋书·宣帝纪》中有一段著名描写："帝内忌而外宽，猜忌多权变。魏武察帝有雄豪志，闻有狼顾相。欲验之。乃召使前行，令反顾，面正向后而身不动。"所谓"狼顾相"，就是能像狼一样在不转动身体的情况下把头扭到后面，这样的动作除非天生有特异功能，一般人是做不到的，所以很多人相信凡有这个功能的人都属于天生"反骨"

的那一类。对于这件事，曹操不仅听说了，而且还亲自验证过。《晋书·宣帝纪》还讲了另外一件事情，说曹操做了一个梦，梦见三匹马在同一个食槽里吃食，曹操认为"三马"指的是司马懿和他的两个儿子司马师、司马昭，"槽"与"曹"同音，指的是他们曹家。曹操心里很烦，对曹丕说："司马懿非人臣也，必预汝家事。"

这两件事情虽然被记录在正史里，但可信度值得怀疑。曹操阅人无数，识人甚准，有一本流传甚广的叫作《面经》的书，是说如何从面相来识人的，这本书不知作于何时、作者何人，但作者大都署名为曹操，说明曹操善识人是有些名声的。从曹操的经历看，对于潜在的对手，一经确认，无论来自内部还是外部，曹操都会迅速而果断地给予痛击，彻底击垮对手才能保证自身的安全，这是曹操的安全观。如果曹操真的认为司马懿"非人臣"，怎会留下他的性命？《晋书·宣帝纪》里讲的这两件事充满野史式的传奇性，目的是宣扬"曹马之争"早已有之，宣扬司马懿其实一直受到迫害和打压，为他日后背叛曹魏寻找借口。只是这样的故事写进《世说新语》这样的书中很合适，写进正史里则有些不够严肃。

现在，李胜眼中的司马懿完全是另外一副样子：无比衰老，似乎正在走向生命的尽头。司马懿披了件衣服，想伸出手扶一下衣服，结果反而把衣服弄掉到地上。坐下后，司马懿似乎说不出话来，指着嘴，似乎是在说"渴了"，婢女马上拿来粥让他喝。司马懿喝粥，但手拿不稳盛粥的杯具，哆哆嗦嗦，结果把粥洒得到处都是，弄脏了衣服。《三国志·曹爽传》裴松之注引《魏末传》记载：

> 爽等令胜辞宣王，并伺察焉。宣王见胜，胜自陈无他功劳，横蒙时恩，当为本州，诣阁拜辞，不悟加恩，得蒙引见。宣王令两婢侍边，持衣，衣落；复上指口，言渴求饮，婢进粥，宣王持杯饮粥，粥皆流出沾胸。

李胜是荆州刺史部南阳郡人，此时回荆州任刺史，故称"本州"。汉末官员实行籍贯回避制，去地方任职除须回避本人籍贯外，还要遵守"三互法"："朝议以州郡相党，人情比周，乃制婚姻之家及两州人士，不得对相监临。至是复有三互法，禁忌转密，选用艰难。"（《后汉书·蔡邕传》）即婚姻之家亦须互相回避对方的原籍，两州人士也不得分别到对方原籍任职，制度十分严格。曹魏建立后，"三互法"逐渐废弛，李胜甚至能回到自己的原籍任职。司马懿比诸葛亮小两岁，出生于179年，本年按虚岁算刚好70岁，在人的平均寿命还不到30岁的汉末三国时期，这个年龄绝对算高寿了，但也是极易衰老的阶段。对于李胜此次拜访司马懿的情景，《晋书·宣

| 正 | 始 | 十 | 年 |

帝纪》也有记载,细节大致与上述记载相同,只是说"帝不持杯饮,粥皆流出霑胸",说司马懿已经拿不动杯具,靠婢女喂食,如同婴儿那样,结果仍洒得胸前到处都是。

  见此状,李胜不胜唏嘘,不由自主地流下了眼泪。李胜道:"听说太傅只是旧风发作,不想尊体竟然如此!"司马懿好像这时才打量了李胜一下,连喘带咳地说:"我已老了,疾病缠身,死在旦夕。你屈尊去并州上任,并州与胡人很近,平时当妥善准备。今天一别,恐怕今后难以见面了!"李胜纠正道:"我要去荆州,不是并州。"司马懿好像仍未听明白,反问道:"君才到并州?"李胜大声说:"是去荆州!"司马懿不好意思地说:"年老意荒,不解君言。这次你回归本州,愿早建功勋!"说着,司马懿还将儿子司马师、司马昭托付给李胜,要他们与李胜结为好友,请李胜多多照顾。《三国志·曹爽传》裴松之注引《魏末传》记载:

  胜愍然,为之涕泣,谓宣王曰:"今主上尚幼,天下恃赖明公。然众情谓明公方旧风疾发,何意尊体乃尔!"宣王徐更宽言,才令气息相属,说:"年老沉疾,死在旦夕。君当屈并州,并州近胡,好善为之,恐不复相见,如何!"胜曰:"当还忝本州,非并州也。"宣王乃复阳为昏谬,曰:"君方到并州,努力自爱!"错乱其辞,状

第一章 | 泥鱼之术

如荒语。胜复曰:"当忝荆州,非并州也。"宣王乃若微悟者,谓胜曰:"懿年老,意荒忽,不解君言。今还为本州刺史,盛德壮烈,好建功勋。今当与君别,自顾气力转微,后必不更会,因欲自力,设薄主人,生死共别。令师、昭兄弟结君为友,不可相舍去,副懿区区之心。"因流涕哽咽。胜亦长叹,答曰:"辄当承教,须待敕命。"

李胜见状,只好告退。见到曹爽等人,李胜报告说司马懿离死已不远了,目前形神已离,不足为虑。过了几天,与司马懿相见的场景仍历历在目,李胜不禁又感叹说太傅的身体已不可回转,令人怆然。曹爽等人一听,心中大宽,对司马懿不再防范。《晋书·宣帝纪》记载:"胜退告爽曰:'司马公尸居余气,形神已离,不足虑矣。'他日,又言曰:'太傅不可复济,令人怆然。'故爽等不复设备。"

其实李胜看到的都是假象,他不知道司马懿是历史上最有名的"装病高手"之一——年轻时不想应曹操征辟,就曾装过一次病,且一装就是几年;现在老了,司马懿的伪装术更锤炼到了炉火纯青、出神入化的境界。清代学者赵一清就此指出:"司马惯以此术愚人,何前后如出一辙也。"

在司马懿眼中,李胜是典型的不速之客,登门拜访的原因不问自明,所以就给他演了一出戏,偏偏李胜又很容易受骗。其实，只要李胜多一些心眼儿，司马懿的骗术便能识破，如清代学者何焯指出："胜言'当为本州'，懿若不知荆州，何缘错误曰并州？即一字可悟其诈。盖意气骄溢，不复审察，遂冥然无觉耳。于此得其匿情相伺之机，固不难为备也。"曹爽、李胜等人之所以上当，大概在于司马懿的衰弱之状正是他们渴望看到的结果，这才"宁可信其有，不可信其无"吧。

三、一张"便条"

送走不速之客，司马懿陷入深思。《晋书·宣帝纪》记载，司马懿是去年（247）五月"称疾不与政事"的。一年多来，司马懿从未外出，除了几位密友，平时很少见客。表面上，司马懿以太傅的身份位居曹魏众臣之首，品秩甚至高于大将军曹爽，但他深知自己早已远离了权力的核心，所以对时局不再发表任何看法。

这种状况违背了魏明帝当年托孤的本意。景初三年（239）魏明帝驾崩，太子曹芳继位，曹爽、司马懿两位托孤大臣均加侍中衔、假节钺，均以"都督中外诸军事"和"录尚书事"的身份共同辅政，这是魏明帝生前做出的安排。曹爽是大将军，司马懿当时是太尉，从品秩上说，大将军位在三公之上，曹爽的地位比司马懿稍高，但早在九年前，司马懿就已经担任过大将军，又是曹爽的前任，资历更高。大将军和太尉都属外朝官，按制度不能随意出入宫省，因而要加侍中，有了这项安排，二人就可以随时出入宫省了。"都督中外诸军事"是统率全国武装部队的意思，"录尚书事"指兼管尚书台事务。

曹爽和司马懿二人分揽了内外朝大权及军政大权，但对其二人的安排竟然一样，这在历史上绝无仅有。不仅如此，《晋书·宣帝纪》记载，曹芳同时诏令曹爽与司马懿"各统兵三千人，共执朝政，更直殿中"。魏明帝只是让曹爽和司马懿共同辅政，并没有说二人谁主谁次，如果他们的权力一样大，遇到意见不统一时谁来裁判和调解呢？一般来说，出现这种情况时，有两个人出面最合适：一个是天子，一个是皇太后。但天子只有8岁，还是未成年人，大人的事管不了；郭太后倒是很有见地，也很有威望，但曹爽不想让她过多参与朝政，因为这个女人做事太有主见。所以，为了表明大家是"共同辅政"，宫中的禁军也分别由二人掌管。这是魏明帝临终前的安排，还是曹爽主动提出来的？抑或司马懿与曹爽斗争来的结果？已经不好说了。只能说，能做出这样的安排，也是煞费苦心了。

对于"各统兵三千人，共执朝政，更直殿中"，有人理解为曹爽和司马懿各自率领3000名禁卫军，隔一天由一方轮流守值于宫中。如果这样理解，那就错了。皇宫虽不算小，但可供居住的面积并不大，3000人都住进去是不可能的，而且一天换防一次,就更不可能了,那样非乱套不可。要理解这句话的含义,就需要先了解京师有哪些防卫力量并区分相应的职责。曹魏基本承袭的是汉制,京师内外防卫采取的是"分段负责制",即各区段分别由不同的部门负责:省内是天子和后宫妃嫔居住的地方,守卫工作由宦官负责;省外宫内由光禄勋和卫尉负责,其中统领虎贲、羽林和一些郎官的光禄勋负责宫殿值守,卫尉负责宫城内的巡逻及宫门守卫;皇宫以外、城墙以内由执金吾负责;城墙、城门守卫由城门校尉负责;城外主要由北军五营负责。以上各部互不隶属,直接向天子负责。

曹魏京师防守分工情况表

部门	守卫范围	人数
宦官	省内	300~1500
光禄勋	殿中侍卫	2500~3500
卫尉	宫城宿卫	3000~5000
执金吾	宫外城内	750
城门校尉	城墙城门	2000
北军五营	城外	4000

这种分工的好处是可以充分制衡,避免所有禁卫部队由一个部门或一位朝臣掌握所带来的风险。但缺点是各部门之间不好衔接,信息不畅,无法充分配合,当突发事件来临时往往不

知所措，这就给政变者以可乘之机。东汉末年宫廷政变频频发生，而且成功率颇高，就与这种防卫机制的漏洞有一定关系。

司马懿身为太尉，按名义直接分管光禄勋和卫尉，掌握着禁卫后宫的主要力量。当然这是名义上的，汉末至曹魏，三公越来越成为一种荣誉，如果不加侍中，连宫省都不能随意出入，如果不"都督诸军事"和"录尚书事"，日常军事政务也无法插手。名义上，北军和南军由大将军执掌，但他们距皇宫较远，中间隔着好多层，从以前历次宫廷政变的情况看，左右成败最关键的力量是直接守卫皇宫的殿中侍卫与宫城宿卫，也就是虎贲、羽林等禁卫军，待政变的消息传到北军五营，基本上大局已定了。从以上分析可以推断，所谓"各统兵三千人，共执朝政，更直殿中"，意思是守卫皇宫的虎贲、羽林等禁卫军编制为6000人，由曹爽和司马懿各执掌一半，他们本人则轮流在宫中值守。这样一来，权力就可以得到制衡，谁想闹事都不容易了。

对于曹爽之前的经历，史书记载不详，说明他在成为辅政大臣前几乎碌碌无为。曹爽年龄也不详，作为名将曹真的儿子，他的年龄应该与司马懿的长子司马师不相上下。骤然荣登一人之下、万人之上的大将军之位，又被封为武安侯，食邑12000户，并能"剑履上殿、入朝不趋、赞拜不名"，这些都是人臣所能达到的极致。有的人"一朝权在手，便把令来行"，有的人得志便猖狂，初掌权柄的曹爽则希望以实际行动向世人展示自己绝不是那样的人。《三国志·曹爽传》记载："宣王以爽魏之肺腑，每推先之，爽以宣王名重，亦引身卑下，当时称焉。"曹爽把司马懿当父辈看待，有事一律登门拜访，从不敢独断专行；而司马懿也对这个晚辈十分尊重，处处礼让。

难道史书记错了？没有错，这是真的。曹爽的父亲曹真有一个妹妹嫁给了夏侯尚，后被封为德阳乡主，夏侯尚即夏侯玄之父。夏侯玄有一个姐姐名叫夏侯徽，正是司马懿长子司马师之妻。所以，夏侯徽是曹爽的表妹，司马师是曹爽的表妹夫，论亲戚关系，曹爽觉得司马懿属于自己的父辈。更重要的是，曹爽知道司马懿的厉害，也知道自己几斤几两，所以在共同辅政之初，他相当低调和规矩，对司马懿表现出来的是诚心诚意的尊敬。司马懿对这个晚辈固然谈不上有多少好感，但他一贯顾大局、识大体，魏明帝临终前洒泪相托，他也下决心把齐王辅佐好。如果一直这样做下去，你敬我让，大家相安无事，那确实很好。

考虑到司马懿那时候已经60多岁了，人到暮年，时日无多，曹爽更应该忍耐。曹爽似乎也明白这些道理，他也想忍，忍到可以出头的那一天。但是，"忍字心上一把刀"，刀扎在肉里会疼，扎在心里更是痛苦万分。忍耐，需要定力，

第一章 | 泥鱼之术 |

更需要境界。曹爽偏偏不是能忍得下的人，事事都请示，天天都得装出尊重和客气的样子，他觉得不开心。因为有了权力，曹爽跟前很快聚集起何晏、夏侯玄、邓飏、丁谧、李胜、毕轨等人，曹爽对他们言听计从。《资治通鉴·魏纪六》记载："晏等咸共推戴爽，以为重权不可委之于人。"这个"人"，显然是指司马懿。曹爽年轻，有些事情没有亲身经历过，何晏以"老前辈"的身份向他回顾了司马懿的历史，提醒曹爽，此人绝不简单，别看他平时不哼不哈、不怨不怒，那只是时机还没有到。

其实，这些话不用何晏说，曹爽也明白。之前他与司马懿虽然没有太多交往，但共同辅政以来，他已经领教了此人的深不可测：有功不自傲，不摆老资格，无论什么事都不跟人争，不跟别人翻脸，说话做事滴水不漏。一个锅里吃饭，哪有勺子不碰锅沿的？但司马懿偏偏不碰，能让的则让，不能让的也让，纵然他人想吵架也找不到机会，这样的人十分可怕。

除了何晏，丁谧也跑来劝曹爽，认为司马懿有大志且得众心，其心难测，须加防备。曹爽问丁谧有什么好办法，丁谧出了一个主意，说可以采取明升暗降的办法，奏请皇上升司马懿为太傅。《三国志·曹爽传》记载："丁谧画策，使爽白天子，发诏转宣王为太傅，外以名号尊之，内欲令尚书奏事，先来由己，得制其轻重也。"太尉是三公之一，太傅却是上公，平时不常设，唯有地位特别崇高之人可为之。尊司马懿为太傅，一来彰显对司马懿的尊崇，二来可以逐步解除其实权。

曹爽认为这是一个好办法，但程序上一定要做圆满，不能让人看出自己的真实心思。曹爽让其弟曹羲出面上表，尊司马懿为太傅。为了这份奏疏，曹羲一定找了很多人商议，因为他所上的这份长篇奏疏写得文辞华美，引经据典，非饱学之士无法写就。这份奏疏记载在《三国志·曹爽传》裴松之注引《魏书》中，首先追忆了一大堆父亲曹真的往事，然后突然转到司马懿身上，用德、爵、齿等三项标准评价司马懿。所谓"德"就是德行、品德，曹羲认为司马懿在这方面做得非常好，值得百官效仿；"爵"是履历，是过往的功绩，这方面司马懿更没的说，为曹魏屡立大功；"齿"是年龄、资历，在众人心中的威信，司马懿自然也不必说。总而言之，从各方面看，司马懿都堪称德高望重，非太傅这样的崇高职位不足与其相称。奏疏递上，在曹爽的运作下很快便被诏准，参照邓禹的先例授予司马懿太傅之职。诏书里没说司马懿升任太傅后是否仍"都督中外诸军事"及"录尚书事"。在《三国志·三少帝纪》中保存着另一个版本的诏书："太尉体道正直，尽忠三世，南擒孟达，西破蜀虏，东灭公孙渊，功盖海内。昔周成建保傅之官，近汉显宗崇宠邓禹，所以优隆隽乂，必有尊也。其以太尉为太傅，持节统兵都督诸军事如故。"这里说，司马懿仍"持节统兵都督诸军事如故"，但是很重要的"录尚书事"却没有了。《三国志·曹爽传》进一步解释，曹爽"外以名号尊之，内欲令尚书奏事，先来由己，得制其轻重也"，根据这条记载，尚书台之前同时奏事于二人，司马懿任太傅后改为先向曹爽奏事，曹爽再决定哪些让司马懿知道，哪些不让他知道。无论哪种情况，总之，司马懿被曹爽架空了。

一开始，曹爽等人还担心他们的一系列行为会引起司马懿的反抗，甚至遭到激烈的抗争，因为就连他们自己都觉得做得有些过分。可让他们颇感意外的是，司马懿并没有什么特别反应，甚至没有任何反应。自从改任太傅以来，司马懿实际上被闲置起来，一切军政事务都由曹爽一人掌管，司马懿的辅政大臣角色虽然没有明确被废除，但实际上已不复存在了。

尽管朝野上下不少人对此有看法，认为曹爽这样做对司马懿很不公，但众人也都保持着沉默。在这种情况下，司马懿知道远离权力中心、不再过问世事是最明智的选择。改任太傅时，诏书授予司马懿"入殿不趋，赞拜不名，剑履上殿，如汉萧何故事"，但他很少再过问时事，后来干脆称病在家，不再上朝。

正始八年（247），司马懿称病不出后不久，孙吴兵分三路来攻。曹爽不懂军事，之前曾亲率大军远征汉中，结果劳

| 正 | 始 | 十 | 年 |

师无功,令其威望大损。曹爽知道,放眼整个曹魏,论军事才能和在军中的威望,没有人能超过司马懿。现在要打退孙吴的进攻,还得司马懿出来才行。曹爽派人去请司马懿,说有紧急军情要商议。司马懿推说有病,难以入朝。曹爽无奈,只得请曹芳下诏将有关军情转给司马懿,请他帮忙分析一下,提出用兵之策。就此,司马懿只做了简略回复,其内容写在一张"便条"上,仅17个字:

之白,阿史病转差未,皆外曹尚患,之白,书法。

这是一张有司马懿亲笔书写字迹的"便条",这张"便条"被保存了下来,就是书法史上著名的《阿史帖》,是司马懿唯一传世的书法真迹,刻入宋太宗《淳化阁帖》中。此帖以章草写就,虽锋芒尽藏,但也章法有度,为魏书佳作。"之""白"等字在帖中重复出现,却无一相同,诡异多变。清代李瑞清临此帖时评论:"笔笔如铁铸之。"帖中的这些字句有些难以理解,后世也多有争论,只有拆分开看并逐一分析,才能了解全句的含义:

"之":句首虚词,无实际意义;
"白":陈述、报告、禀报;

"阿":谦辞;

"史":我,司马懿曾任曹操的丞相长史;

"病":正在病中;

"转":转来的军情;

"差":交代的差事;

"未":未能完成;

"皆":全部;

"外":分析起来似为"列",整理后转交之意;

"曹尚患":分析起来似为"曹尚书",指录尚书事的曹爽;

"之":同前,无实际意义;

"白":同前,陈述、报告;

"书法":书写此便条。

　　将帖中17个字连起来看,其大意应是:我向您禀报,因为生病,所转交的差事未能完成,关于军情的材料全部转交到曹尚书处,书写此便条向您报告。皇帝如有诏书下达,理应以正式奏疏回报,根据《阿史帖》的内容看,司马懿似乎没有专门写诏书,而只是以"便条"的形式回复,大概是想说自己病得实在太重,不仅无法研读军情材料并提出用兵对策,就连亲笔撰写一份奏疏也难以完成了。

| 正 | 始 | 十 | 年 |

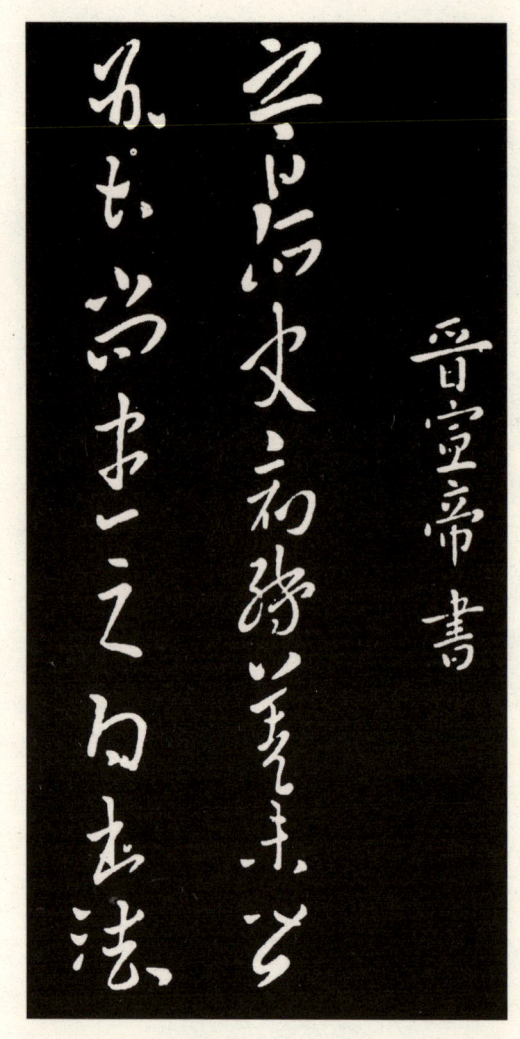

司马懿书《阿史帖》

第一章 泥鱼之术

这场仗没能打起来。《三国志·王基传》记载，身居魏吴前线的扬州刺史诸葛诞命安丰郡太守王基研判军情，王基认为："昔孙权再至合肥，一至江夏，其后全琮出庐江，朱然寇襄阳，皆无功而还。今陆逊等已死，而权年老，内无贤嗣，中无谋主。权自出则惧内衅卒起，痈疽发溃；遣将则旧将已尽，新将未信。此不过欲补定支党，还自保护耳。"王基认为陆逊等老将死后，孙权自己也已年老，想亲自率兵出击又怕内部生乱，他现在扬言大举攻魏，只是以攻为守而已，不必过于理会。事后果如王基判断的那样，孙吴方面"雷声大、雨点小"，并没有什么实质性动作。

司马懿之所以冒着违诏的风险不发表任何看法，是想彻底脱离朝政。面对曹爽一伙的咄咄逼人，司马懿知道自己处于明显下风，如果立即与曹爽等人公开对抗，等待他的将是暴风骤雨般的迫害。对决一旦形成，司马懿没有丝毫把握站在自己一边的人会更多，甚至不敢保证有没有人会公开地站在自己一边。尽管有不少大臣心中对曹爽等人充满了怨愤，但面对屠刀，大多数人会本能地选择沉默。司马懿不仅也要学会沉默，而且不能被对手看出破绽，他必须装得很像，必须让对手放心。

鱼离不开水，遇大旱时河湖干涸，不少鱼会因为失去水分而死亡；有一些鱼却能生存下来，它们被称为泥鱼。与众多拼命挣扎、抗争的鱼不同，泥鱼会为自己找到一处不易干涸的泥地，将整个身体钻进泥中，之后像冬眠的动物一样一动不动。如此一来，无论外面多么干旱，泥鱼身上的水分也不会失去，能够长时间生存下来。待到干旱结束时，河湖涨起了水，泥鱼便会迅速从泥中钻出，在水中纵横畅游。这时，河湖之中有许多鱼的尸体，它们是那些在干旱时挣扎后死去的鱼，便成为泥鱼丰富的食物。只要能度过最艰难的时光，就能迎来称霸于水中的日子。这是泥鱼的策略，也是司马懿目前正在做的事。

四、名将凋零的时代

对于赋闲在家、几乎不再直接掌握权力的太傅司马懿，大将军曹爽为什么还如此忌惮呢？为什么不能通过雷霆手段将司马懿铲除以解除后顾之忧呢？这大概与司马懿及其家族复杂的历史有关，也与魏明帝继位以来曹魏面临的"人才荒"有关。

司马懿，字仲达，汉末司隶校尉部河内郡温县（今河南省温县）人，他的父亲司马防曾任河南尹。司马防有八个儿子，个个都很出色，时人称为"八达"。《左传》说"圣人有明德者，若不当世，其后必有达人"，根据唐朝经学家孔颖达的解释，"达人"的意思为"智能通达之人"。司马懿在"八达"中排行第二，他的哥哥名叫司马朗。温县的司马氏家族是一个名门望族，自楚汉相争时的名将司马仰开始，历经八世，到东

第一章 泥鱼之术

汉安帝时家族出了个征西将军司马钧；司马钧有个儿子名叫司马量，做过豫章郡太守；司马量有个儿子名叫司马俊，做过颍川郡太守；司马俊就是司马防的父亲。

司马懿从小有奇志，聪明过人，有雄心大略，同时博闻强识，对儒学有很深造诣，面对乱世常常心怀感叹，以天下为忧。本地有一位善于识人的名士叫杨俊，早年见过司马懿，那时司马朗已经小有名气，而司马懿还无人知晓，但杨俊对司马懿评价很高，认为其远远超过司马朗。冀州名士崔琰虽然跟司马朗关系很好，但他也有相同看法，曾对司马朗说："你兄弟聪明、智慧，处事允当，并且刚断有谋，你是比不了的。"

但司马懿入仕比较晚，直到22岁才担任本郡上计掾。汉代郡县在每年结束时要将本地的户口、垦田、钱谷、刑狱等情况编制为"计簿"，派专人向上呈报，称"上计"，司马懿就是负责这项工作的。这时已经是汉献帝建安六年（201），官渡之战都已结束了，司马懿的老家河内郡被曹操占领，所以他要把本郡的"计簿"送往当时的都城许县（今河南省许昌市）。曹操因此知道了他，发现他是个人才，准备让他到自己的司空府任职。这是一件让人向往的事，但司马懿却拒绝了。《晋书·宣帝纪》的解释是："帝知汉运方微，不欲屈节曹氏，辞以风痹，不能起居。"曹操有些怀疑，就派人夜里到司马懿家中察看，结果发现司马懿果然躺在那里一动不动，

| 正 | 始 | 十 | 年 |

于是就信以为真，不再强迫他了。《晋书·宣帝纪》还记载了一个故事，说有一天司马懿在院子里晒书，突然下起暴雨，司马懿一着急，忘了自己在装病，起身跑过去收书，这件事恰巧被家里的一个婢女看到了。司马懿的妻子张春华很有手段，亲手把这个婢女杀了灭口。

但司马懿没能坚持到底，他还是出来做事了。《晋书·宣帝纪》记载，曹操当上丞相后征召司马懿到丞相府任文学掾，曹操命令说："若复盘桓，便收之！"司马懿害怕了，于是出来任职。不久，曹操的儿子曹丕和曹植为争夺继承权而发生争斗，双方身边各聚集起一帮人，司马懿也被卷入其中。他站在了曹丕的一边，为曹丕出主意，"每与大谋，辄有奇策"。曹丕对司马懿十分倚重，司马懿被称为曹丕身边的"太子四友"之一，另外三位分别是吴质、陈群和朱铄。

汉献帝建安二十年（215），曹操征讨汉中的张鲁，司马懿以丞相主簿身份随军，是曹操身边的主要参谋人员之一。夺取汉中后，司马懿建议趁势攻取益州，曹操没有接受；但事后又感到后悔，认为当时的确是一个夺取益州的好机会。建安二十四年（219），司马懿升任太子中庶子，后转任军司马，他向曹操提出在边境地带屯田以解决驻军的粮食问题，被曹操采纳。曹丕称帝后，司马懿被任命为尚书，又转任督军、御史中丞，并被封为安国乡侯。曹魏黄初二年（221），

第一章 | 泥鱼之术 |

升任侍中、尚书右仆射。黄初五年（224），曹丕伐吴，命司马懿以抚军大将军身份镇守许县，此时许县已改名为许昌。曹丕虽然只交给司马懿5000人马，但此举意义深远，因为过去文职官员几乎没有领兵的先例，尤其是世家大族出身的文官，出于对他们的防范，曹魏的兵权一般只掌握在曹氏、夏侯氏，以及张辽、徐晃那样不问政治的职业军人手中，司马懿领兵打破了先例，反映出曹丕对他的无比信任。

黄初七年（226）五月，年仅40岁的曹丕驾崩，临终时指定司马懿与中军大将军曹真、镇军大将军陈群、征东大将军曹休为辅政大臣。曹叡继位后司马懿升任骠骑将军，晋爵为舞阳侯，驻守在宛县（今河南省南阳市），负责荆州、豫州方向的军务。魏明帝太和元年（227）新城郡太守孟达准备反叛，相邻的魏兴郡太守申仪向朝廷告发，曹叡不相信，因为申仪与孟达一向存在矛盾，担心申仪是在报复。曹叡把这件事交给司马懿处理，司马懿派人到新城郡访查，经过秘密调查，申仪的举报被证实。司马懿向朝廷提出建议征孟达入朝，若孟达要造反，必不敢来。孟达听到风声，深感惊惧，决定提前起事。司马懿一面设法稳住孟达，一面不待曹叡诏书到达就向新城郡发兵，最终抓到孟达，将其斩首，将首级呈报京师。此战堪称中国古代"闪电战"的经典案例，事后曹叡下诏对司马懿予以嘉奖。

| 正 | 始 | 十 | 年 |

曹魏太和五年(231)，负责西部战事的大司马曹真去世，诸葛亮于此时又发动了第四次北伐。曹叡不得已，升司马懿为大将军，进驻长安（今陕西省西安市），督率车骑将军张郃、雍州刺史郭淮等迎战蜀军。当时，诸葛亮又进攻祁山堡（今甘肃省礼县祁山乡境内），司马懿率主力去救，之后大胜蜀军，诸葛亮被迫撤退。青龙二年（234），诸葛亮再率10万人马通过秦岭山中的斜谷道攻击关中，因司马懿早有准备，一时无法取胜。诸葛亮指挥蜀军占据五丈原（今陕西省岐山县境内）。司马懿坚持拒守不战的原则，诸葛亮几次挑战，司马懿都不出战。诸葛亮派人给司马懿送来女人的衣服、饰品，想激司马懿出战，司马懿仍不出战。当年八月，诸葛亮病逝于五丈原，之后蜀军主动撤退，司马懿登上五丈原。

辽东地区一直被公孙氏割据占领，他们只是表面归顺曹魏，到公孙渊在辽东主事时，独立甚至反叛的想法更甚，曹叡派人征讨，却失败了。曹魏景初二年（238），曹叡决心再征辽东，当时有这个能力和把握的人只有司马懿。司马懿由长安奉命回到洛阳，曹叡问他讨伐辽东需要多少人马，司马懿说至少四万；曹叡又问此次平定辽东需要多长时间，司马懿回答说需要一年。曹叡于是命司马懿率领四万人马征讨辽东。这一仗打得很艰苦，最终魏军在司马懿的指挥下取得了胜利。魏军春天出发，夏天赶到，秋天把仗打完，公孙渊战败被杀，魏军平定了辽东，解决了数十年来公孙氏割据称雄的问题，司马懿履行了对曹叡所做的承诺。

回顾以上历史，可以看出，司马懿在曹魏阵营中的角色在不断转变：曹操在位时，司马懿是一名文吏，由于忠诚、勤恳而获得重用，职务不断上升，但上升幅度有限；曹丕在位时，司马懿成为一名重臣，深得曹丕的信任，进入权力核心，且开始执掌兵权；曹叡在位时，司马懿由于战功突出而成为不得不倚重的托孤之臣，这一时期曹魏在军事上有三场大胜仗，分别是平定孟达、打退诸葛亮和征辽东，全部是由司马懿直接指挥的。

与魏文帝曹丕对司马懿的绝对信任相比，魏明帝曹叡对司马懿的态度有些复杂。曹真死后，对于由谁来接替他指挥最重要的西线战场一事，曹叡曾有过犹豫，从内心里，他大概更倾向于陈群。虽然陈群偏于政务，很少过问军事，但他精明勤奋，恪尽职守，最关键的是，他的忠心不用怀疑。司马懿在军中的威望与日俱增，对朝廷也小心谨慎，从不逆诏行事，但曹叡总觉得他深不可测。《三国志·吴质传》裴松之注引《魏略》记载，曹叡曾询问吴质对陈群、司马懿二人的看法，吴质是这样评价的：

| 正 | 始 | 十 | 年 |

> 骠骑将军司马懿，忠智至公，社稷之臣也。陈群从容之士，非国相之才，处重任而不亲事。

　　吴质认为司马懿忠心为公，又很有能力，是社稷之臣；而陈群只不过是一名"从容之士"，关键时刻难当大任。虽然都曾名列"太子四友"之中，但吴质认为司马懿是国家栋梁，而陈群较为平庸。对于这个分析，魏明帝虽心里未必愿意接受，但也不得不承认这是正确的，于是"甚纳之"。可能是吴质的话对魏明帝最终的决定产生了影响，魏明帝很快下诏，由司马懿接替曹真，都督雍、凉二州诸军事，统率关中、陇右各军，防守在曹魏的西线战场。

　　魏明帝的无奈，很大程度上缘于曹魏军事人才的匮乏。曹操在时，麾下名将如云，他最信赖的将领是"诸夏侯曹"和"五子良将"。"诸夏侯曹"得名于《三国志·诸夏侯曹列传》，主要成员有曹洪、曹仁、曹纯、夏侯惇、夏侯渊、曹真、曹休等，他们或为曹氏宗族子弟，或来自多年来的姻亲之家夏侯氏，都是曹操绝对信得过的人。《三国志》还将张辽、乐进、于禁、张郃、徐晃等五个人合为一传，他们虽然是异姓将领，但多年来深受曹操赏识与提拔，战功赫赫，对曹操忠心耿耿，后世有人称他们为"五子良将"。只不过，至魏明帝驾崩前，以上 10 余位将领已全都不在人世，他们去世的时间分别是：

高陵亭侯曹纯：210年；

右将军乐进：218年；

征西将军夏侯渊：219年；

大将军夏侯惇：220年；

安远将军于禁：221年；

前将军张辽：222年；

大司马曹仁：223年；

右将军徐晃：227年；

大司马曹休：228年；

大司马曹真：231年；

车骑将军张郃：231年；

骠骑将军曹洪：232年。

曹洪是"诸夏侯曹"中最后一位离世的，本来他可以承担更多的重任，但自魏文帝称帝后，曹洪便淡出了军界，他的这个骠骑将军是一个空头衔，他从未以此军职带过兵、打过仗。曹洪原为曹魏阵营资历最老的将领，曹操起兵时便加入"曹家军"，在战场上救过曹操的命。他之所以失势，是因为魏文帝对他抱有成见。《三国志·曹洪传》记载："始，洪家富而性吝啬，文帝少时假求不称，常恨之，遂以舍客犯法，下狱当死。群臣并救莫能得。"眼看曹洪命将不保，曹操的妻子卞太后恼了，亲自出面解救。卞太后甚至"泣涕屡请"，曹洪这才保住一条命，"乃得免官削爵土"。魏明帝即位后，硕果仅存的曹洪备受瞩目，"洪先帝功臣，时人多为觖望"。曹叡任命曹洪为后将军，后来又升至骠骑将军，但也仅此而已。魏明帝知道父亲对曹洪的态度，所以再也没有让他去带兵。

魏文帝一面打压曹洪，一面大力提拔司马懿、陈群，让二人进入军界，这种做法与他"苛禁宗室"的思路如出一辙。有人认为这是他与弟弟曹植的那场夺嫡之争所造成的后果之一；也有人从士族与庶族分野的角度去考察，认为魏文帝一改父亲曹操重用庶族出身的沛谯集团的做法，转而倒向汝颍集团等士族势力。无论真实的原因如何，结果已经形成了，其中最重要的一个结果就是司马懿在政界和军界势不可当地崛起，以至于魏明帝在位时，即便不想用司马懿也不得不用。

多年来，司马懿充当了曹魏"救火队长"的角色，战事一旦吃紧，总是他这个"老将"出马，征辽东就是一例。魏明帝一开始指定的征辽东主将并不是司马懿，而是军界崛起的新星毌丘俭，但毌丘俭打了败仗，魏明帝这才不得不请出司马懿。正始二年（241），孙权发动四路大军伐魏，其中一路打到了曹魏经营多年的粮食主产区芍陂（位于今安徽省寿县南)。吴军将芍陂决了口,曹魏损失惨重。接到前方战报,曹爽急了,知道不把司马懿请出来就难以应对眼前这一关,于是请司马懿带兵南征。那时,司马懿与曹爽还处于合作的"蜜月期",他没有推辞,带兵出征了。吴军听说司马懿亲自来了,不战而退。

司马懿长期以来在多个战场主持军事,有不少将领是经他提拔过的,即便不担任大将军一职,他在军中的威望也无人能比。曹爽深知这一点,也曾试图改变这种局面,亲自率兵攻打汉中为的就是树立自己在军中的威信。可惜他能力不足,运气也不好,落了个劳民伤财的结果。与司马懿硬碰硬,曹爽没有这样的信心。不过,眼看着司马懿到了70岁的高龄,曹爽改变了策略,那就是让时间来解决问题。如果司马懿活不了多久,那就能在不冒任何风险也不会被世人指责的情况下将所有的问题都解决掉了。

五、司马懿的子女们

就在司马懿向魏明帝上《阿史帖》的前后,他的正妻张春华去世了。张春华祖籍河内郡平皋县(今河南省温县平皋村),汉末时,平皋县虽与司马懿的老家河内郡温县是两个县,但现在大体都在河南省温县的管辖范围内,所以二人的家乡相距不远。张春华的父亲名叫张汪，当过县令，母亲山氏也是河内郡人。山氏家族后来出了一个名人，即"竹林七贤"中的山涛，论起辈分来，张春华是山涛的从祖姑奶。《晋书·宣穆张皇后传》称张春华"少有德行，智识过人"，为司马懿生下司马师、司马昭、司马干三个儿子，还生下一个女儿，即南阳公主。张春华有一定胆识，是司马懿的贤内助，之前说过她杀婢女灭口的事，《晋书·宣穆张皇后传》是这样记载的："宣帝初辞魏武之命，托以风痹，尝暴书，遇暴雨，不觉自起收之。家惟有一婢见之，后乃恐事泄致祸，遂手杀之以灭口，而亲自执爨。"张春华陪伴司马懿走过了40多年，史书对她的评价颇高，《晋书·恭思褚皇后传》称她"偶德潜鳞，翊天造之艰虞，嗣涂山之逸响，宝运归其后胤，盖有母仪之助"。

柏夫人是司马懿的妾室，与张春华相比，她更年轻、更漂亮。如此一来，张春华就受到了冷落，有时很长时间见不到司马懿。有一次，司马懿病了，张春华前去探望，司马懿却不大高兴，见到她时大为不悦。张春华大悲，一气之下绝食抗议。司马懿听说后也生了气，就让她绝食，置之不理。张春华眼看快要饿死了。后来司马懿终于着急了，因为司马师、司马昭、司马干这几个儿子也加入绝食行列，陪母亲一块儿讨公道。司马懿吓坏了，赶紧跑去向张春华承认错误，张春华才原谅了他。《晋书·宣穆张皇后传》记载：

第一章 | 泥鱼之术

其后柏夫人有宠，后罕得进见。帝尝卧疾，后往省病。帝曰："老物可憎，何烦出也！"后惭恚不食，将自杀，诸子亦不食。帝惊而致谢，后乃止。帝退而谓人曰："老物不足惜，虑困我好儿耳！"

司马懿的长子司马师字子师，出生于建安十三年（208），也就是赤壁之战发生的那一年。魏明帝景初年间司马师入仕，担任散骑常侍，其后多次升迁，累官至中护军。张春华比司马懿小10岁，于正始八年（247）去世。母亲去世后，司马师在家守丧，获得孝子之名。《晋书·景帝纪》记载："魏景初中，拜散骑常侍，累迁中护军。为选用之法，举不越功，吏无私焉。宣穆皇后崩，居丧以至孝闻。"

司马懿的次子司马昭字子上，年轻时入仕，景初二年（238）被封为新城乡侯，次年任洛阳典农中郎将，这是一个负责屯田户管理的官职，司马昭在这个职位上有不少作为，如免除苛捐杂税等，受到百姓欢迎。司马昭后改任散骑常侍。正始五年（244），大将军曹爽执意攻打汉中，为争取司马懿支持，曹爽让司马昭担任征蜀将军，一同参加了这场军事行动。这一仗，蜀汉早有准备，蜀军在大将军费祎的指挥下严密防守，并不断发起反击，使魏军陷入被动。司马昭当时随部队驻扎在兴势山，蜀将王林夜袭魏军大营，魏军遭受重大

| 正 | 始 | 十 | 年 |

损失。当时，司马昭正在军帐中睡觉，突然被外面的喊声惊醒，发现敌人已攻至营帐外，司马昭干脆躺着不动，反而没有惊动敌人，直到敌兵退去。回到洛阳后，司马昭被免除征蜀将军的职务，改任议郎。《晋书·文帝纪》记载："大将军曹爽之伐蜀也，以帝为征蜀将军，副夏侯玄出骆谷，次于兴势。蜀将王林夜袭帝营，帝坚卧不动。林退，帝谓玄曰：'费祎以据险距守，进不获战，攻之不可，宜亟旋军，以为后图。'爽等引旋，祎果驰兵趣三岭，争险乃得过。遂还，拜议郎。"

司马师、司马昭之下还有七个弟弟：排在第三和第四的分别是司马伷和司马亮，他们是另一个妾室伏氏所生；张春华所生的司马干排第五；伏氏还生下司马京、司马骏，分别排在第六和第七；排在第八的是司马彤，他是妾室张氏所生；柏氏为司马懿生下司马伦，排在第九，他在"八王之乱"中曾一度登基称帝，但不久即退位，后世对他这个"皇帝"一般不予承认。

到正始九年（248）时，司马师已满40岁，司马昭满37岁，后面诸弟年龄相差较大，三弟司马伷刚过20岁，其他的弟弟多未成年。司马伷有一定能力，因为司马懿的军功而在正始初年（240）被封南安亭侯。《晋书·琅邪王伷传》记载："早

第一章 | 泥鱼之术 |

有才望，起家为宁朔将军，监守邺城，有绥怀之称。"不过，这个宁朔将军是后面的事，司马伷此时还没有担任重要职务，司马懿主要依靠的是司马师和司马昭。

司马师的首任妻子是前面提到的夏侯徽，她是前征南大将军夏侯尚的女儿。夏侯尚是夏侯渊的侄子，在"诸夏侯曹"的第二代人中与曹丕关系最要好的就是他。不仅如此，夏侯尚的正妻是曹真的妹妹，即德阳乡主，这层关系也很重要。魏文帝在世时，夏侯尚升任荆州牧，以征南大将军的身份坐镇曹魏中线战场。魏文帝驾崩前，夏侯尚就死了，死因缘于一名爱妾，夏侯尚对这名爱妾的宠爱程度超过正妻德阳乡主，魏文帝气不过，派人绞杀了这名爱妾，夏侯尚悲伤过度，精神恍惚，就死了。夏侯尚虽已故去，但他这一支无疑是曹魏数得上的豪门，司马懿为儿子迎娶夏侯尚的女儿，是想以此拉近与皇家的关系。夏侯徽有一个哥哥名叫夏侯玄，是夏侯氏年轻一代中的领军人物，司马师同夏侯徽成婚后，与"大舅哥"夏侯玄来往密切。

夏侯徽是何时嫁入司马家的，史书没有明确记载，她先后为司马师生下五个女儿，《晋书·景怀夏侯皇后传》记载"后无男，生五女"。夏侯徽很有见识，司马师有什么想法都由她从旁边策划协助。但是，由于夏侯徽出身于夏侯氏，司马师对她非常顾忌。魏明帝青龙二年（234），夏侯徽遭到司马师

| 正 | 始 | 十 | 年 |

的毒杀,死时仅 24 岁。《晋书·景怀夏侯皇后传》记载:

> 魏明帝世,宣帝居上将之重,诸子并有雄才大略。后知帝非魏之纯臣,而后既魏氏之甥,帝深忌之。青龙二年,遂以鸩崩,时年二十四,葬峻平陵。

这是一件很蹊跷的事,仅仅因为猜疑就将出身豪门的妻子杀了,似乎有些说不通,有人怀疑夏侯徽是因为偶然中发现了司马氏父子的某些无法示人的秘密才被杀的,但这只是猜测,史书没有这方面的记载。青龙二年(234)正是诸葛亮率大军第五次北伐之时,司马懿在五丈原与诸葛亮对阵,似乎也不会去筹划什么密谋。司马光在《资治通鉴考异》中指出:"按是时司马懿方信任于明帝,未有不臣之迹,况其诸子乎?徒以魏甥之故,猥鸩其妻都非事实,盖甚之之辞。不然,师自以他故鸩之也,今不取。"不过,有一点可以肯定,那就是司马师采取的是秘密杀害的办法,用的是毒药,而这一年举国大疫,很多人因瘟疫而死去,正好可以掩人耳目。事后,司马氏并没有与夏侯氏反目,双方仍维持了昔日的关系。

夏侯徽死后,司马师又娶了吴质的女儿为妻,但吴氏因无子而被罢黜。司马师作为司马懿的嫡长子,一直没有子嗣,十分着急。吴氏被罢黜后,司马师又娶上党郡太守羊衜的女儿羊徽瑜为妻。羊衜出身于泰山郡羊氏家族，父亲羊续曾任南阳郡太守。羊徽瑜的母亲是汉末著名学者蔡邕的女儿，与才女蔡文姬是亲姐妹。羊徽瑜聪慧贤德，但嫁给司马师后没能生育子女。司马师无奈，只得以弟弟司马昭的次子司马攸为继子。

司马昭的正妻名叫王元姬，也是名门之后。王元姬的祖父即曹魏的三代重臣王朗，父亲是知名学者王肃。王朗是大学者杨赐的学生，杨赐还是汉灵帝刘宏和大将军何进的老师，所以王朗与汉灵帝刘宏、大将军何进是同一师门，由此知名。王朗给陶谦做过部属，又到江东当过郡太守，曹操迁汉献帝于许县后，因为王朗的名气很大，就征他到朝廷为官，历曹氏三代，魏明帝继位后迁司徒，但第二年就去世了。王肃专注于学问，是著名的经学家，所注经学当时被称为"王学"。王肃曾任御史大夫、散骑常侍、太常等职。在曹魏政坛和士林，王氏都有着很大的影响力，司马昭娶王元姬为妻，进一步拉近了与世家大族间的关系。王元姬为司马昭生下五个儿子和一个女儿，分别是司马炎、司马定国、司马攸、司马兆、司马广德和京兆公主，其中长子司马炎就是后来的晋朝开国皇帝晋武帝。

对于王朗，很多人之所以知道他的名字，缘于他是被诸葛亮"骂死"的。其实诸葛亮北伐时，王朗已经去世，"骂死"

是小说虚构出来的情节。有趣的是，诸葛亮与王朗还有亲戚关系：王朗的儿子王肃有两个女儿，一个女儿嫁给了司马昭，另一个女儿嫁给了荆州大族蒯良的儿子蒯钧。蒯良有一个侄子名叫蒯祺，是诸葛亮的姐夫。如此一来，司马懿、司马昭、司马炎跟诸葛亮都有了亲戚关系，尽管关系有些远，却货真价实。

司马伷的妻子是诸葛诞的女儿。诸葛诞字公休，琅邪郡阳都县（今山东省沂南县）人，是汉朝名臣诸葛丰的后人，与诸葛亮、诸葛瑾同族。诸葛诞入仕后，曾任尚书郎、荥阳县令、吏部郎、御史中丞、尚书等职，与夏侯玄等人交好。魏明帝时发生了"浮华案"，夏侯玄是被重点罢黜的人物，诸葛诞因此受到影响而被免官。曹芳继位后，曹爽掌权，重新重用夏侯玄等人，诸葛诞得以复职，并出任扬州刺史，加号昭武将军。

司马干的妻子也不简单，她是满宠的女儿。满宠字伯宁，山阳国昌邑县（今山东省巨野县）人，年轻时曾任督邮、县令，后被曹操招募，任许县令、汝南郡太守等职，曾参加赤壁之战。魏文帝时，满宠假节钺，任前将军；魏明帝在位时，受封昌邑侯，领豫州刺史；曹休去世后，任征东将军，负责东线战场指挥，后因年老被调回朝廷任太尉。虽然满宠在正始三年（242）就因病去世了，但他在政界、军界的威望很高，他的儿子满伟官至九卿之一的卫尉。

司马懿还有两个女儿,即南阳公主和安陆公主。南阳公主嫁给了颍川郡人荀霬,他的父亲荀恽是荀彧的嫡子,母亲是曹操的女儿安阳公主,所以他也是曹操的外孙。安陆公主在正始年间大概年纪还小,没有婚配,司马懿、司马师死后,由哥哥司马昭做主将她嫁给了曹魏名臣杜恕的儿子杜预,杜预是魏晋时期的名将,晋灭吴之战的统帅之一。

司马懿子女基本情况表

姓名	生母	生卒年份	配偶情况
司马师	张春华	208—255	夏侯尚之女夏侯徽,吴质之女吴氏,羊衜之女羊徽瑜
司马昭	张春华	211—265	王肃之女王元姬
司马伷	伏氏	227—283	诸葛诞之女
司马亮	伏氏	?—291	
司马干	张春华	232—311	满宠之女
司马京	伏氏	?—?	
司马骏	伏氏	232—286	
司马肜	张氏	?—302	
司马伦	柏氏	?—301	
南阳公主	张春华	?—?	荀彧之孙荀霬
安陆公主	?	?—?	杜恕之子杜预

司马懿很重视儿女们的婚姻，通过与众多名门、世族联姻，构织了一个庞大的姻亲网络，虽然无法将网络里的所有人都视为"司马氏集团"这个政治力量的一分子，但这个网络的存在就会让对手心存忌惮：如果要动司马懿，考虑的将不是司马懿一个人，也不仅是他的子女们，还要考虑与他们有直接姻亲关系的那些家族。曹爽大概正是想到了这些，才采取了"保守疗法"，没有直接向司马懿下手，用简单粗暴的方法将其消灭，而是寄希望于时间，用时间的流水把阻挡在面前的权力障碍清除掉。

六、郭太后

分析曹魏正始年间的政治格局，一般人会总结为"曹马之争"，即以曹爽为核心的曹氏集团与以司马懿为代表的对曹爽等人专权不满的势力之间的斗争。其实，在这两大势力集团之外还有两种力量值得关注：一是持观望态度的中间力量，他们既不是曹爽一伙的人，也没有参与司马懿等人的密谋，这一类朝臣其实并不算少数，属于"沉默的一族"。对于这一派人来说，无论哪一方最终胜出他们都可以接受，表面上看他们的态度是中立的，不偏不倚，但现在执政的是曹爽等人，"沉默的一族"愿意接受其他人来执政，这本身就是一种态度，在他们的内心深处，其实也是想有所改变的，只是他们的斗争意识不是特别坚定。二是以郭太后为代表的支持曹芳亲政的政治势力，虽然人数不多，但由于受汉魏时期几百年来经学教育的影响，皇权正统在人们心目中有着巨大的权威，所以魏明帝驾崩后仍享有很高的声望，因而希望曹芳亲政的人也是一股重要的政治力量。对于曹爽迟迟不将最高权力交给曹芳，他们非常不满，希望加以改变。

这里说的郭太后，并不是曹魏那位有名的"郭女王"。曹魏有两位郭姓的皇后，一位是魏文帝曹丕的皇后，也就是把曹叡生母甄氏陷害致死的那位"郭女王"；另一位是魏明帝曹叡的皇后。曹叡当太子时，娶河内郡人虞氏为妃；曹叡当了皇帝，照例太子妃应该"转正"为皇后，但曹叡却没有这么做，而是把这件事搁置了起来。曹叡不立即册立皇后，可能有三个原因：一是父皇登基后也没有马上册立皇后，这是"先例"；二是继位之初，曹叡马上过问生母是怎么死的，又派人建庙祭祀，等于为母亲补办了一次"国丧"，册立皇后的事情就放缓了；三是曹叡对虞氏有所不满，至少不是很宠爱她。

相对于虞氏，同为河内郡人的毛氏更得曹叡宠幸。曹叡出来进去经常让毛氏跟自己坐同一辆车，这让身为正妻的虞氏大为不满。太皇太后卞氏发现虞氏有牢骚，就去安慰这个孙媳妇几句。哪知虞氏仍然怒气未消，说什么"曹氏自好立

| 正 | 始 | 十 | 年 |

贱",从来不尊重正派世家,并诅咒说"殆必由此亡国丧祀矣"。虞氏愤不择言,把好心安慰她的祖母也给骂了。卞氏出身于"倡家",在当时的地位恐怕比毛氏还低,虞氏一竹竿下去把卞氏也打到了水里。虞氏的命运由此可知——被罢黜妃子之位后遣送至邺县居住。曹叡顺势册立毛氏为皇后。

曹操以"倡家"出身的卞氏为王妃,曹丕以平民出身的郭氏为皇后,曹叡又册立了车工的女儿毛氏,曹氏三代人的婚姻观在当时显得颇为另类,《三国志·明悼毛皇后传》称"三后之升,起自幽贱",这与汉代帝后多选自勋臣世家的做法有很大不同。有人认为这种喜好出于偶然和巧合,出于曹氏父子"尚通脱"的习性,但仔细分析一下,也许他们另有考虑。后汉中期以来,皇权屡被宦官、外戚两股势力袭扰,皇帝时常成为傀儡,造成了政治上的恶斗不止。有鉴于此,曹魏立国后便从制度上禁绝宦官、外戚的干政,宦官虽然仍存在,但已无缘接触政治权力;外戚虽然仍旧富贵,但对他们干政的制约也有很多。所以,不在世家大族中选立皇后并非偶然,而是刻意为之的。

这种状况到魏明帝立郭氏为皇后时有所改变。郭氏是西平郡人,家族世代为凉州大族。魏文帝黄初年间,西平郡发生叛乱,魏文帝命金城郡太守将叛乱平定,郭氏因此被收入洛阳宫。黄初七年(226)魏明帝曹叡继位,对郭氏颇为宠爱,封其为夫人,封其堂叔郭芝为虎贲中郎将,叔父郭立为骑都尉。这时毛氏为皇后,魏明帝宠幸郭氏后便对毛皇后日益淡漠。景初元年(237)魏明帝赏游后园,召后宫才人以上嫔妃参加饮宴娱乐,唯独不通知毛皇后。郭夫人建议把皇后也请来,魏明帝不许。第二天,毛皇后见魏明帝时故意问昨日宴园玩得是否开心,魏明帝大怒,认为侍从泄密,下令杀掉10多名侍从,并将毛皇后赐死。过了一年,魏明帝立郭氏为皇后。

魏明帝无子,收养曹芳为养子。曹芳年幼,作为魏明帝的皇后,郭皇后对曹芳拥有监护权。曹芳继位后,郭皇后称皇太后。此时,曹爽对郭太后还是很尊重的,郭氏一族也深受皇恩:由朝廷追谥郭太后的父亲郭满为西都定侯;以郭太后叔父郭立次子郭建承袭西都侯;封郭太后的母亲杜氏为郃阳君;任命郭太后的堂叔郭芝为任散骑常侍、长水校尉,叔父郭立为宣德将军,皆封列侯;郭建长兄郭德被敕命为文昭甄皇后已死的从孙甄黄之子,并承袭魏明帝亡女平原懿公主的爵位,封平原侯,改姓甄氏;郭德与郭建兄弟二人都被任命为镇护将军,封侯,共同负责京师警卫。然而,随着时间的推移,曹爽对郭太后慢慢警觉起来。

郭太后从小照顾曹芳,虽非亲生,但形同母子,二人感情很好。郭太后对曹爽等人似乎不那么热情,一向不冷也不热,不亲近也不疏远。曹爽身边有人看到这种情况,担心郭太后会影响天子，建议曹爽采取措施，将郭太后与曹芳分隔开，以免郭太后及其背后的势力左右曹芳。正始八年（247）三月，在曹爽的操纵下，朝廷下诏迁郭太后于永宁宫居住，在那里把她软禁起来。诏书是以齐王曹芳的名义下达的，但最伤心的也是曹芳，在他心中，郭太后就是自己的母亲。分别时，母子二人相对涕泣。《晋书·宣帝纪》记载："八年夏四月，夫人张氏薨。曹爽用何晏、邓飏、丁谧之谋，迁太后于永宁宫，专擅朝政。"《晋书·五行志》记载："爽迁太后于永宁宫，太后与帝相泣而别。"

以上所言"迁"字有迁徙、迁移的意思，言下之意，郭太后之前住在他处，而将其迁至永宁宫，这与《三国志》的记载有所不同。《三国志·明元郭皇后传》记载："齐王即位，尊后为皇太后，称永宁宫。""齐王"即曹芳，他后来被废，未能获得庙号，史书便以他当皇帝前的封爵相称。按照这个记载，曹芳即位后郭太后即"称永宁宫"，而不是曹爽所迁移。宋元之际学者胡三省就此指出：

> 据陈寿《志》，太后称永宁宫，非徙也。意者晋诸臣欲加曹爽之恶，以"迁"字加之耳。

按照胡三省的看法，曹爽并未强行将郭太后迁移到永宁

第一章 | 泥鱼之术

宫，因为郭太后本来就在永宁宫居住，所谓强迁之说，是亲司马氏的史家有意为之的，目的是增加曹爽所作之恶。这个说法似乎有一定道理，但没有看到这件事情的实质。无论郭太后住的地方叫作永宁宫还是什么别的名字，其实并不重要，重要的是一点：郭太后是否还能与曹芳经常见面？显然，曹爽等人要达到的目的是将郭太后与曹芳分开，彻底断绝郭太后与天子的联系。即便郭太后居住之所未发生改变，但她已经不能再与曹芳见面了，也就失去了参与朝政的可能。事实上，她的处境更糟糕，类似于被软禁了起来。

司马懿对这件事情反应十分强烈，《晋书·宣帝纪》记载，郭太后"迁永宁宫"是四月的事，司马懿"不能禁，于是与爽有隙"；到了五月，司马懿便"称疾不与政事"。从这条记载看，导致司马懿称病不出的直接原因便是郭太后"迁永宁宫"。那么，司马懿为什么如此敏感，又如此反应强烈呢？

郭太后与曹芳生活在一起时，担任监护人的角色，按照之前的惯例，包括皇帝玉玺在内的一些重要东西都由皇太后代为保管，皇太后自己也可以下达诏谕，甚至可以废除天子之位。这意味着，如果有一天曹爽等人突然以皇帝的名义下诏书要治司马懿的罪，那就必须先经过郭太后这一关。郭太后未必能将这样的事情阻挡住，但至少可以提前知道消息。而郭太后一直以来与司马氏过往甚密，得到消息后会设法通知司马懿，对司马懿来说这将起到一个重要的预警作用。

正始年间，曹爽等人在政治上始终占据上风，司马懿及其亲信受到排挤和打压，加上司马懿此时年老力衰，许多人认为司马氏要想斗过曹爽一伙基本是不可能的。这种情形的出现其实还要更早些，在魏明帝时期，忠于曹氏的一些人就已处处提防司马氏一族，那时的司马懿也不像人们想象的那样一言九鼎，而是处处小心翼翼。在这种情况下，公开与司马氏一族保持密切关系是一件很忌讳的事，有些人还刻意跟他们拉开了距离，但郭太后与司马懿一家关系一直很好。《三国志·文昭甄皇后传》裴松之注引《晋诸公赞》记载：

> 德字彦孙。司马景王辅政，以女妻德。妻早亡，文王复以女继室，即京兆长公主。景、文二王欲自结于郭后，是以频繁为婚。

这里说的是郭立的长子郭德，也就是郭太后的堂弟，他能先后娶司马师和司马昭的女儿为妻，显得很不一般。虽然这件事发生在后来的司马师辅政以后，但也足以显示出郭氏与司马氏之间的特殊关系。郭太后的堂叔郭芝以后更成为司马师的亲信，曾率兵进宫废掉曹芳的天子之位。种种迹象表明，司马氏与郭氏之间在暗中早有联络，虽然史书没有将其过程记载下来,但这种可能性非常大。在与曹爽你死我活的斗争中,郭太后被司马懿视为一道保护屏障,一旦这道屏障不存在了,司马懿立即感到了危险。这就能解释,为什么一向忍辱负重的司马懿在得知郭太后被软禁的消息后反应如此强烈。

七、谣言与怪石

正始年间,曹魏政坛表面平静,背后却隐藏着无数暗流,悄悄酝酿着一场大风暴。每到这时,社会也是不平静的,各种预言、谣言纷起,一些灵异的自然现象也时而发生,弄得人心惶惶。如果追溯一下的话,这种不安的氛围自魏明帝在位期间就已经出现了。那时,司马懿的势力正一步步崛起,关于司马氏会不会取代曹氏的议论便在民间悄悄萌生了。

魏明帝太和三年(229),各地突然发生了一系列有人"死而复生"的怪事:曹休手下有一个名叫丘奚农的家兵,其女儿竟"死而复生";一个名叫周世的人,死后由一名女子殉葬,有人掘开了周世的坟墓,得到殉葬的女子,过了几天,这名女子竟然有了呼吸,又过了几个月,竟然能说话,魏文帝的郭皇后此时已是郭太后,听说这件事,让人把女子带来,交谈后非常喜欢她,还收养了她;太原有人挖开坟墓,打开棺材，棺材中竟然有一个活着的女人，问她关于自己的事情，她不知道，看坟上的树木，竟然有30年树龄了。《晋书》记载了上面这些匪夷所思的怪事，并引京房《易传》"至阴为阳，下人为上"作为解释，认为这是司马懿兴起的征兆，因为汉平帝、汉献帝时也都发生过类似的事情，结果王莽、曹操得以崛起。《晋书·五行志》记载：

> 明帝太和三年，曹休部曲丘奚农女死复生。时又有开周世冢，得殉葬女子，数日而有气，数月而能言，郭太后爱养之。又，太原人发冢破棺，棺中有一生妇人，问其本事，不知也，视其墓木，可三十岁。案京房《易传》曰："至阴为阳，下人为上。"宣帝起之象也。汉平帝、献帝并有此异，占以为王莽、曹操之征。

魏明帝青龙三年（235），远在西北地区的张掖郡删丹县（今甘肃省山丹县）出现川流涌溢，结果涌出一块大石头，上面刻着图形，类似灵龟，宽1.6丈，长1.71丈，周围5.08丈，立于川西。石上的图案是七匹石马，其中之一由仙人骑乘，另一匹马被拴住，其余五匹马只有大致形状。还发现一只玉质匣子，以及玉玦两块、玉璜一块。玉匣上有字，可以分辨出"上上三天王"的字样，还有"述大金，大讨曹，金但取之，

第一章 | 泥鱼之术 |

金立中，大金马一匹在中，大吉开寿，此马甲寅述水"等字样，还有类似于八卦及列宿孛彗星象的图案。《三国志·明帝纪》裴松之注引《魏氏春秋》记载：

> 是岁张掖郡删丹县金山玄川溢涌，宝石负图，状象灵龟，广一丈六尺，长一丈七尺一寸，围五丈八寸，立于川西。有石马七，其一仙人骑之，其一羁绊，其五有形而不善成。有玉匣关盖于前，上有玉字，玉玦二，璜一。麒麟在东，凤鸟在南，白虎在西，牺牛在北，马自中布列四面，色皆苍白。其南有五字，曰"上上三天王"；又曰"述大金，大讨曹，金但取之，金立中，大金马一匹在中，大吉开寿，此马甲寅述水"。凡"中"字六，"金"字十；又有若八卦及列宿孛彗之象焉。

类似有"大讨曹"字样的巨石还曾出现在凉州地区的氐池县，其文字为"大讨曹，适水中，甲寅"，由《三国志·明帝纪》裴松之注引《汉晋春秋》所记载。这些文字有些玄奥，不易完整理解，但"大讨曹"三个字是谁都能看懂的。《搜神记》也有记载："初，汉元、成之世，先识之士有言曰，魏年有和，当有开石于西三千余里，系五马，文曰'大讨曹'。"《搜神记》认为这是"魏、晋代兴之符也"。

| 正 | 始 | 十 | 年 |

魏明帝景初元年（237），有燕子在卫国李盖家生下巨大的幼鸟，外形像鹰，嘴像燕子，人们认为这是"羽虫之孽"，又叫"赤眚"。散骑常侍高堂隆说这是魏室的大异之兆，应提防未来有重臣造成萧墙之祸。魏明帝死后，曹爽与司马懿辅政，人们偶尔想起这件事，充满了担忧。《晋书·五行志》记载：

> 景初元年，又有燕生巨鷇于卫国李盖家，形若鹰，吻似燕，此羽虫之孽，又赤眚也。高堂隆曰："此魏室之大异，宜防鹰扬之臣于萧墙之内。"其后宣帝起诛曹爽，遂有魏室。

如果说以上这些事件还较为隐晦，那么魏明帝太和年间流传于社会上的歌谣《兜铃曹子》就更直接了。当时京师到处在传唱这首歌谣，歌词全文已不可考，只知道其中有一句唱的是"其奈汝曹何"，被称为"诗妖"，说明这首不知由谁创作的歌谣是反对曹氏的。

汉朝建立后，董仲舒提出的天人感应学说被官方认可，造成阴阳五行学说、谶纬学等盛行，卜筮、谶语、谣言、讹言、流言等在朝廷及民间广为流传。在此背景下，史书中的《五行志》主要是从天人感应的角度把人事、气象与灾祸联系起来，强调天象必须与人事对应，所以也经常有穿凿附会、

第一章 | 泥鱼之术

捕风捉影的情况。《晋书·五行志》及《魏晋春秋》《汉晋春秋》《搜神记》中所载内容的真实性较为有限，但它们反映了一定的历史印记，一些奇奇怪怪的事件被到处传来传去，折射的也是这个时期人们的集体心理，尤其是歌谣，能够被无数人传播开，更能说明问题。到了正始年间，那些对时局敏感的人不会不关注这些流言、歌谣与神秘事件，这些背后的议论无法因朝廷的禁止而停息。在这样的情形下，司马懿即便选择隐忍与退缩也难以逃出人们的视线，司马懿及其家族其实一直都处在风口浪尖之上。

第二章 权力的失衡

|正|始|十|年|

一、刘放与孙资

曹魏政权前后存续了 47 年，即从 220 年至 266 年。魏文帝曹丕和魏明帝曹叡在位共 20 年，曹叡死后，曹魏政权又延续了 27 年。在后面的这 27 年中，前 10 年也就是正始年间最为激荡，除发生多次重大军事事件外，政坛风云、社会思潮、政治变革也是此起彼伏。然而，翻看各种史籍尤其是正史，对于这 10 年的记载却有些少。一些事情发生了，却没有留下来；有些东西原本是留下来的，却又被人为地消除掉了。比如，在司马懿称病不出后，刘放、孙资两位重臣也辞去了职务，以侯爵的身份回家养老，这是一件曹魏政坛上的重大事件，但记录在史书中也仅是几句话，关于这件事情的背景只能靠推测与分析了。

曹爽能掌握权力，最感激的人其实就是刘放和孙资。当年，魏明帝原本指定有一个辅政团队，由五个人组成，首席

第二章 | 权力的失衡

辅政大臣是曹宇,魏明帝已拜他为大将军,之下的四个人分别是领军将军夏侯献、武卫将军曹爽、屯骑校尉曹肇、骁骑将军秦朗。这五个人不是曹家的人就是夏侯氏后代,唯一的外姓人秦朗也是曹操的养子,连刚刚在辽东立下赫赫功勋的太尉司马懿都不在其内。如果按照这个安排进行辅政,曹爽顶多是辅政团队中的一员,未来可以施展的空间十分有限,大将军一职更与他无缘。

曹宇之所以被选为首席辅政大臣,一个重要原因是辈分高。他是曹操的儿子,母亲是环夫人,与传奇少年曹冲是同父同母的兄弟。曹宇生性谦和,曹叡平时与这位叔父关系最好,感情最深,但客观地说,曹宇不具备执掌朝政的才干与胆识。夏侯献的来历不太清楚,史书上只说他是曹操的族人,与夏侯渊、夏侯惇没有直接的亲属关系,领军将军却是要职,能担任这个职位,似乎说明他也有一定的背景。曹肇是曹休之子,曹爽是曹真之子,二人分别代表着父辈生前积攒的政治势力,以此入选。

对于突然进入辅政大臣的行列,夏侯献和曹肇没有多少心理准备,他们没想到会有这么好的事情落到自己头上。作为权贵一族,虽然他们不愁吃穿、不愁荣华富贵,但权力的诱惑是多数人都无法阻挡的。论能力和功绩,他们实在平平,但又都有不安分的心。如今,大权即将在握,踌躇满志自不必说。骤然登上权力巅峰的人,除非长久以来处心积虑,早已做足了准备,否则便容易张狂起来,夏侯献、曹肇也不例外。《三国志·曹爽传》记载,一天,夏侯献、曹肇在宫里碰到了两个人,一看到他们,夏侯献和曹肇就有些愤愤不平。远处有一只鸡栖于树上,夏侯献故意对曹肇说:"你看那几只鸡,它们还能蹦跶到哪一天?"一边说着,眼睛却瞟着那两个人。夏侯献说话的声音还挺大,唯恐那两个人听不见。这两个人确实听见了,大惧。这两个人是谁?为何引起夏侯献、曹肇如此忌恨?他们可不是一般的人物,他们的资历虽然不算高,职位也不算太显赫,但却是魏明帝身边执掌中枢机要的重臣,一个名叫刘放,另一个名叫孙资。《资治通鉴·魏纪六》记载:

> 刘放、孙资久典机任,献、肇心内不平;殿中有鸡栖树,二人相谓曰:"此亦久矣,其能复几!"……放、资惧有后害,阴图间之。

刘放字子弃,幽州刺史部涿郡(今河北省涿州市)人,跟刘备不仅是老乡,而且还拥有一个共同的身份:汉室宗亲。刘放是汉西乡侯刘容的后代,汉末大乱后,渔阳一带的王松割据称雄,刘放前去依附。曹操征南皮时,刘放劝王松归降曹操，王松接受。正好曹操也写信招降王松，刘放便替王松给曹操写了一封回信。这封信写得很有文采，曹操后来向王松询问信是谁写的，得知是刘放所写，而且他还是汉室后裔，于是对他另眼相待，征刘放为司空军事。曹操称魏公后，刘放被任命为秘书郎。秘书郎是曹操首置的官职，是秘书令的属官，典奏事，是魏公国的"秘书处"和"机要局"，品秩不高，但权力很大。曹操设秘书令，初期的重点职责是帮助自己处理机要文书，秘书令有秘书左、右丞两个副手，秘书郎在秘书左、右丞之下。此时的刘放还只是一个普通的秘书角色，但他勤恳严谨，办事一丝不苟，再加上文笔很好，能领会上意，处理文书又快又让人满意，就连曹操这样对下属要求苛刻的领导，也对他十分满意。

孙资字彦龙，并州刺史部太原郡中都（今山西省平遥县）人，与刘放相比，孙资出身寒微，3岁丧双亲，由兄嫂抚养长大。孙资很聪明，也很勤奋，考入太学，朝廷重臣王允也是太原郡人，赏识孙资的才学，待其毕业后推举其为县令。孙资的哥哥被人所害，孙资将仇人刺杀之后携眷潜逃。当时天下已乱，孙资与贾逵是好友，贾逵投奔曹操后成为重要谋士。在贾逵的引荐下，孙资也投奔了曹操，先任郡中计吏，后参丞相军事，以后也与刘放一样成为秘书郎。

魏文帝继位后，刘放和孙资还是秘书的角色，但职务已上升到秘书左、右丞，几个月后，刘放又升任秘书令。魏文帝改秘书省为中书省，刘放是首任中书监，孙资是首任中书令，共掌机要。魏文帝改秘书为中书是一项重要改革，目的是进一步集权，刘放和孙资的地位变得越来越显要。魏明帝继位后，刘放和孙资更加受到重用。魏明帝在位10多年，刘放和孙资成为他的左右手，日常政务和军事实际上都由二人掌管，魏明帝对他们言听计从，中书省成为曹魏权力最大的机构，各部门一听"中书"之名，都对其奉行而不敢违背。老臣蒋济有些看不惯，上书魏明帝，认为中书省权力太重，每日侍奉在皇帝左右，应加以提防，避免出现"恶吏专权"之弊，但魏明帝不听。魏明帝还下诏，加刘放和孙资散骑常侍，刘放晋爵乡侯，孙资晋爵亭侯。二人没有任何军功，单靠一支笔杆子就得到食邑封赏，这在以前是无法想象的事。司马懿平定辽东后，刘放和孙资以"参谋之功"又同时晋爵，封为县侯，刘放为方城侯，孙资为中都侯。在夏侯献和曹肇看来，这两个只会写写文章的人却各封县侯，实权和封邑远在他们之上，心中既嫉妒又怨恨。

夏侯献和曹肇的谈论让刘放和孙资深感震动，他们知道这些权贵子弟一旦上台自己会是什么下场。除了夏侯献、曹肇，刘放、孙资与秦朗的关系也不好。《三国志·明帝纪》裴松之注引《汉晋春秋》记载："中书监刘放、令孙资久专权宠，

第二章 权力的失衡

为朗等素所不善，惧有后害，阴图间之。"近20年来，刘放、孙资之所以能执掌中枢，不是他们有多大能耐和实力背景，只不过是背后有魏文帝和魏明帝撑腰罢了。齐王曹芳只是一个8岁的孩子，还不是他们可以栖身的大树，为了保住身家性命，他们必须有所行动。恰在此时来了机会，魏明帝任命曹宇为大将军后，曹宇谦辞推让。本来是谦虚一下，无外乎说自己才疏学浅、天资不足、资历平平等，待天子驳回后自己再上任，不至于落下闲话。不知道是曹宇的奏疏写得过于真诚，还是曹宇那些谦虚的话本来就是实情，他真的不足以担当大将军这样的重任，总之魏明帝看完曹宇的奏疏后竟犹豫起来。

就是这片刻的犹豫，让刘放和孙资抓住了机会。《三国志·孙资传》记载，魏明帝见刘放和孙资进来，顺便问："燕王正尔为？"燕王是曹宇的封号。刘放和孙资一看，意识到这可能是最后的机会了，于是赶紧回答说："燕王实自知不堪大任，故耳。"魏明帝一听发愁了，问道："曹爽可代宇不？"二人异口同声回答说可以。刘放、孙资"又深陈宜速召太尉司马宣王，以纲维皇室"，魏明帝考虑到曹爽能力、资历均有限，需要有人辅助，于是同意，"即以黄纸授放作诏"。《资治通鉴·魏纪六》记载，魏明帝诏见曹爽，曹爽听说自己将成为首席辅政大臣，感到的不是欣喜而是紧张得要命，"流汗不能对"。刘放悄悄踩了他一脚，附在耳边说："臣以死奉社稷。"

曹爽才跟着学了一句，这件事当场就定了下来。

如此重大的事情，岂能说改就改？史书还记载了一个原因，说魏明帝那时已处于弥留之际，命曹宇去叫曹肇等人来安排后事。曹宇走后，魏明帝身边只有刘放、孙资和曹爽。刘放知道留给他和孙资的时间不多了，于是悄悄拉曹爽到一旁密谋。孙资不敢，刘放说再不决断将大难临头。二人于是来到魏明帝面前，哭着告状，说曹肇、秦朗见陛下病重，就在那边与陛下的才人嬉戏，而曹宇刚当上大将军就拥兵自重，太子幼弱，未来恐怕难以驾驭权臣，社稷危殆。魏明帝大怒，立即问谁能接替曹宇。刘放、孙资马上举荐了曹爽，还加上司马懿，魏明帝当场同意。《三国志·明帝纪》裴松之注引《汉晋春秋》记载：

> 帝气微，宇下殿呼曹肇有所议，未还，而帝少间，惟曹爽独在。放知之，呼资与谋。资曰："不可动也。"放曰："俱入鼎镬，何不可之有？"乃突前见帝，垂泣曰："陛下气微，若有不讳，将以天下付谁？"帝曰："卿不闻用燕王耶？"放曰："陛下忘先帝诏敕，藩王不得辅政。且陛下方病，而曹肇、秦朗等便与才人侍疾者言戏。燕王拥兵南面，不听臣等入，此即竖刁、赵高也。今皇太子幼弱，未能统政，外有强暴之寇，内有劳怨之民，陛下

不远虑存亡，而近系恩旧。委祖宗之业，付二三凡士，寝疾数日，外内壅隔，社稷危殆，而己不知，此臣等所以痛心也。"帝得放言，大怒曰："谁可任者？"放、资乃举爽代宇，又白"宜诏司马宣王使相参"，帝从之。

曹肇的弟弟曹纂任大将军司马，他听到一些风声，于是见到曹宇、曹肇等人，让他们赶紧进宫。此时天已黑了，到了宫门，刘放和孙资已宣诏宫门，任何人不得进入。曹肇天亮了又去，还不得进，越想越害怕，竟然自诣到廷尉处请罪。他其实也没干什么事，没有犯罪，没有造反，请什么罪呢？夏侯献倒是见到了魏明帝，魏明帝对他说事情已经定了，让他出去，夏侯献只得流涕而出。

然而，魏明帝的内心仍然做着激烈的斗争，甚至中途又改变过主意。用曹爽还是曹宇辅政他没有太多意见，但让不让司马懿共同辅政，他内心斗争了很久。论军功、资历，司马懿都当之无愧，为了曹氏江山，司马懿不说鞠躬尽瘁、忠心耿耿，至少也是勤勤恳恳、兢兢业业。但司马懿深不可测，不仅执掌重兵，而且威望极高，一旦有二心，曹爽哪里是对手？《三国志·明帝纪》裴松之注引《汉晋春秋》记载，曹肇趁刘放、孙资疏忽，想办法见到了魏明帝，"泣涕固谏"。魏明帝被曹肇说动，"使肇敕停"，将先前所议之事全部推翻。

但曹肇斗争经验不足，这时应守着魏明帝一步不离，然后让人通知曹宇等人进来做安排，可他是自己出去进行布置的，结果刘放、孙资闻讯赶来，"复说止帝，帝又从其言"。刘放请魏明帝当即下手诏，魏明帝说："我困笃，不能。"刘放见状，知道不能功亏一篑，"即上床，执帝手强作之"。之后，出去宣布："有诏免燕王宇等官，不得停省中。""大言"即矫诏，在平时是灭九族的大罪，但他们知道魏明帝的生命已飞快地进入倒计时，没有人有机会去核实了。就这样，曹宇、曹肇、夏侯献等人被罢了官，像过山车一样从天上坠落到地下，而他们竟然不知道如何反击，一个个只能含泪离开。

刘放、孙资在举荐并拥戴曹爽辅政之事上立下大功，曹芳即位后，曹爽以天子的名义加刘放为右光禄大夫，孙资为左光禄大夫，这都是荣誉性职务，往往授予那些地位高、威望重的人，后来又授予二人"仪同三司"，也就是享受三公的待遇。刘放、孙资各增食邑300户，封一子为亭侯，一子任骑都尉，其他诸子皆授予郎中之职。几年后，刘放以骠骑将军的身份兼任中书监，孙资以卫将军的身份兼任中书令。

刘放、孙资是曹魏政坛的重臣，久掌机要，资历又深，他们同时"退休"，在曹魏政坛足以形成震撼。刘放、孙资提出"退休"的原因，表面上是年老有病，这一点在正始九年

(248)二月天子所下的慰问诏书中有所体现:"今听所执,赐钱百万,使兼光禄勋少府亲策诏君养疾于第。君其勉进医药,颐神和气,以永无疆之祚。"但这仅是官方的说法,对曹爽等人专权不满才是真正的原因。《三国志·孙资传》裴松之注引《资别传》记载:

> 大将军爽专事,多变易旧章。资叹曰:"吾累世蒙宠,加以豫闻属托,今纵不能匡弼时事,可以坐受素餐之禄邪?"遂固称疾。

有人认为当初刘放、孙资举荐司马懿为辅政大臣是"临时起意",是为情势所迫而提出的,他们与司马懿的关系并非十分密切,因为史书中并没有关于他们与司马懿之间密切来往的记载。不过,从刘放、孙资二人的政治观点及正始前后的经历看,如果将他们视为司马氏的支党,也并非不可能。《三国志·孙资传》裴松之注引《资别传》记载,魏明帝曾与孙资有过一次秘密长谈。魏明帝问:"吾年稍长,又历观书传中,皆叹息无所不念。图万年后计,莫过使亲人广据职势,兵任又重。今射声校尉缺,久欲得亲人,谁可用者?"射声校尉是北军五营之一,品秩并不是很高。这只是一项普通的人事安排,孙资却没有正面回答魏明帝的提问,而是说了这

| 正 | 始 | 十 | 年 |

样一段话:

> 陛下思深虑远,诚非愚臣所及。书传所载,皆圣听所究,向使汉高不知平、勃能安刘氏,孝武不识金、霍付属以事,殆不可言!文皇帝始召曹真还时,亲诏臣以重虑,及至晏驾,陛下即阼,犹有曹休外内之望,赖遭日月,御勒不倾,使各守分职,纤介不间。以此推之,亲臣贵戚,虽当据势握兵,宜使轻重素定。若诸侯典兵,力均衡平,宠齐爱等,则不相为服;不相为服,则意有异同。今五营所领见兵,常不过数百,选授校尉,如其辈类,为有畴匹。至于重大之任,能有所维纲者,宜以圣恩简择,如平、勃、金、霍、刘章等一二人,渐殊其威重,使相镇固,于事为善。

孙资说,假如汉高祖没有陈平、周勃这样的人辅佐,他何以能安天下?文皇帝当年召曹真回来辅政,亲自诏臣办理此事,及至文皇帝晏驾,陛下即登大位。当时曹休也有内外之望,使他们各守其职,以此来看,亲臣贵戚虽应当据势握兵,也应该分出轻重。如果宗室诸侯典兵力均势平,那他们会互相不服。五营所领之兵不过数百,选授校尉这样的事情好办,陛下不必为此思虑,对于那些更重要的职务,则应当认真考虑，选出像陈平、周勃、霍光、马日磾那样的人，不必多，有一两个就行。魏明帝赞同孙资的看法，又问："如卿言，当为吾远虑所图。今日可参平、勃，侔金、霍，双刘章者，其谁哉？"孙资回答：

> 臣闻知人则哲，惟帝难之。唐虞之圣，凡所进用，明试以功。陈平初事汉祖，绛、灌等谤平有受金盗嫂之罪。周勃以吹箫引强，始事高祖，亦未知名也；高祖察其行迹，然后知可付以大事。霍光给事中二十余年，小心谨慎，乃见亲信。日磾夷狄，以至孝质直，特见擢用，左右尚曰"妄得一胡儿而重贵之"。平、勃虽安汉嗣，其终，勃被反名，平劣自免于吕须之谗。上官桀、桑弘羊与霍光争权，几成祸乱。此诚知人之不易，为臣之难也。又所简择，当得陛下所亲，当得陛下所信，诚非愚臣之所能识别。

孙资说，陈平当年初事汉高祖，有人诽谤他有受金盗嫂之罪。周勃开始时吹箫是特长，汉高祖时也未知名。汉高祖注意观察他们的言行，然后才决定交付给他们大事。霍光任给事中20多年，小心谨慎，才受到亲信。马日磾本是夷狄，因为质直才被擢用，即使那样，左右还有人讥讽说"妄得一胡儿而重贵"。陈平、周勃、霍光虽建大功，但也难免受小人之谗，上官桀、桑弘羊与霍光争权，几成祸乱。从以上这些事例可以看出，要做事确实不容易，这是为臣之难。不仅如此，还要为陛下所亲，为陛下所信，这样的人诚非愚臣所能识别。

孙资的这番话，没有一句是针对魏明帝问话的正面回答，但他的观点很明确：选人不易，要求不能太高，真正的人才做不到面面俱到，干事的人难免会受到诽谤和猜疑，君王不必求全责备，用人不能划圈子。孙资这番话，应该说很有针对性，他通篇没有提司马懿一个字，但处处又都是在说他。在孙资的眼中不是没有陈平、周勃、霍光那样的人才，眼前的司马懿不就是吗？关键是怎么看，又准备怎么用。刘放、孙资久事君王，说话自然滴水不漏，在曹爽与司马懿之间，他们其实早就进行了选择，清代学者王懋竑就此评论说：

> 刘放、孙资排燕王宇、曹肇而荐曹爽、司马懿，卒以亡魏。而放、资复为中书监、令凡八年。至九年春，始逊位。是时曹、马之隙已成，八年，懿始谢病。而放、资即以次年逊位，盖预知其谋而又逆料爽之非懿敌矣。爽死后，复以孙资为中书令，则放、资之党于司马可见也。

刘放、孙资在曹魏后期受到不少人的诟病，清代学者赵翼解释:"其后乘明帝临危,请以司马懿辅政,遂至权移祚易,故当时无不病二人之奸邪误国。"《晋书·荀勖传》记载:"论者以勖倾国害时,为孙资、刘放之亚。"可见,一直到西晋仍然对刘放、孙资有许多批评之声。陈寿撰写《三国志》时,将刘放、孙资合为一传,对二人大加褒扬,"极言其身在近密,每因群臣谏诤,多扶赞其义,并时陈损益,不专导谀言",这些"与当时物议大相反也"。赵翼认为,这是由于刘放、孙资二人"虽不忠于魏而有功于晋",陈寿作为晋臣,必须站在官方的立场上。

二、中护军

从历史上的无数次宫廷斗争中可以总结出一个道理:谁掌管着军权,谁才有胜算。曹爽尽管没有多少宫廷斗争的经验,但他对这一条深信不疑。要把军权紧紧攥在自己手里,只架空一个司马懿还远远不够。曹爽深知,虽然自己担任大将军一职,但还有几个重要的地方也要控制在手中,尤其是禁军。正始初年(240)的禁军主要由护军将军蒋济掌管,这是一个有本事的人,在军中也有一定声望,要无缘无故搬开他,并不是一件容易的事。

蒋济曾得到曹操的赏识,担任过曹操的丞相主簿和西曹属，恰巧司马懿也在曹操的丞相府中任过职。西曹和东曹都负责人事方面的工作，只是分工有所不同。因为工作关系，从那时起，蒋济便与司马懿有过很多来往。蒋济还曾是曹操身边的重要谋士，《三国志》认为荀彧、荀攸叔侄之下至少还有五位谋士极为重要，堪称"世之奇士"，他们是程昱、郭嘉、董昭、刘晔和蒋济。

魏文帝继位后，蒋济出任东中郎将。魏文帝后来看到了蒋济撰写的《万机论》，大为赏识，觉得如此学问渊博又有思想的人应该留在自己身边，以便时常请教，于是改任他为散骑常侍，随侍左右。蒋济不仅足智多谋，很有才华，而且为人刚直不阿，敢说敢做。司马懿的亲家夏侯尚任征南将军，与魏文帝感情深厚，曹丕曾为夏侯尚下过一道诏书，赋予他生杀予夺之权。《三国志·蒋济传》记载："时有诏，诏征南将军夏侯尚曰：'卿腹心重将，特当任使。恩施足死，惠爱可怀。作威作福，杀人活人。'"偏偏夏侯尚是一个爱炫耀的人，十分得意，动不动就把这份诏书拿出来炫耀一番，有一次也给蒋济看了，蒋济很反感。后来蒋济入宫见到魏文帝，魏文帝问他外面的情况，蒋济趁机回答说没看到什么好风俗，只听到一些亡国之语。魏文帝既惊且急，细问缘故。蒋济说《尚书》中明确告诫臣子不得作威作福，所谓"子无戏言"，所以给臣子下诏应当十分谨慎。魏文帝一下就明白了是怎么回事，不仅没生蒋济的气，而且立即差人到夏侯尚处要回了那份诏书。

曹仁指挥濡须口之战时，蒋济在曹仁军中辅佐，曹仁冒险进攻沙州，蒋济反对，但曹仁不听，结果大败。此战后，曹仁病逝，蒋济曾以东中郎将的身份暂领曹仁所部，后被征回朝中任尚书。魏文帝黄初六年（225）冬天，曹魏南征孙吴，在广陵郡有数千条战船因河道结冰而停滞不前。危急时刻，蒋济出主意使魏军主力摆脱了困境。魏明帝太和二年（228），孙吴鄱阳郡太守周鲂诈降曹休，曹休孤军深入孙吴，蒋济曾予以劝阻，但曹休不听，结果大败，曹休不久就病死了。通过这些事，魏明帝看出蒋济不仅有学问，更有军事才干，于是任命他为中护军，后升任护军将军，成为禁军统领。

中护军掌管武官选任，所以蒋济的门前整天都有人争着向他行贿；而蒋济在廉洁自律方面做得也较为马虎，谁送都收。《通典》注引《魏略》记载，当时社会上流传一首民谣："欲求牙门，当得千匹；五百人督，得五百匹。"意思是，想当牙门将必须送给蒋济1000匹帛，即使是百人督这种低级军官，也要送500匹帛。蒋济不仅跟司马懿很熟，而且关系非常好。一次，司马懿与蒋济闲聊，以这首民谣说的事相问。这种事难免会让人尴尬，蒋济语塞，开玩笑道："洛中市买，一钱不足则不行。"说完，二人相视而笑。

正因为蒋济与司马懿关系密切，曹爽等人更要将他换下不可。但是，蒋济除爱收礼之外也没有特别严重的问题，又是三朝老臣，生性耿直，没有理由换将，也不好向众人交代。想来想去，曹爽一伙又搞了一次明升暗降的把戏，升蒋济为领军将军，之后又升任为太尉，职务虽节节高升，但实权没有了。曹爽派曹羲和夏侯玄去掌管禁军，其中曹羲任中领军，夏侯玄任中护军。曹爽的弟弟曹羲之前只是一个平民百姓，因为曹爽辅政的原因刚刚被封了侯，夏侯玄只是一名文人，现在把他们安排进军队里，一上来就是禁卫军的一号和二号人物。曹爽还有一个弟弟名叫曹训，被任命为武卫将军，管理北军五营。

禁军于是掌握在了曹爽一伙人手中。后来，曹爽、夏侯玄讨伐汉中，夏侯玄向曹爽建议把司马师或者司马昭拉进来以壮大声势，因为伐蜀固然有与司马懿分庭抗礼的意味，但多一份力量总会让成功多了一份保障。曹爽也觉得司马懿在军中的声望无人能及，伐蜀这么大的事如果没有司马懿的参与，外人必定会议论，于是同意了夏侯玄的建议。事情很顺利，那时司马懿恰好在扬州，不在洛阳，司马昭听说伐蜀，积极要求上前线。夏侯玄报告了曹爽，曹爽很高兴。司马昭此时的职务是典农中郎将，曹爽给他连升三级，直接任命为征蜀将军。司马师时任散骑常侍，夏侯玄建议不妨将司马师也换一个职务，作为对他们支持伐蜀大业的酬谢。夏侯玄已被任命为征西将军，曹爽就把夏侯玄之前担任的中护军一职授予了司马师。

此次伐蜀无功而返，作为主要策划者，夏侯玄在军中威信扫地，征西将军没法儿再干了。曹爽有些后悔，认为不该把中护军这么重要的职务给司马师。中护军不仅负责指挥禁军，还负责典选武官，司马师就任中护军后干得很认真，《晋书·景帝纪》记载："魏景初中，拜散骑常侍，累迁中护军。为选用之法，举不越功，吏无私焉。"曹爽无奈，改任夏侯玄为九卿之一的大鸿胪。曹爽对司马师任中护军一事耿耿于怀，后来想出一个办法来削弱司马师的实权。《晋书·宣帝纪》记载：

> 六年秋八月，曹爽毁中垒中坚营，以兵属其弟中领军羲，帝以先帝旧制禁之不可。

中垒营、中坚营隶属中护军，原来由司马师掌管，曹爽将其划归中领军，而担任中领军的是曹爽的弟弟曹羲。司马懿对此无法忍受，不顾"能忍则忍、能让则让"的处事原则，拿出先帝旧制与曹爽相争，但大权为曹爽所握，抗争无果。这是一个公然摊牌的行为，有人认为这件事比软禁郭太后还严重，让司马懿失去了最后的安全感，是促使他与曹爽决裂的最重要的原因。这件事发生后不久,张春华就去世了,司马师干脆居丧在家。按照汉朝礼制,儿女为父母守孝通常为期三年,在此期间要辞去担任的职务,守孝期满后再由朝廷另行任命。

三、尚书台"三狗"

除了禁军,尚书台也是一个重要的地方。之前说过,曹爽将尚书令司马孚排挤到一边,尚书仆射李丰全面管理尚书台事务,直接向自己负责,同时,曹爽将自己的亲信安插进尚书台,将尚书台牢牢控制在手中。不过,在此过程中也并非一帆风顺。尚书台的诸位尚书中,尤以管理吏曹的尚书最重要,之前由卢毓担任,而卢毓与曹爽关系较为疏远。卢毓的父亲卢植是汉末名臣,是朝廷镇压黄巾军的三位主将之一,同时也是一名学者,公孙瓒、刘备都是他的学生。卢毓本人很早就跟随曹操,最早的职务是魏国的吏部郎,后历魏文帝、魏明帝两朝,一直从事人事工作。卢毓掌选举,首先看性格品行,其次是口才和才智,他主张有才能是为了行善,若只有才能但不去行善,那么有才不如无才。卢毓秉持公正,用人唯贤唯德,从不徇私情,所以很有威望。

曹爽等人密谋许久,干脆再来一次明升暗降,升卢毓为尚书仆射，而任命何晏为尚书，接替卢毓，负责职官典选。不久，曹爽又把邓飏和丁谧安排进尚书台担任尚书。卢毓久在尚书台，曹爽仍然觉得他在尚书台有些碍事，又将他改作为廷尉，负责司法工作。司隶校尉毕轨是曹爽一伙的，胡作非为，卢毓任廷尉后，立即弹劾毕轨，曹爽不悦，又将卢毓改任为光禄勋。

孙礼也在这一时期担任过尚书，他是曹魏三朝老臣，早在曹操平定幽州时便开始追随左右，先后担任过司空军谋掾、河间郡丞、荥阳都尉，以及山阳、平原、平昌、琅邪、阳平等郡的太守，是一位有着丰富行政管理经验的地方官，魏明帝时进入尚书台担任尚书。孙礼担任尚书期间，看到魏明帝大建宫室，给百姓造成很大负担，于是上疏劝谏，认为节气不调、粮食歉收等都与此有关，建议免除百姓劳役。对于孙礼的建议，固执的魏明帝竟然部分采纳，下诏遣送一部分参与宫室修建的百姓回去从事农业生产。当时有一个名叫李惠的官员做监工，想让这批百姓再留一天，把工程干完，孙礼直接跑到工地上，在没有请示的情况下把百姓放走了。魏明帝事后得知，认为孙礼做得对，不予追究。还有一次，魏明帝到大石山狩猎，遇到一只老虎，危急关头，孙礼二话不说，扔掉马鞭，跳下战马，拔剑就去斩杀老虎。魏明帝有惊无险，通过这件事看出孙礼的忠心。魏明帝临终前，任命曹爽为大将军，认为还应该有良将来辅佐，于是任命孙礼为大将军长史，加授散骑常侍。曹爽不喜欢孙礼，将其调至尚书台。孙礼不肯巴结逢迎，曹爽于是又将孙礼调离，将他改任为扬州刺史。

就这样，上有曹爽，下有何晏、丁谧、邓飏，完全把持了尚书台。这三个人中，何晏名气最大，他不仅是曹操的养子，论起来还是曹操的女婿。《三国志·桓范传》称何晏"尚公主"，即娶了曹操的女儿。何晏是何进的孙子，姓的是何，娶曹操的女儿为妻倒也不悖人伦。但《三国志·桓范传》裴松之注引《魏末传》记载："晏妇金乡公主，即晏同母妹。"按照这个说法，何晏的母亲、前大将军何进的儿媳妇尹氏嫁给曹操后还生了一个女儿，即金乡公主，她又嫁给了何晏。但是，这怎么可能？裴松之就此评论说："《魏末传》云晏取其同母妹为妻，此缙绅所不忍言！"裴松之认为这一定是记错了，这么荒唐的事情不会发生。有人进一步推论说，金乡公主的母亲不是尹氏，而是曹操的另一位夫人杜氏，也就是秦宜禄之妻、秦朗的母亲。杜氏也是先为人妇、后嫁入曹家的，她为曹操生了女儿金乡公主。如果这样解释，就合理了。

何晏的父亲叫何咸，虽然是赫赫有名的何进的儿子，但他的事迹史书无考。何进被杀时，何氏一家几乎面临了灭族的结局,可以推测,何晏的父亲何咸大概也死于此时,而他的妻子尹氏不知流落到了哪里,大概在建安初年(196)曹操担任司空后她到了许县,并且被曹操纳为妾,当时何晏大约六七岁的样子。何晏小时候应该很可爱,曹操对他爱得不行,甚至超过对亲生儿子曹丕、曹植。何晏讨人喜欢的原因有两点,一是长得可爱,二是特别聪明。《世说新语》说何晏"美姿仪",这一点不同于曹操。曹操"容貌短小",长相一般,受他的基因影响,曹丕、曹植众兄弟估计长相也很一般,曹彰生下来更是一头黄毛,在这样的环境中,"英俊少年"何晏受宠是比较好理解的。《太平御览》第385卷引《何晏别传》记载,曹操读兵书遇有未解之处,试着问何晏,何晏小小年纪居然能针对曹操的问题分析得头头是道,"分散所疑,无不冰释"。这让曹操越发喜欢得不行,想让何晏干脆改姓曹,哪知何晏不干,在地上画了个圈儿,待在里面不出来。问他为什么,何晏答:"何氏之庐也。"曹操便不再提改姓的事。姓没改,但曹操还是喜欢何晏,其吃的、用的、穿的都与曹丕众兄弟没有任何区别。《三国志·桓范传》裴松之注引《魏略》记载,这让曹丕看着很不舒服,"特憎之",见到何晏不叫他的名字,而是唤他"假子"。何晏不仅英俊,而且长得也白,不抹粉都像抹了粉似的,大家叫他"粉面郎君"。原因大概也有两个:一是何家的基因就是这样,他的姨奶、出生于屠户之家的何皇后受宠于汉灵帝刘宏，可作佐证；二是何晏长年服药，这种白是一种药物反应。

何晏服的药名叫"五石散"，是以石钟乳、紫石英、白石英、赤石脂、石硫黄等五种石头为主要原料调制的药物，至于这几种原料如何调制在一起，方法已经失传。何晏吃了之后，效果不错，同时期的大医学家、针灸的发明人皇甫谧就曾经说，是何晏开始吃这种药的，吃了之后，心神开朗，体力转强；鲁迅先生也曾说，"五石散"是一种毒药，是何晏吃开了头。何晏有钱，他吃起来，大家也都跟着吃。鲁迅先生送给何晏一个名号：吃药的祖师爷。何晏不仅自己服药，还邀请夏侯玄、钟会、荀粲等人一块儿服，这些人的父辈和祖辈在前面打江山，他们在后方没有什么事情干，就经常聚会，有时候还搞学术辩论，有时候吃吃喝喝。

这样的人研究学问是没有问题的，出来做事就不行了，因为他们的思想容易脱离实际，又好高骛远。而要他们出来做官，并且放到人事选拔这样十分重要的岗位，那就是灾难了。《三国志·桓范传》裴松之注引《魏末传》记载，何晏主选举，提拔的都是跟他关系好的，"其宿与之有旧者，多被拔擢"。何晏的妻子金乡公主是一位贤惠的人，曾对母亲说："晏为恶日甚，将何保身？"母亲倒没觉得这有什么，笑道："汝得无妒晏邪！"

丁谧是典军校尉丁斐之子。丁斐与曹操同乡，出身于曹操的母亲丁氏一族，早年即追随曹操，深得曹操信任。《三国志·桓范传》裴松之注引《魏略》记载："初，斐随太祖，太祖以斐乡里，特饶爱之。"丁谧年轻时不喜欢交游，博观书传，为人沉毅，颇有才略。魏明帝在位时，丁谧住在邺县（今河北省邯郸市临漳县），借别人的一处空宅居住。这座宅子被某位王公看中，也想借，不打招呼，直门而入。丁谧望见，"交脚卧而不起"。丁谧故意问仆人："此乃何人？给我轰出去！"这位王公大怒，到魏明帝那里告了一状。魏明帝下令把丁谧抓起来，关在邺县监狱，后来因为他是功臣之子，又把他放了出来。再后来，魏明帝任命丁谧为度支郎中，是尚书台度支曹的属官。曹爽这时担任武卫将军，丁谧觉得曹爽有前途，便主动巴结，又利用接触魏明帝的机会替曹爽说好话，"数为帝称其可大用"。丁谧跟对了人，曹爽辅政后马上重用他，升他为尚书。丁谧为人外似疏略，而内心多忌，在尚书台供职期间，不断遭到人弹驳，"台中患之"，但仗着曹爽撑腰，没有人能动得了他，曹爽对他"敬之，言无不从"。

邓飏的父亲虽不是曹魏旧臣，但他祖上很有名，是东汉开国名臣邓禹。魏明帝时，邓飏担任尚书郎，后离开尚书台，先后担任过洛阳县令、中书郎等。"浮华案"发生时，邓飏被认为是其成员之一，罢黜不用。曹爽掌权后，"浮华党"重新抬头，没有忘记邓飏，先复出其为颍川郡太守，还未赴任，又被曹爽任命为大将军府长史，接替孙礼，相当于曹爽大将府的"总管"。曹爽为加强对尚书台的控制，又把邓飏调到尚书台。邓飏很贪财，喜欢干一些受贿索贿的事。《三国志·桓范传》裴松之注引《魏略》记载，有一个名叫臧艾的人因结交邓飏而被授以显官，臧艾为答谢邓飏，居然把他父亲的一个妾送给了邓飏。此事在外面传开后，京师民谣中就有"以官易妇邓玄茂"的说法。玄茂，是邓飏的表字。邓飏所推荐的官员多如臧艾那样，"每所荐达，多如此比"。

曹爽将何晏、丁谧、邓飏安插在尚书台，算是看错了人，因为这三个人跟曹爽自己一样，都成事不足，败事有余，他们或图虚名，或贪实利，手握重权却不干正事，狼狈为奸，最后招来怨声载道。《三国志·桓范传》裴松之注引《魏略》记载，当时民间流传着这样一段顺口溜：

　　台中有三狗，二狗崖柴不可当，一狗凭默作疽囊。

"三狗"即何晏、丁谧和邓飏。"崖柴"指张口欲咬人的样子，意思是做事无顾忌、没底线、特别张狂，这指的是何晏和邓飏。另一"狗"是丁谧，曹爽有一个小名叫"默"，"疽囊"是毒疮的根处，比喻为群恶聚集之地，说的是丁谧没有任何功劳和本事，只是凭借给曹爽出些馊主意就受到重用，把坏事做尽。

曹爽还有一名心腹，名叫毕轨，年轻时以才能而显名。魏文帝黄初年间，曹叡被册封为太子，毕轨在太子府任职。曹叡即位后征召毕轨为黄门郎，并将公主嫁给毕轨之子。《三国志·桓范传》裴松之注引《魏略》记载："明帝即位，入为黄门郎，子尚公主，居处殷富。"魏明帝至少有两个女儿，长女平原懿公主早夭，次女齐长公主，先嫁中书令李丰之子李韬，后嫁中书侍郎任恺。毕轨之子娶的是魏明帝的另一个女儿还是曹魏宗室的其他公主不详。毕轨一家从此既富且贵，毕轨后任并州刺史，曹爽掌权后将其调任为司隶校尉，在行政上相当于清代的直隶总督，同时还能纠察百官，地位较直隶总督更高。

从地位显赫的禁卫军到总揽日常政务的尚书台，再到管理首都洛阳的各级行政长官，全部换成了与曹爽一伙的人。曹爽刚掌权时还比较低调，除了遇事经常向司马懿请教，生活方面也相当注意克制和节俭，以期给外界留下好印象。大权独揽后，人在私欲方面的本能急骤释放出来，表现为贪婪和奢侈。从心理学上分析，一个人在某方面被压抑得太久太狠，等他可以不受约束时，在这些方面表现出来的往往出奇地过分。

| 正 | 始 | 十 | 年 |

慢慢地，曹爽的生活奢侈起来，吃的、穿的和车马都跟皇帝一样，住的地方如同后宫，里面堆满了珍奇古物。曹爽做过的最过分的事情，是私自把魏明帝曹叡生前的七八名才人弄来做自己的妾，这绝对是大逆不道且有悖人伦的事情。曹爽敢这样做，说明他对形势的判断很乐观，觉得已经没有什么能威胁到自己的地位。曹爽家里妻妾充斥后庭，还养着一个由师工、鼓吹、良家子女共33人组成的伎乐队。曹爽听说魏武帝曹操生前的宫人们在歌舞方面水平最高，至今无人可以超越，为了提高自己家伎乐队的演出水平，他还诈作诏书，派出许多人到邺县"进一步深造"。曹操死后命宫人仍生活在铜雀三台之上，曹爽派人向这些婕妤们请教乐伎。既然诏书都可以随便写，那么宫中太乐的乐器、武库的兵器更是看上了就拿。后宫宦官总管名叫张当，此人千方百计巴结曹爽。后宫有一个名叫石英的才人，能歌善舞，被曹爽看上了，张当便偷偷把石英及其他另外10名才人送出宫，给了曹爽。此事尽管做得很隐蔽，但纸里包不住火，消息透露出去，众人无不瞠目结舌。自魏武帝以来，有鉴于前朝宦官专政造成的积弊，对宦官采取了限制政策，宦官不得与百官私通，一经发现必斩。张当与曹爽等人勾结在一起，让人不禁担心危害两汉数百年的宦官政治是否会重新上演。

曹爽如此，手下的几员干将也不甘落后。在曹爽的纵容下，何晏把洛阳、野王原来属于典农校尉管理的数百顷桑田划为己有，官家有什么东西只要被看上，何晏都命人直接往家里搬，还公开向州郡索贿。由于他掌管选官大权，所有人都不敢说个"不"字。至于心甘情愿往家里送的，那就数不胜数了。曹爽还做窟室，经常与何晏等人在其中饮酒作乐。《三国志·曹爽传》记载："爽饮食车服，拟于乘舆；尚方珍玩，充牣其家；妻妾盈后庭，又私取先帝才人七八人，及将吏、师工、鼓吹、良家子女三十三人，皆以为伎乐。诈作诏书，发才人五十七人送邺台，使先帝婕妤教习为伎。擅取太乐乐器，武库禁兵。作窟室，绮疏四周，数与晏等会其中，饮酒作乐。"洛阳有一个永宁寺，是北魏后期熙平元年（516）灵太后胡氏所建，永熙三年（534）被焚毁，遗址位于今河南省洛阳市以东15公里的汉魏洛阳城址内。据杨衒之《洛阳伽蓝记》记载，永宁寺塔为木结构，高九层，百里之外都能看见。永宁寺建成后，人们在寺院西南角发现一处窟室，位于地下一丈多深的位置，窟室内壁皆以方石垒成，精致考究。永宁寺所在位置正是当初的曹爽故宅，此窟室即曹爽所筑，这验证了史书的记载。《水经注·谷水》记载：

（永宁寺）其地是曹爽故宅，经始之日，于寺院西南隅得爽窟室，下入地可丈许。地壁悉垒方石砌之，石作细密，都无所毁，其石悉入法用，自非曹爽，庸匠亦难复制此。

司马懿第八子名叫司马肜，曹爽专权时他年纪还小。《晋书·梁王肜传》记载："时诸王自选官属，肜以汝阴上计吏张蕃为中大夫。蕃素无行，本名雄，妻刘氏解音乐，为曹爽教伎。蕃又往来何晏所，而恣为奸淫。晏诛，徙河间，乃变名自结于肜，为有司所奏，诏削一县。"这里说的是，晋朝建立后，司马肜被封为梁王，可以自行选用属官，他先选张雄为中大夫，张雄的妻子刘氏之前曾在曹爽那里教授乐伎，并与曹爽、何晏等寻欢作乐。曹爽、何晏等倒台后，张雄改名为张蕃，骗过司马肜。这段经历后来被人举报，司马肜受到了牵连，被削去一个县的食邑。从这条记载也可以看出，当初曹爽等人沉溺于歌舞享乐，生活十分奢侈荒淫。

四、正始改制

在正始年间掌权的这个小团体中，也并非都是只知道享受而不想有任何作为的人，夏侯玄的想法就与曹爽等人的不太一样。魏晋玄学有三个公认的核心人物，分别是王弼、何晏、夏侯玄，王弼的主要精力在学术上，何晏的精力一半在学术、一半在官场，而夏侯玄的精力比他们似乎都要旺盛，既在官场，也在学术，更在改革。

在学术上，夏侯玄的成就不如王弼和何晏高，因为他把更多的精力用在了对政治和社会改革的思考与实践方面。《三国志·夏侯玄传》裴松之注引《世语》（《魏晋世语》，下同）对夏侯玄的评价是："玄世名知人，为中护军，拔用武官，参戟牙门，无非俊杰，多牧州典郡。立法垂教，于今皆为后式。"这说明夏侯玄不是一个"书呆子"，也不是一个在官场上混日子的人，他有一定的行政才干，也做过一些有意义的事。

汉末是一个新思潮兴起的时代，起始于对传统儒教和经学僵化的反思，连年战争造成社会动荡不安是促使新思潮兴起的基础。汉末的政治人物善于把握这种潮流和方向，巧妙地为己所用，在这方面最成功的无疑是曹操。曹操认为"治平尚德行，有事尚功能"，提出"唯才是举"的用人方略。可惜的是，曹魏立国后，魏文帝和魏明帝未能沿着曹操既定的战略方针继续走下去，魏明帝更是通过"浮华案"对刚刚处于萌芽状态的玄学思潮进行打压。

夏侯玄认为现在正是一个好时机，曹爽执掌大权，可以实现他们的政治理想。于是，在正始年间，在曹爽的支持下，在夏侯玄等人的大力推动下，曹魏政权推行了一系列改革活动，史称"正始改制"。然而，这场改革起于何时、终于何时，有哪些具体措施、效果如何，这些在史书的记载中都有些模糊。这是因为,参与正始改制的骨干们仅仅几年之后基本上都被杀了,他们倾注了政治理想的改制运动被扣上"背弃顾命,败乱国典"的罪名。

幸好现在还保留了一篇夏侯玄所写的《时事议》,描述了这场改革的主要内容。这篇文章是专门写给司马懿的。作为这场改革的总策划者,夏侯玄深知争取各方面支持是改革成功的关键,出于长期以来对司马懿的敬重,以及对其在朝野中巨大影响力的考虑,夏侯玄给已不怎么过问时事的这位有姻亲关系的长辈写了这篇文章。当然,还有一种说法是,夏侯玄等人推行的改革由于力度过大,一时间造成了政局的动荡,朝中不断有人反对,社会上也议论纷纷,为了全面描述改革的总体思想和措施,夏侯玄写了这篇文章,以表明改革的决心,希望得到包括司马懿在内的朝臣们的理解和支持。根据《时事议》的内容并参考其他有关史料记载可知,夏侯玄等人推行的改革主要有三个方面的举措。

一是改革九品中正制。两汉在用人上实行察举征辟制,这种主要靠推荐的选人用人制度存在很大弊端,推荐的标准重所谓品德而轻才能,于是造成了各种形式主义和大量庸才的出现。曹操打破了这样的人才标准,更重才干而不拘泥于人品如何,取得了成功。然而,魏文帝和魏明帝出于对世家大族的拉拢，迅速向两汉以来所形成的政治制度回归，重新推行察举征辟制，并由陈群等人正式固化为所谓的九品中正制。

　　尚书台的吏部曹是负责选官的机构，而各州、郡、县，以及朝廷各官署有成千上万的官吏要选用、升降和考核，吏部曹不可能忙得过来。这就得将选人用人的职责进行划分，尤其是将物色、推荐人才工作放权给一定的机构或人员。根据九品中正制的设计，专门负责考察官员人选的叫"中正"，具体做法是，选择一些"贤有识鉴"的朝廷官员兼任其原籍所在的州、郡、县的中正官，其职责是发现本州、本郡、本县范围内的各类人才，通过德才、门第等定出"品"和"状"，供吏部曹选官时参考。"品"是考察人才的品德、门第等，评定出上上、上中、上下、中上、中中、中下、下上、下中、下下等九个等级，相当于给后备官员考察打分；"状"是中正给被考察人最后做出的评语。有考察，考察也有标准，考察的结果既有量化指标，也有定性的结论，这种官员考察机制应该是很先进的了。但是，按照家世、道德、才能三者并重的标准判断人才，很容易走向重门第而轻德才的局面，最后造成"上品无寒门，下品无士族"的社会不公。

　　夏侯玄认为，由于"分叙参错，各失其要"，所以导致了"机权多门"的问题，中正官、地方行政长官在选人用人上有很大的话语权，却职责不明，造成吏部曹选官上的被动。

夏侯玄改革九品中正制的核心是明晰尚书台、地方行政长官、中正官三者之间的关系，"明其分叙，不使相涉"，尤其是在中正官和地方行政长官之间形成制衡，谁都不能说了算。

简单地说，过去中正官和地方行政长官联合考察人才，他们通过商量，给吏部曹报来一个"品"和"状"的考察结论，对于这个考察结果，吏部曹没有不接受的理由。他们在商量的过程中就有可能作弊。而现在通过明晰职责，中正官和地方行政长官各拿出一个考察结果，同时报到吏部曹，由吏部曹综合这两份结果再进行考察。明眼人一看便知，事情还是那个事情，方法还是那个方法，只是简单地由"面对面"改为"背靠背"。这样一改，吏部曹便把选人用人上的主导权从中正官和地方行政长官手里抓了过来。

二是改革行政层级。秦汉实行郡县制，中央以下为郡，郡以下为县，两汉最夸张时，全国有108个郡级行政单位，如果都由中央直接管理，的确有点儿管不过来。于是，两汉增设了"州"，一开始却不是行政设置，而是为监察郡县官员所设，长官为刺史，品秩远低于郡太守。汉末时局动荡，州刺史权力越来越大，后来刺史改为州牧，州变成了一级行政机构。夏侯玄认为增加州这一级行政单位，造成了机构重叠、官众事繁，不仅导致行政资源浪费，而且容易产生结党营私、任人唯亲等弊端。为此，夏侯玄提出应该精简机构，减少中间层级。

这个思路是正确的，但是夏侯玄提出的具体方案却让人意想不到，他主张撤销郡一级，由州直接管理县。夏侯玄在《时事议》中提出："若省郡守，县皆径达，事不拥隔，官无留滞，三代之风，虽未可必，简一之化，庶几可致，便民省费，在于此矣。"这当然是一个大胆的设想，不仅前无古人，而且也后无来者。但这仅仅是设想，连夏侯玄也没能把它推行下去。

三是改革官场繁文缛礼。玄学主张"因物自然，抱朴求真，与民省力"，反对官场的形式主义和繁文缛礼。《时事议》写道："文质之更用，犹四时之迭兴也，王者体天理物，必因弊而济通之。时弥质则文之以礼，时泰侈则救之以质。今承百王之末，秦汉余流，世俗弥文，宜大改之，以易民望。今科制自公、列侯以下，位从大将军以上，皆得服绫锦、罗绮、纨素、金银饰镂之物，自是以下，杂彩之服，通于贱人，虽上下等级，各示有差，然朝臣之制，已得侔至尊矣，玄黄之采，已得通于下矣。欲使市不鬻华丽之色，商不通难得之货，工不作雕刻之物，不可得也。"在这里，夏侯玄发挥了他既是玄学家，又是改革家的特长，提出了"文"和"质"的概念，认为它们像一年之中的四季一样交替出现，君王应效法上天形成的这种规律来治理天下百姓，对当时的弊端加以改变和革新。夏侯玄认为，如果风俗过于质朴粗陋，就用礼仪来修补；如果时代风尚过于奢侈，就用质朴来补救。具体到曹魏政权，夏侯玄认为其社会风气有秦汉以来留下的影响，总体看有点儿奢侈，所以应该大力革新风俗习尚。

　　如何革新呢？夏侯玄举了一些例子。比如，按朝廷规定，三公、列侯以上官员可以穿绫锦、罗绮、纨素，佩戴金银雕刻的装饰品，而以下的官员可以穿多种颜色的衣服，虽然根据上下等级也有一定差别；但实际情况却是，朝廷大臣的服饰越来越华丽，甚至可以与皇帝相比，玄、黄两种颜色按规定只能官员穿，现在老百姓也能穿，如此一来，想让市场上不卖华丽色彩的奢侈品、商人不经营那些难以得到的珍宝、工匠不做精细雕刻的工艺品都是不可能做到的。夏侯玄提出大臣们的车舆服饰应遵照古法，禁止奢侈之服，形成朴素之风，对于那种因过分讲究而形成的奢华之气，夏侯玄称之为"华丽之事"，认为都应当予以革除。

　　夏侯玄向司马懿介绍改革的设想及相关措施，对此，司马懿则总体上持否定态度。在司马懿看来，何晏、夏侯玄等倡导的所谓新思潮虽然有一定新意，但这主要是与传统儒学相对比而言，如果上升到政治和治国理政的层面，这些思想还相当稚嫩。夏侯玄的三大改革主张就不如他们的学术思想那么有创新性，说到底都是在复古而已。改革九品中正制表面上看是要打破门阀世袭，但仍然突破不了《礼记》所说"今大道既隐，天下为家，各亲其亲，各子其子，货力为己，大人世及以为礼"的原则，只不过是换了一种形式而已，说得更直白些，只是换了个选人用人权力的行使部门罢了。

而撤郡的建议更为荒唐，秦始皇创郡县制，因为当时天下只有36个郡，经过两汉的发展，郡一级行政机构超过百个，朝廷直接对其进行管理确实很吃力，于是增加了州一级行政单位。一个州通常管理10个左右的郡级单位，大的郡级单位下面有20多个县，小的也至少有七八个县。撤郡后，平均一个州管理的县就有100多个，用州直接管理县，在交通、通信等条件十分落后的情况下根本管不过来，非乱套不可。

改革服制、抑制奢华的想法是好的，但这些只是形式主义和表面文章，花那么大的力气去做这些事，反倒没有必要。况且，这几件事要真的办起来也没那么容易。改革选官制度就不用说了，九品中正制强调中正在选人用人上的话语权，中正是谁？中正是大大小小的朝臣，他们不仅是士人，还是地方上的大族。经过多年的耕耘，他们在家乡都拥有着巨大的影响力；担任中正后，这种影响力不仅停留在思想上和舆论上，而且可以对地方治理、人才更迭产生直接干预。现在，削弱或者让他们淡出这项权力，必然会招来最强烈的反弹，涉及的不是哪一家、哪一族，也不是哪一个地方，而是系统性反弹。

| 正 | 始 | 十 | 年 |

　　撤郡之议也存在这样的问题，撤掉数十个郡，意味着自郡太守以下成百上千的官位不存在，精减官员固然可以为朝廷节省支出，为百姓减轻负担，但这些被撤下来的人如何安置、如何保证他们不闹事便成了问题。这些被裁撤的人与朝廷官员、世家大族之间都有千丝万缕的联系，谁要砸他们的饭碗，他们就会跟谁拼命。司马懿很清楚夏侯玄等人提出的改革举措都是书生之见。《三国志·夏侯玄传》记载，司马懿给夏侯玄写了一封回信，信中写道：

　　　　审官择人，除重官，改服制，皆大善。礼乡闾本行，朝廷考事，大指如所示。而中间一相承习，卒不能改。秦时无刺史，但有郡守长吏。汉家虽有刺史，奉六条而已，故刺史称传车，其吏言从事，居无常治，吏不成臣，其后转更为官司耳。昔贾谊亦患服制，汉文虽身服弋绨，犹不能使上下如意。恐此三事，当待贤能然后了耳。

　　司马懿在信中对夏侯玄说，审核官员、选拔人员、撤掉重复的官职、改革服饰制度等都很好，朝廷对官员进行考核，大致也应该像你所说的那样，然而现行制度中有习惯上的继承，不能一下子全部改掉。司马懿认为，秦朝时没有设刺史一职，只有郡太守及长吏，汉代虽然有刺史之职，只不过是根据"刺史六条"来行事,没有固定的治所和府衙,以后才变为行政长官,现在保留它而省去县一级行政单位,是不妥的。对于改革服制的问题,司马懿谈到过去贾谊也担忧过这个问题,汉文帝采纳了,但实行的效果却不好,即使身穿粗衣仍不能使上下满意。司马懿对夏侯玄说:"恐怕你所说的这三件事现在还无法彻底改变,应该等贤能的人来解决。"司马懿显然认为夏侯玄的改革目标虽然是对的,但缺乏可行性措施,改革难以推行。夏侯玄看了司马懿的回信,又写信给司马懿,对自己的改革思路和措施进行了解释。信中写道:

> 汉文虽身衣弋绨,而不革正法度,内外有僭拟之服,宠臣受无限之赐,由是观之,似指立在身之名,非笃齐治制之意也。今公侯命世作宰,追踪上古,将隆至治,抑末正本,若制定于上,则化行于众矣。夫当宜改之时,留殷勤之心,令发之日,下之应也犹响寻声耳,犹垂谦谦,曰"待贤能",此伊周不正殷姬之典也。窃未喻焉。

夏侯玄认为,汉文帝虽然自己穿绨袍,然而却不改革、修正法制,使得朝廷内外有模仿越职的服饰,宦臣得到没有限制的赏赐,从这些方面看来,大概他的宗旨只在于修立自己的声名,并不在于治国。现在的情况不同,如果上面定下

| 正 | 始 | 十 | 年 |

礼仪制度，下面的人就会遵行，在适宜改革的时候应该尽忠竭诚，勇于改革，而不是等待贤能。见夏侯玄固执己见，司马懿不再回复。

夏侯玄主导的这场改革是如何推行的？缺少正面记载的史料。但是，这些改革措施的确曾经推行过。《晋书·天文志》记载，正始八年（247）八月发生了日食，蒋济抓住机会上疏皇帝，对夏侯玄、丁谧、邓飏等人的所谓改制提出批评："昔大舜佐治，戒在比周。周公辅政，慎于其朋。齐侯问灾，晏子对以布惠；鲁君问异，臧孙答以缓役。塞变应天，乃实人事。"蒋济认为无论是大舜还是周公都特别注意不能让朝臣们结党营私，现在上天对有些事情不满，通过日食发出了某种惩戒，必须引起警醒。这些话无疑很大胆，也只有蒋济这样的老臣才敢说。蒋济接着写道：

> 今二贼未灭，将士暴露已数十年，男女怨旷，百姓贫苦。夫为国法度，惟命世大才，乃能张其纲维以垂于后，岂中下之吏所宜改易哉？终无益于治，适足伤民，望宜使文武之臣各守其职，率以清平，则和气祥瑞可感而致也。

蒋济认为，如今吴、蜀未灭，将士们征战已数十年，社会负担沉重。在这种情况下，国家法度需有大才来确立和调度，现在却找了一帮中下之才来，怎么有能力做改制这样的事？如果执意改下去，不但不能垂名于后世，而且会劳民伤财，有害无益。蒋济建议文武百官各自按照过去的制度办事就行，严守岗位，按部就班，天下自会清平，祥瑞自会呈现。蒋济的话很刻薄，也很尖锐，但无疑代表了相当一批朝臣和世族的心声，在他们看来，夏侯玄这些人能力平庸，窃取高位，作威作福也就罢了，千万别再瞎折腾，动了祖制，让天下永无清宁。可惜的是，尽管蒋济"旨譬甚切"，但"君臣不悟"。

五、众人清醒我独醉

"建安七子"里有一个应玚，死于建安二十二年（217）。他有一个弟弟名叫应璩，博学好文，善于书记，魏文帝、魏明帝时任散骑常侍，曹芳即位后升任侍中。邓飏调往尚书台后，应璩担任了大将军长史，成为曹爽大将军府新的"总管"。

按理说，应璩应该是曹爽的心腹，对曹爽言听计从。但是，应璩看到曹爽擅权胡为、举措失当后并没有沉默，而是多方劝谏，为此还专门写下《百一诗》讽劝。关于"百一"，有三种说法：一是原诗可能有101篇；二是全诗为五言诗，共20句，正好100个字；三是指"百虑一失"之意。目前所存《百一诗》为一首诗，全文如下：

下流不可处，君子慎厥初。
名高不宿著，易用受侵诬。
前者隳官去，有人适我闾。
田家无所有，酌醴焚枯鱼。
问我何功德，三入承明庐。
所占于此土，是谓仁智居。
文章不经国，筐篚无尺书。
用等称才学，往往见叹誉。
避席跪自陈，贱子实空虚。
宋人遇周客，惭愧靡所如。

从字面上看，这首诗是通过田家与作者的问答，说明作者无才无德，不配在朝廷占据高位，但这只是表层之义。西晋荀勖在《文章叙录》中认为此诗的写作背景是："曹爽秉政，多违法度，璩为诗以讽焉。其言虽颇谐合，多切时要，世共传之。"《昭明文选》李善注也指出："张方贤《楚国先贤传》曰：'汝南应休琏作百一诗，讥切时事，遍以示在事者。'"所以，这首诗真正的用意是对曹爽进行讽谏，诗中"下流不可处，君子慎厥初。名高不宿著，易用受侵诬"写得十分直接，完全是针对曹爽的所作所为。

不仅正直的士人、官员对曹爽一伙人的胡作非为感到气愤，就连曹氏一族中的自家人也看不下去。曹爽的弟弟曹羲内心忧虑，多次劝谏，但曹爽不听。曹羲还写了三篇文章，都是陈述因过度骄淫奢侈导致祸患的，写得极其恳切。他不敢直接指责曹爽，假托训诫诸弟来警示曹爽。曹爽看了很不高兴，不予理睬，曹羲只得涕泣而去。《三国志·曹爽传》记载："羲深以为大忧，数谏止之。又著书三篇，陈骄淫盈溢之致祸败，辞旨甚切，不敢斥爽，讬戒诸弟以示爽。爽知其为己发也，甚不悦。羲或时以谏喻不纳，涕泣而起。"

曹氏宗亲中还有一位曹冏，其曾祖父名叫曹叔兴，是曹操祖父曹腾的哥哥，这样算起来曹冏的父亲就是曹操的从兄弟，曹冏是曹操的子侄辈，长了当今皇帝曹芳两辈，在所有仍在世的曹氏宗亲里，辈分算是很高的。曹冏很有文采，他写了一篇《六代论》，保存于《三国志·武文世王公传》裴松之注引《魏氏春秋》中。在这篇文章中，曹冏有感于魏文帝、魏明帝甚至曹爽等人不重用曹魏宗室导致大权逐渐旁落外姓的现实，通过分析夏、商、周、秦、汉、魏六代的兴亡，建议分封宗室子弟并授以军政实权，从而抑制异姓权臣。在这篇文章的后半部分，曹冏写道：

> 魏太祖武皇帝躬圣明之资，兼神武之略，耻王纲之废绝，愍汉室之倾覆。龙飞谯沛，凤翔兖豫，扫除凶逆，

翦灭鲸鲵，迎帝西京，定都颍邑。德动天地，义感人神。汉氏奉天，禅位大魏。大魏之兴，于今二十有四年矣。观五代之存亡，而不用其长策；睹前车之倾覆，而不改其辙迹。子弟王空虚之地，君有不使之民。宗室窜于闾阎，不闻邦国之政。权均匹夫，势齐凡庶。内无深根不拔之固，外无盘石宗盟之助，非所以安社稷为万世之业也。且今之州牧郡守，古之方伯诸侯，皆跨有千里之土，兼军武之任。或比国数人，或兄弟并据，而宗室子弟，曾无一人间厕其间与相维持，非所以强干弱枝备万一之虞也。

今之用贤，或超为名都之主，或为偏师之帅，而宗室有文者，必限以小县之宰；有武者，必置于百人之上。使夫廉高之士，毕志于衡轭之内；才能之人，耻与非类为伍，非所以劝进贤能褒异宗室之礼也。夫泉竭则流涸，根朽则叶枯。枝繁者荫根，条落者本孤。故语曰："百足之虫，至死不僵。"以扶之者众也。此言虽小，可以譬大。且墉基不可仓卒而成；威名不可一朝而立，皆为之有渐，建之有素。譬之种树，久则深固其本根，茂盛其枝叶。若造次徙于山林之中，植于宫阙之下，虽壅之以黑坟，暖之以春日，犹不救于枯槁，而何暇繁育哉？夫树犹亲戚，土犹士民。建置不久，则轻下慢上。平居犹惧其离叛，危急将若之何。是以圣王安而不逸，以虑危也；存而设备，以惧亡也。故疾风卒至，而无摧拔之忧；天下有变，而无倾危之患矣。

曹冏认为，古之王者往往将"建同姓以明亲，树异姓以明贤"作为相辅相成的治国之道，不会偏废于某一方面，但现今则不然，曹魏宗室"或任而不重，或释而不任"，如此一来，一旦国家有事而"股肱不扶"，就会出现大问题。曹冏所言"股肱不扶"是出于对异姓权臣的不信任，此处倒未必是指司马懿，或者不仅指司马懿，曹爽周围大都是异姓权臣，在曹冏看来，统统靠不住。

如果这就是《六代论》的中心思想和主要论点，那这篇文章的价值也就仅此而已。曹冏不单表达了不满情绪，还反思了历史，他认为"三代之君，与天下共其民，故天下同其忧。秦王独制其民，故倾危而莫救"。对于秦之败因，曹冏认为最重要的是"废五等之爵，立郡县之官，弃礼乐之教，任苛刻之政"，所以造成了"子弟无尺寸之封，功臣无立锥之地，内无宗子以自毗辅，外无诸侯以为藩卫"的局面。曹冏写道：秦朝败亡之象于今历历在目，"观者为之寒心"。曹魏建国20多年了，一直处在"子弟王空虚之地，君有不使之民"的状态，宗室可怜到"窜于闾阎，不闻邦国之政"的地步，这是很危险的。

《六代论》代表了相当一部分曹氏宗室在政治上对曹爽的

不满和不支持，文中虽然有情绪也有偏颇，但也道出了不重用宗室是造成曹魏江山不稳定的一大主因，有说得对的地方。在这篇文章中，曹冏说了一段很有名的话："夫泉竭则流涸，根朽则叶枯。枝繁者荫根，条落者本孤。故语曰'百足之虫，至死不僵'，以扶之者众也。"源头的泉水枯竭了，那么溪流也就干涸了；树木的根部腐烂了，那么枝叶也就枯萎了；枝叶繁茂的树木可以庇佑根部，枝条凋落的树木，主干也会失去保护。所以有100条腿的虫子即使死了也不倒下，那是因为扶持帮助它的脚很多啊！曹冏建议曹爽重用宗室，重新考虑分封之制，夯实曹魏的基础。

但是，重用宗室又是一把"双刃剑"，魏文帝对宗室严格防范，魏明帝继续魏文帝的做法，必然有他们的原因。曹爽觉得，大权还是独享的好，弄一帮宗室到朝廷里来，地方上再封若干个有职有权的王公，等这些宗室一个个做大，他这个辅政大臣岂不也被架空了吗？对曹冏花了很多心血写成的这篇文章，曹爽置之不理。对此，宋元之际学者胡三省看得更为深刻："以明帝之明，且不能用陈思王之言，况曹爽之愚暗哉！"

六、走进竹林

正始年间，表面上看一切都在按部就班地进行着，但关

第二章 | 权力的失衡 |

心时事的人无不感到气氛的压抑。在此形势下,一些人主动放弃仕途,以避开可能到来的纷争,与司马懿有亲戚关系的山涛就是其中一位。

山涛出身于张春华的母亲山氏一族。《世说新语》记载,有人到司马懿府上走亲戚,见到司马懿,对他说起山氏家族出了一个很了不起的少年,别看才十几岁,但已显露出与众不同的潜质,将来定能与司马师、司马昭两位公子一起"纲纪天下",司马懿对此不以为然。这个少年,就是山涛。

山涛字巨源,父亲山曜曾任县令,山涛很早时父亲便不在了。《晋书·山涛传》记载,山涛"少有器量,介然不群",好读《庄子》《老子》,处事低调,"隐身自晦"。论起来,张春华是山涛的表姑,但山涛从未想以此谋取前程,40岁起才开始担任郡主簿、功曹、上计掾等基层职务。就在张春华去世后不久,山涛突然辞官而去。那时山涛任职于河南尹,住在馆舍中,与他同屋住的还有一个名叫石鉴的人。十六国中后赵的仁武帝也叫石鉴,但不是此人。

一天,山涛夜里回来,石鉴已经睡下。山涛躺下后却翻来覆去睡不着,最后还是坐了起来,把睡梦中的石鉴叫醒,对石鉴说:"今为何等时而眠邪?"现在都到什么时候了,你还有心思睡觉?石鉴从梦中被叫醒,很疑惑。现在是什么时候?为什么不让人睡觉?山涛说出了让自己睡不着的那件心事:"知太傅卧何意?"原来,山涛一直在思考一件事,那就是司马懿为何称病不出。石鉴听了,有些不高兴:"宰相三不朝,与尺一令归第,卿何虑也!"石鉴认为,即便是宰相,如果三天不上朝,皇帝也得让他辞官回家,司马懿不上朝,其实就这么简单,你操的哪门子心?见所答非所问,山涛叹道:"咄!石生无事马蹄间邪!"

山涛的忧虑是,自己处在两大阵营争斗之中,不敢奢望因此得势得福,只求未来不被株连就行。作为司马懿的远房亲戚,他担心将来曹爽一旦得势,自己将因此受祸。看来唯一的办法就是早早远离风波,避开祸端。第二天早上醒来,石鉴发现山涛已不见踪影,桌上放着他当官的印鉴、公文等物,山涛已辞官而别。

山涛回到河内郡老家,家里很清贫,妻子韩氏默默操持家务,从未有怨言,许多本应由男人干的活儿她都去做,山涛看了很不忍。《晋书·山涛传》记载,有一次山涛对妻子说:"忍饥寒,我后当作三公,但不知卿堪公夫人不耳!"这完全是"画大饼",好在韩氏很贤惠,没有责怪他,依然全心干着家务,不让山涛分心,任由山涛看书、抚琴、外出会友。

一次,山涛从外面带来两位朋友,其中一位30岁左右,装束打扮虽无刻意,却一看就很有气质。此人个子很高,有

"七尺八寸",相当于 1.8 米以上。另一位看起来年龄大几岁,谈吐文雅,也不同于俗人。《世说新语》记载,在山涛与他们二位的交往中,韩氏发现他们之间"异于常交"。客人走后,韩氏问丈夫他们是什么人。山涛道:"我当年可以为友者,唯此二生耳!"这引起了韩氏的好奇,日后这两位再来,她特意让丈夫把他们留下在家里住一天,"夜穿墉以视之,达旦忘反"。在当时男女交往受到很多限制的情况下,韩氏的做法可谓大胆,不仅把墙钻穿了,还盯着两位男士看了一夜,天亮才走。事后,当山涛问韩氏对这两位朋友评价如何时,韩氏道:"君才致殊不如,正当以识度相友耳!"韩氏说:"夫君你的才智比他们差远了,以你的见识气度也就只能跟他们交交朋友。"这些话长他人志气灭自己威风,但山涛倒不吃醋:"伊辈亦常以我度为胜。"山涛对妻子说:"他们反倒常认为我在气度上更胜一筹呢。"山涛的这两位朋友都不是一般人物:个子高、年轻一点儿的那个就是嵇康,年龄稍长些的就是阮籍。虽然日后他们的名字都将如雷贯耳,但此时还算不上特别出名。

嵇康字叔夜,本姓奚,祖籍会稽郡上虞县(今浙江省绍兴市上虞区),先人因避仇人迁至沛国谯县(今安徽省亳州市),跟曹操成为同乡。在原籍时,其家附近有嵇山,迁居谯县的这一支便改姓嵇。嵇康早年丧父,家境贫寒,但他勤奋好学,不仅精通文学、经学,还擅长音律和书法。改变嵇康命运的是他的婚姻，他娶了曹操的孙女长乐亭主为妻，长乐亭主是曹操第10个儿子曹林的女儿，曹林被封为沛王，沛国即其封地。嵇康以什么背景和手段成了曹家的乘龙快婿？这一点不得而知，也许是他长得又好，人又有才，因此被沛王父女相中。

与豪门联姻，下一步就是进入仕途、平步青云，以嵇康的才华，这一切都唾手可得，然而嵇康内心却排斥官场和世俗。与山涛一样，嵇康心好老庄，曾对朋友说："老庄，吾之师也！"除音乐、书法外，嵇康还对养生服食之道有研究，向往"越名教而任自然"的生活方式，甚至专门写了一部《养生论》，讲解自己心目中的养生之法，对古代隐士们的生活一心向往。正是因为有这种出世之心，所以他平日寄情于山水和音乐，喜欢与志同道合者交友谈论。后来，嵇康干脆找了一处风景优美的世外桃源隐居起来，此地就是距山涛老家怀县很近的河内郡山阳县。

阮籍字嗣宗，陈留郡尉氏县（今河南省开封市）人，他的父亲是曹魏旧臣、"建安七子"之一的阮瑀。阮籍3岁时父亲就不在了，家境中落，靠勤学成才。与嵇康有所不同的是，阮籍本来怀抱着一腔的政治理想，有济世之志。阮籍说过一句很霸气、很有名的话："时无英雄，使竖子成名！"在阮籍心里，他倾向于曹魏，但是看到曹爽与司马懿相争，尤其是曹爽等人专权弄事、骄奢淫逸，他又深深感到失望。与山涛一样，有感于政局险恶、吉凶难料，阮籍也选择了避世。所以，当大将军曹爽慕名要召阮籍为参军时，阮籍托病辞官，回到家乡尉氏县，这里与怀县、山阳县离得很近。

山涛与嵇康、阮籍首次见面便一见如故。《世说新语》说："山公与嵇、阮一面，契若金兰。"这一时期，他们常到嵇康在山阳县的庄园中聚会，其具体位置在今河南省焦作市修武县境内的云台山，这里山水奇绝，峡谷显幽，山间多泉水瀑布，竹林茂密，清静幽雅，时至今日仍是一处著名的风景名胜区。在他们三个人饮宴交游、吟诗抚琴、纵情于山水之间的同时，附近还有几位志趣相投者先后加入，他们是向秀、刘伶、王戎和阮咸。

向秀字子期，也是怀县人，山涛认识他时他刚20岁出头，"清悟有远识，少为山涛所知，雅好老庄之学"。在山涛的引荐下，向秀结识了嵇康、阮籍等人，加入这个隐士群中。

刘伶字伯伦，也是沛国人，"身长六尺"，约合今1.4米。《晋书·刘伶传》记载，刘伶容貌甚陋，为人放情肆志，"常以细宇宙齐万物为心"。刘伶平时沉默少言，他与阮籍、嵇康属偶然相遇，交谈之下一见如故，"欣然神解，携手入林"。刘伶最大的特点是酷爱喝酒。爱酒之人，有称嗜酒、醉酒、贪酒的，刘伶更甚，史书上称其"病酒"。刘伶不以有无家产为意，经常乘一鹿车，携一壶酒，有时喊个人带着锸跟着鹿车，说"我如果死了，就把我就地埋了吧"。

一次，刘伶渴了，向妻子要酒解渴。妻子忍无可忍，毁酒器，涕泣而劝："君酒太过，非摄生之道，必宜断之。"刘伶说："善！吾不能自禁，惟当祝鬼神自誓耳。便可具酒肉。"妻子信以为真，赶紧准备酒肉于神前，刘伶跪倒说道："天生刘伶，以酒为名。一饮一斛，五斗解酲。妇儿之言，慎不可听。"一边说，一边饮酒吃肉。还没待妻子反应过来，已陶然而醉。刘伶纵酒放达，喝多了就脱衣裸形在屋里大睡，有人进屋看到了笑他，他说："我以天地为栋、屋室为衣，你们跑到我衣服里来做什么？"

王戎字濬冲，琅邪郡临沂（今山东省临沂）人，年龄更小，此时还不到20岁。王戎出身于世家，祖父王雄曾任幽州刺史，父亲王浑曾任凉州刺史。王戎少年时便十分颖悟，神采透彻。王戎加入嵇康等人的行列是阮籍介绍的，阮籍在洛阳时与王浑为友，当时王戎只有十几岁，比阮籍小了整整20岁。阮籍与之交往，曾对朋友说："濬冲清赏，非卿伦也。"

阮咸字仲容，是阮籍的侄子，他们二人被后世称为"大小阮"。阮咸比王戎大几岁，在众人中，论年龄排在倒数第二。阮咸不喜与人结交，但与情投意合之人相谈甚欢，喜饮酒，尤其善弹琵琶，精通音律，据说是他改造了从龟兹传入的琵琶，此乐器后世便称为"阮咸"，简称"阮"。

在此社会动荡、政治纷争之时，上面这七个人虽有才华却无法施展，与前代文人、名士的境遇不同，他们不仅承受着生存的重压和思想的痛苦，而且还要为生命安全而担忧，在极端压抑的政治和社会环境下，他们寄情山水，崇尚老庄，试图从虚无缥缈的神仙境界中寻找精神寄托，平时以清谈、饮酒、佯狂等排遣内心的苦闷，史称"竹林七贤"。《晋书·嵇康传》记载，嵇康居山阳，"所与神交者惟陈留阮籍、河内山涛，豫其流者河内向秀、沛国刘伶、籍兄子咸、琅邪王戎，遂为竹林之游，世所谓'竹林七贤'也"。《世说新语》也记载："陈留阮籍、谯国嵇康、河内山涛，三人年皆相比，康年少亚之。预此契者：沛国刘伶、陈留阮咸、河内向秀、琅邪王戎。七人常集于竹林之下，肆意酣畅，故世谓'竹林七贤'。"

七、"忍不可忍"

这一阵，司马懿闭门在家养病，来客一律不见。说是谁都不见，也不完全如此，有些特殊的客人可以例外。一天，少府王观前来拜访，魏明帝时司马懿为太尉，征王观为从事中郎，因为这层关系，王观一直视司马懿为长官。王观之前在南阳郡、涿郡当过郡太守，在涿郡时，他在边境地区发展军民屯田，花了很多力气修筑防御工事，政绩十分突出，是一个干才。王观现任九卿之一的少府，负责管理宫廷事务。

见面后，司马懿发现王观似有忧心之事，就问他出了什么事。王观知道太傅的处境，本不想说，见太傅主动过问，就抱怨说自己这个少府当不成了，人家要赶他走呢！司马懿忙问他是怎么回事，他担心王观的免职与自己有关，因为他与王观之间关系密切，这一点不是什么秘密。王观说，以前材官张达擅自拆除官家的屋舍，把拆下来的材料都归为私有。张达是曹爽跟前的红人，行事如此过分，他作为少府不管不行，于是把张达侵占的财物统统予以没收，曹爽知道后很不满，恐怕要惩治自己。少府是后宫的总管，管理的尚方、御府等存放有大量珍玩宝物，曹爽向来视后宫如自己家一样，看上的东西想拿就拿，想要就要，连个借条都不打。王观一向忍着，有时实在忍不下去了，就顶着不办，惹得曹爽经常动怒。

司马懿听完，半晌无语。王观接着说，个人进退得失全不足惜，只是这断不是小事，说出来要让天下士人和百姓寒心，现在有多少国家大事要办，但他们却干这些投机钻营之事。可惜的是，大魏的基业、太祖武皇帝拼杀30多年才打下的江山社稷，就将毁在这些奸佞小人之手！司马懿听着，一直没有说话。是啊，曹爽等人再这样下去，一定会把曹家的江山社稷毁了。但是，怎么毁？谁来毁？毁于何时何地？这些事，不敢想啊！就在这次谈话后不久，王观被免去少府一职，改任权力小得多的太仆。

在司马懿面前表达对曹爽等人不满的还有孙礼。孙礼由大将军长史改任刺史，后因战功被提拔为冀州牧，上任前来拜见司马懿。司马懿想起一件事，对孙礼说："你马上要去冀州了，冀州的清河、平原二郡因为地界划分争了八年，前后两任刺史都没能解决，这种事必须有理有法，公正分明。当年虞国和丙国争夺地界最后由周文王出来才行决断，你此去冀州，当处理好这件事。"孙礼也是一个认真的人，知道这件事后，认为清河郡和平原郡地界争端，只要凭借列祖当年受封平原国的地图来决断就可，如今地图就收藏于朝廷府库中，调出来可作为凭据。

孙礼不仅认真，还是个急性子。他跑到府库，居然找出了当初汉代平原王受封的地图。根据地图上所载，有争议的地区应当属平原郡。这本是一件很正常的公务，曹爽却插手过问，因为曹爽偏向清河郡。曹爽让人下达公文，说地图不算数，应当到实地进行勘查。《三国志·孙礼传》记载，孙礼十分不满，立即上疏，认为自己作为冀州牧，敬捧圣朝明晰的地图来验别二郡分界，郡界已清晰可辨，现在不顾证据，全部予以推翻，令人慨叹惋惜，也让人哭笑不得。上疏后，孙礼"辄束带著履，驾车待放"，束好腰带穿好鞋子，驾上车，坐等上面解职。曹爽大怒，马上指使人弹劾孙礼对朝廷不满，"结刑五岁"，孙礼判处有期徒刑五年。孙礼是当初魏明帝十分看重的人，他的遭遇受到不少朝臣的同情，包括司马懿在内的很多人都替孙礼说话，孙礼这才没有去服刑，在家里待了一年，后被任命为城门校尉。这时，匈奴王刘靖的军队兵强马壮，势力强大，而鲜卑族又屡屡侵扰边境，需要选一名能干的官员去并州刺史部担任刺史。选来选去，发现孙礼最合适。

临行之前，孙礼又去拜见司马懿。《三国志·孙礼传》记载，与上次不同，这次见到司马懿，孙礼"有忿色无无言"。司马懿安慰他说："这次能去并州已经很不错了，为什么还有怨言？是不是还在为之前在冀州受到的不公而愤恨？如今远别，重任在肩，国事为重，要振作精神呀！"听了司马懿的话，孙礼长久以来憋在心里的怨言一下子爆发出来："太傅，您为什么这样说？我再无甚德行，难道还会把官位和往事放在心上？我忧心的是，如今国家已处于危难之中，天下动荡不安，这是我之所以不高兴的原因啊！"孙礼说完大哭不止。司马懿明白孙礼的心迹，但在现在这种情势之下也不好说什么，他只告诉孙礼六个字："且止，忍不可忍。"

八、政坛新生力量

一天,傅玄来太傅府探望。傅玄出身于北地郡泥阳傅氏,祖父是魏武帝时的老臣傅燮。司马懿与傅燮昔日相识,傅玄也算是故人之子。司马懿在魏明帝时任太尉,听说傅玄是个人才,博学善属文,又解乐律,性格刚劲正直,郡里推举他为孝廉,但他不就任。太尉可以开府,司马懿想征辟傅玄到太尉府任职,他仍不就任。

现在傅玄来拜访,看来是有什么事情。果然,傅玄一见到司马懿,就向他诉说自己族兄傅嘏的事,请太傅相助。傅嘏很早就有名气,曾任黄门侍郎,何晏、邓飏、夏侯玄争相与之交往,但傅嘏对他们很疏远。《三国志·傅嘏传》裴松之注引《傅子》记载,傅嘏喜欢交往的是荀粲这样的朋友,荀粲提醒傅嘏注意,认为夏侯玄是一时之杰,虚心与他交友,合则好成,不合则怨恨。傅嘏明白荀粲的意思,但他有自己的想法。傅嘏说:"泰初志大其量,能合虚声而无实才。何平叔言远而情近,好辩而无诚,所谓利口覆邦国之人也。邓玄茂有为而无终,外要名利,内无关钥,贵同恶异,多言而妒前;多言多衅,妒前无亲。以吾观此三人者,皆败德也。远之犹恐祸及,况昵之乎?"在傅嘏看来,夏侯玄志向很大,但迎合虚名,只是一个耍嘴皮子的人;何晏、邓飏性情急躁,知识广博却不得要领,喜欢得到好处,不加检点约束,又党同伐异,讨厌意见不同的人,忌妒超过自己的人。傅嘏认为,这三个所谓的"贤人"都不过是道德败坏的人罢了,离他们远远的还怕遭祸,何况是去亲近他们呢!

傅嘏说得没错,有些飞黄腾达的小人,看着风风光光,近之者得利,逆之者招祸,但这仅是一时一地之荣,福祸变换只在旦夕之间,哪一天他们倒了台,反攻清算将随之而来,当初与他们关系亲密或狼狈为奸者因此而生祸,与他们针锋相对者反被大家追捧,被认为是有远见。傅嘏对夏侯玄、何晏、邓飏看得很准,不仅看到了现在,还看到了将来。

傅嘏跟曹爽的弟弟曹羲关系却很好。何晏把持吏部曹,傅嘏对曹羲说:"何平叔外静而内躁,铦巧好利,不念务本。吾恐必先惑子兄弟,仁人将远而朝政废矣。"这些话不知怎么传到了何晏的耳朵里。何晏恼怒,找了个借口,"因微事以免嘏官",改任其为荥阳郡太守。傅嘏的遭遇与钟毓差不多,但傅嘏不如钟毓幸运,他到了荥阳郡后不太顺利,当地大族得到上面的暗示处处与他作对,他不仅无法履职,而且继续待在那里人身安全都成问题。傅嘏向上面反映,希望重新调回朝廷,但没有回音。

傅玄来见司马懿,就是想请求太傅看在曾与他们父亲为故旧的分儿上伸出援手,帮帮自己的哥哥。司马懿虽然知道自己出面必然会引起曹爽、何晏等人不快，但按照傅玄的说法，傅嘏在荥阳郡随时有危险，也就顾不上那么多了。司马懿知会尚书台，以太傅的名义征荥阳郡太守傅嘏为太傅府从事中郎。现在的太傅府只是一个空架子，但根据旧制太傅开府是没有问题的，而府中吏员可以自行聘任。这件事情办成后，傅嘏很快回到了洛阳。

傅嘏受到何晏等人的迫害，傅玄自己也好不到哪里去。傅玄的妻子去世了，他想续娶杜铧为妻。杜铧是杜有道的女儿，杜有道已去世，她由母亲严宪辛苦抚养长大。这时人们都知道傅玄与何晏、邓飏等不和，何晏等想加害傅玄，所以没有人敢把女儿嫁给傅玄。严宪不怕，认为何晏等人既骄又奢，一定会失败；而司马太傅犹如睡着的雄狮，只是在等待时机而已，待卵破雪消之后，必定平安无事。严宪做主，最终将女儿嫁给了傅玄。《晋书·列女传》记载：

> 杜有道妻严氏，字宪，京兆人也。贞淑有识量。年十三，适于杜氏，十八而嫠居。子植、女铧并孤藐，宪虽少，誓不改节，抚育二子，教以礼度，植遂显名于时，铧亦有淑德，傅玄求为继室，宪便许之。时玄与何晏、邓飏不穆，晏等每欲害之，时人莫肯共婚。及宪许玄，内外以为忧惧。或曰："何、邓执权，必为玄害，亦由排

山压卵,以汤沃雪耳,奈何与之为亲?"宪曰:"尔知其一,不知其他。晏等骄侈,必当自败,司马太傅兽睡耳,吾恐卵破雪销,行自有在。"遂与玄为婚。

正始年间的政治气氛十分紧张,有人为司马懿担忧,但也有人看到最终的胜利者一定是司马懿。严宪是一名寡居在家的女子,却能将时局看得如此透彻。杜铧嫁给傅玄的时间无从考证,但《晋书·列女传》还记载:"玄前妻子咸年六岁,尝随其继母省宪。谓咸曰:'汝千里驹也,必当远至。'以其妹之女妻之。"傅咸是傅玄前妻所生,他出生于魏明帝景初三年(239),6岁时应是正始五年(244),可知杜铧嫁给傅玄的时间当在正始年间,正是"曹马之争"逐渐显露的时候。

曹魏名臣钟繇的儿子钟毓、钟会的经历有些类似。正始初,钟毓任散骑常侍,曹爽执意伐蜀,钟毓有不同看法,上疏劝曹爽退兵。曹爽无果而返,迁怒于钟毓,将钟毓贬为魏郡太守。

钟会是钟繇的幼子,少年时聪慧敏捷。钟会5岁时,钟繇带着他去见蒋济,蒋济认为钟会前途远大,不可限量。钟会长大后博学多闻,尤其精通玄学,有人认为他可与玄学代表人物王弼齐名。《三国志·王弼传》记载:"初,会弱冠与山阳王弼并知名。"正始年间，钟会担任秘书郎一职，后迁尚书郎。《世说新语》记载了一个故事，司马昭与陈骞、陈泰一起乘车，经过钟会家，招呼钟会同乘，但没等钟会出来就驾车走了。钟会出来时车已走远，只得追上。司马昭嘲笑道："与人期行，何以迟迟？望卿遥遥不至。"钟会回答："矫然懿实，何必同群？"司马昭又问钟会："皋繇是怎样一个人？"钟会回答说："上不及尧、舜，下不逮周、孔，亦一时之懿士。"这个故事的核心是"谐音梗"：钟会的父亲是钟繇，谐音"遥"；陈骞的父亲是陈矫；司马昭的父亲是司马懿；陈泰的父亲是陈群，曾祖父名是陈寔，谐音"实"。钟会在回答时或者直用其名，或者用同音字，以此来报复他们三个人。

上面这个故事表明，司马昭与钟会、陈骞、陈泰等人早年关系很好，他们日后也都受到司马氏的重用。有人认为钟会引起司马昭的重视是在司马懿、司马师死后，那时是由虞松将钟会推荐给司马昭的。这有些不符合事实，其实他们很早就建立了密切关系。裴松之就此认为："钟会名公之子，声誉夙著，弱冠登朝，已历显位，景王为相，何容不悉，而方于定虞松表然后乃蒙接引乎？设使先不相识，但见五字而便知可大用，虽圣人其犹病诸，而况景王哉？"

曹爽一伙虽然很得势，有不少人竭力攀慕，如刘晔之子刘陶等，但也有一些头脑清醒的人主动与他们保持距离。出身于泰山郡羊氏的羊祜是夏侯霸的女婿，对曹爽一伙却并不看好。羊祜年轻时被举为上计吏，州府先后四次征辟，都被他拒绝。羊祜虽然年轻，但很有政治头脑，他判断曹爽终将不是司马懿的对手。后来，曹爽征羊祜、王沈来大将军府任职，王沈劝羊祜应征，羊祜拒绝。《晋书·羊祜传》记载："与王沈俱被曹爽辟。沈劝就征，祜曰：'委质事人，复何容易。'及爽败，沈以故吏免，因谓祜曰：'常识卿前语。'祜曰：'此非始虑所及。'其先识不伐如此。"羊祜后来被司马氏父子重用，是晋朝灭孙吴的主要推动者之一。

以上几人属于曹魏政坛的新生力量，他们要么被曹爽一伙迫害，要么看清了时事，所以他们选择站在司马氏一边。除了他们，司马懿还利用各种机会培养了一些忠实于自己的人，其中有何曾、石苞、胡奋、邓艾等。

何曾是曹魏太仆何夔的儿子，好学博闻，魏明帝时任散骑侍郎、典农中郎将、给事黄门侍郎、散骑常侍。司马懿当年伐辽东，何曾向魏明帝上疏，认为辽东过于遥远，应当给司马懿派个副手，以备不测。魏明帝不仅不从，还把何曾外调为郡太守，以示对司马懿的信任。何曾后来成为司马懿父子的忠实追随者，晋朝开国后任太尉，以富甲天下著称。何曾的提议如果不是魏明帝主使，那就只有一种可能，是司马

第二章 | 权力的失衡

懿主使的，目的是检验一下魏明帝对自己的放心程度。不久，何曾拜为侍中，回到洛阳。这时何曾的母亲去世了，按照制度他要去官守孝三年。这段时间是比较清闲的日子，他从外围策应司马师的可能性较大。这样推测，理由是后来司马懿父子政变成功，何曾被委以司隶校尉的重任。

石苞早年曾为本县小吏，有一个名叫郭玄信的宫中官员要某位典农司马推荐可以做皇帝近侍的人选。这位不知名的典农司马推荐了两个人，一个是还未出名的邓艾，另一个就是石苞。郭玄信或许因为邓艾有口吃的毛病，不适合侍卫天子，于是看中了石苞。但不知什么原因，这次推荐没有成功，石苞到了邺县，任职一直没有着落，为了生计，只好以卖铁为生。魏明帝青龙年间，石苞前往长安卖铁。当时司马懿镇守长安，他在偶然中发现了石苞，深为赏识。在司马懿提携下，石苞担任了尚书郎，与邓艾成为同事。石苞后来还担任过邺县的典农中郎将。曹魏宗室诸王有不少在邺县居住，邺县很不好管，其中权倾一时的丁谧在邺县就有不少亲戚朋友。这些人违法犯罪，石苞敢于上奏他们的所作所为，受到赞许。司马师担任中护军后，把石苞调来担任手下的司马，石苞成为司马师的左右手。

胡奋是司马懿老部下胡遵的儿子，司马懿很喜欢他，征辽东时让他以布衣身份随征，立下功劳，回来后被朝廷任命为校尉。钟会的哥哥钟毓无端受曹爽一伙排挤,由于这个原因,钟会跟司马师、司马昭兄弟走得比较近。钟毓在正始年间先任秘书郎,后来到尚书台担任尚书郎,一直生活在洛阳。

邓艾是东汉开国功臣邓禹的后人,但到邓艾一辈时,家族已经没落。父亲早逝,为躲避战乱,邓艾的母亲带着他迁居到了附近的汝南郡。当时曹操正在这一带推行屯田,把那些没人耕种的土地集中起来,再把四处流落的难民组织起来,分给他们土地和耕牛,组织他们发展生产,邓艾母子就是这样的屯田户。汉末三国时代,人们特别讲究出身,贫寒的人想取得成功,必须付出加倍的努力,邓艾就是一个依靠自身努力而取得成功的寒门子弟。

屯田户的生活很艰辛,因为他们通常要拿一半以上的收成交租税,在生产力水平很低下的汉代末年,屯田户的收入通常十分微薄。为减轻家庭负担,邓艾很小的时候就给别人放牛。与一般的放牛娃不同,邓艾很有志向,他经常一边放牛,一边努力地读书学习。邓艾12岁时,有一次随母亲到与汝南郡相邻的颍川郡,路过名士陈寔的墓地,看到墓碑上有两句话:"文为世范,行为士则。"邓艾很受触动,在碑前久久不愿离去。激动之余,邓艾决定把自己的名字改为邓范,取表字为士则,但后来发现本族中已经有人叫邓范了,邓艾这才把名字重新改回来。屯田户的孩子绝大多数没受过教育,

第二章 | 权力的失衡 |

邓艾完全靠自学成才，在身边的众多年轻人中格外突出，后来被推荐到屯田官的手下担任一名文吏。邓艾从小有口吃的毛病，有个成语叫"期期艾艾"，就与他有关。这影响到邓艾的仕途，朝廷只让他担任看守稻田、草丛的小吏。但是，对于屯田户出身的孩子来说，这已经算是不小的成就了，因为这意味着命运已经发生了转变。

邓艾在基层工作了20年，靠着辛苦努力熬到了典农功曹这个职务，是一名负责人事工作的基层官吏。虽然只是一名小吏，但邓艾的视野却很宽广，每次有机会路过高山大川，他都要跑过去勘察地形，模仿排兵布阵的样子在那里指指画画，别人讥笑他，他也毫不介意。有一次，邓艾因公事去京城洛阳，有机会接触到时任太尉的司马懿。司马懿与他进行了交谈，发现他很有才干，对基层的事务也相当了解，很赏识他，就把他留在太尉府里任职。于是，邓艾的命运又发生了一次重大改变，从众多基层小吏中脱颖而出，来到更高的层面上，这正好符合他的人生志向。司马懿打算在淮南一带推广屯田，就派屯田户出身，又富有基层工作经验的邓艾先去做调查研究。邓艾认真开展调查，摸清了下面的情况，根据自己长期以来对屯田事务的思考写了一篇《济河论》，提出许多有见地、符合基层实际的好见解。司马懿看完很满意，邓艾的建议有很多都被付诸实施，先后在淮南一带修了几百里长的水渠，灌溉农田二万顷，几年下来淮北、淮南连成了一体，成为曹魏重要的粮食产区，其中邓艾功不可没。

司马懿对邓艾的才干有了进一步认识，对他更加器重。后来，司马懿找了个机会，推荐邓艾担任南安郡太守，就邓艾的出身来说，这已经算是那时候的一个奇迹了。邓艾任职的南安郡归雍州刺史部管辖，位于今甘肃省境内，在当时是曹魏的西北边疆，曹魏与蜀汉经常在这里发生战斗。邓艾虽然是行政官员，但由于所管辖的地区是与敌人对峙的边地，所以也承担着不少军事职责，他的主要任务是协助征西将军郭淮对抗蜀汉的大将军姜维。

第三章 高平陵之变

|正|始|十|年|

一、何晏问梦

李胜到太傅府试探归来，曹爽等人无不感到一块石头落了地，只需慢慢等待，等司马懿寿终正寝，最大的担忧也就不存在了。只有一个人心里不太踏实，这就是何晏。《三国志·管辂传》记载，一天晚上，何晏做了个梦，梦见几十只青蝇集于鼻上，驱之不去。何晏对术数有一定研究，熟悉《易经》，但他对于这个梦作何解仍百思不得要领。何晏的心事本来就重，现在总觉得做这个梦很不好，就想找个高人来指点指点。何晏把这件事告诉了邓飏，邓飏说这个梦恐怕只有管辂能解。

管辂字公明，冀州刺史部平原郡平原县（今山东省平原县）人，三国时期最有名的术士之一。《三国志·管辂传》记载，管辂生得容貌粗丑，无威仪，嗜酒，平时也不太正经，"故人多爱之而不敬也"。关于管辂有很多传说，说他如何能预知未来、可以断人生死等。《三国志》中将管辂的术筮与华佗的医诊、杜夔的声乐、朱建平的相术、周宣的相梦等相提并论，认为他们都玄妙殊巧，属非常之绝技。清河郡太守华表召管辂任文学掾，后来又有人向冀州刺史裴徽推荐管辂，说管辂能仰观天文，神妙如同甘公、石申，应加以重用。裴徽于是将管辂调往州政府，任文学从事，后升任治中别驾。值得一提的是，这位裴徽是曹魏名臣裴潜的弟弟，他们的父亲名叫裴茂，共同开启了河东郡裴氏的世族时代，为《三国志》作注的南北朝历史学家裴松之就出自该家族。

何晏也听说过管辂的大名，想马上把他请来。管辂这时在魏郡太守钟毓那里做客。钟毓被贬到魏郡做太守，他也是一个有家学且爱钻研的人，也听说了管辂的大名，就把他请来切磋学问。《三国志·管辂传》记载，钟毓一开始对管辂并不太相信，觉得他的名气很大，水平却未必如此。钟毓于是写了20道关于《易经》方面的难题，"自以为难之至精也"。说是请教，其实想考一考管辂，试试他是不是有真学问。管辂"寻声投响，言无留滞，分张爻象，义皆殊妙"，回答得样样清晰准确，让钟毓大开眼界，赶忙称谢。管辂还说自己知道钟毓出生的日期。钟毓不信，因为他从未对外人言及，生人更不会知道。管辂见他不信，就报了出来，与钟毓的生日完全吻合。钟毓相当吃惊，没想到管辂这么厉害。管辂解释道，这没有什么，是一种卜筮之术，可断人的生死之日。钟毓一听急了，怕他顺嘴说出自己的"死期"，赶紧道："君可畏也。死以付天，不以付君。"二人大笑。钟毓又问管辂天下是否太平，管辂答道："方今四九天飞，利见大人，神武升建，王道文明，何忧不平？"对于这几句话，钟毓一直不解，又不便再问。直到后来曹爽等人被诛，钟毓才恍然大悟。

何晏派去请管辂的人到了魏郡，却扑了个空，原来管辂又被邺县的典农校尉石苞请去了。《三国志·管辂传》裴松之注引《辂别传》记载，石苞也听说管辂的大名，把他请来，因为他也想请教一个问题。石苞问管辂："闻君乡里翟文耀能隐形，其事可信乎？"石苞的情况前面介绍过，他心里正装着司马师等人的秘密事业，对于各路奇人奇事，尤其是那些有特异功能的人，自然格外留意。在石苞看来，如果真有人能隐形，那用处就大了。管辂道："此但阴阳蔽匿之数，苟得其数，则四岳可藏，河海可逃。况以七尺之形，游变化之内，散云雾以幽身，布金水以灭迹，术足数成，不足为难。"管辂说所谓物不精不为神、数不妙不为术，精者神之所合，妙者智之所遇，精与神二者相通，虽然很难做到，但一旦做到就不得了，所以鲁班不说其手，离朱不说其目，不是言之难，而是如孔子所说"书不尽言""言不尽意"，即精微之妙是言语无法传达的。一番话说得石苞如坠云雾，不得要领，不过还是很认真地在听。管辂继续说:"白日登天,运景万里,无物不照,及其入地,一炭之光,不可得见。三五盈月,清耀烛夜,可以远望,及其在昼,明不如镜。"管辂解释,这些神奇现象就是刚才说的道理,日月通于阴阳之数,阴阳之数通于万类,鸟兽犹能变化无穷,何况人呢?只要得阴阳之妙、神灵之气,不仅生者有验,死也可以预知,所谓生者能出亦能入,死者能显亦能幽,这些都是物之精气、化之游魂,人鬼相感,阴阳使然罢了。

这些话估计没有几个人能听懂,但大师说的话就是这样。听不懂可以装懂,如果非说不懂,只能被人讥为智商不够。石苞虽然没听懂,但也不敢说有没有隐形这样的事,他向管辂问了一个自以为高明的问题:"目见阴阳之理,不过于君,君何以不隐?"石苞说:"能参透阴阳之理的,天下都超不过先生,先生你何以不能隐形?"这是一个刁钻的问题,但管辂是见过大场面的,不慌不忙道:"夫陵虚之鸟,爱其清高,不愿江汉之鱼;渊沼之鱼,乐其濡湿,不易腾风之鸟:由性异而分不同也。仆自欲正身以明道,直己以亲义,见数不以为异,知术不以为奇,夙夜研几,孳孳温故,而素隐行怪,未暇斯务也。"管辂说,陵虚之鸟爱其清高,不愿做那江汉之鱼;渊沼之鱼乐其濡湿,不愿做那腾风之鸟,这些都是性情所致。在下只想正身明道,对于那些特异功能见而不以为奇,

|正|始|十|年|

也没有时间琢磨，所以无法亲自去证明。

何晏终于请到了管辂，双方见面的时间是正始九年(248)十二月二十八日，再过几天就是新的一年了。《三国志·管辂传》裴松之注引《辂别传》记载，见面时，邓飏也在座，何晏先不切入正题，而是像钟毓一样提出了关于《易经》的九个问题向管辂请教，管辂一一作答，"九事皆明"。何晏赞叹道："君论阴阳，此世无双！"邓飏插话道："君见谓善易，而语初不及易中辞义，何故也？"邓飏说，先生以善解《易经》著称，为何从刚才的谈话里很少听到直接谈论《易经》的内容？管辂回答："夫善易者不论易也。"何晏含笑赞之："可谓要言不烦也！"何晏又问："听说先生精通诸爻神妙，能否作一卦看看我能不能当上三公？"管辂回答："过去周公辅佐周王，以和惠谦恭而享有多福，这些都不是通过卜筮所能言明的。如今君侯位尊势重，听说对君侯心存敬重的人少，畏君侯之威的人多，这可不是什么好事情。"这番话说得何晏脸上有点儿挂不住，邓飏赶紧打圆场，让管辂解一解何晏做的那个梦。管辂问清梦的情况，说道：

> 鼻者艮，此天中之山，高而不危，所以长守贵也。今青蝇臭恶，而集之焉。位峻者颠，轻豪者亡，不可不

> 思害盈之数，盛衰之期。是故山在地中曰谦，雷在天上曰壮；谦则裒多益寡，壮则非礼不履。未有损己而不光大，行非而不伤败。愿君侯上追文王六爻之旨，下思尼父象象之义，然后三公可决，青蝇可驱也。

这段话的大意是：鼻子是天中之山，高而不危，所以守贵。现在青蝇以臭恶集之，意味着位高者将被颠覆，轻豪者将要败亡，做了这样的梦不可不想想盈亏之数，盛衰之道。山在地中叫作谦，雷在天上叫作壮；谦则裒多益寡，壮则非礼不履。愿君侯上追文王六爻之旨，下思仲尼象象之义，然后青蝇可驱。这番话更不好听了，好像谴责何晏一贯为非作歹，必须认真反省似的，何晏的脸彻底阴了下来。管辂是邓飏请来的，邓飏懊悔不已。邓飏说："此老生之常谭。"管辂不服，回了一句："夫老生者见不生，常谭者见不谭。"何晏说："过岁更当相见。"

何晏与管辂约好明年再相见，但这个约定已经没有意义了，因为何晏的生命正在飞速地进入倒计时。《三国志·管辂传》记载，管辂回到馆舍，他有一个舅舅正好在洛阳，二人在馆舍见了面。管辂把见何晏、邓飏的事情说了一遍，舅舅认为他说错话了，"责辂言太切至"。谁知这位预言大师竟说出一句惊人的话："与死人语，何所畏邪？"在管辂眼中，何晏已经成了"死人"！《世说新语》刘孝标注引《名士传》记载，何晏也一直思量着管辂的话，想得多了，心里就更加烦躁，于是写了两首《言志诗》。

其一：

> 鸿鹄比翼游，群飞戏太清。
> 常畏大网罗，忧祸一旦并。
> 岂若集五湖，从流唼浮萍。
> 永宁旷中怀，何为怵惕惊。

其二：

> 转蓬去其根，流飘从风移。
> 芒芒四海涂，悠悠焉可弥。
> 愿为浮萍草，托身寄清池。
> 且以乐今日，其后非所知。

这两首诗都与向管辂问梦有关，刘孝标指出"盖因辂言，惧而赋诗"。在第一首中，何晏着重谈怎样才能"逍遥"的问题，诗中的鸿鹄是一种大鸟，古人认为它能一飞千里，如同《逍遥游》中的大鹏。何晏的思路却与庄子不同，他认为鸿鹄虽能高飞，却隐藏着危机，因为它更容易遭遇罗网，以至于身死；反倒不如平庸的水鸟可以随波逐流，啄食萍草，逍遥自在。在第二首诗中，何晏以蓬草、浮萍作比喻，先说蓬草离根后便身不由己，随风飘转，无法把握自己的命运，然后说愿如浮萍，可以在小小的池塘中获得安宁，与前一首诗一样，这首诗所流露出来的也是忧患感和危机感。

既然意识到危机，为何不抽身而退？卢弼在《三国志集解》中引用评论："平叔自是大雅之士，惜溺于富贵耳。"贪恋富贵或许是何晏无法抽身的原因，但身为玄学的开创者，何晏的一生难道只是被"富贵"所裹挟和羁绊吗？恐怕没有那么简单。何晏看到了问题，也想抽身，只是"人在江湖，身不由己"，待到真正痛切地感到后悔时，一切都已经晚了。

二、曹爽的自信

一方继续为所欲为，且越来越无所顾忌；一方在暗中做着准备，只等时机到来。双方决战的时刻一点点逼近，但表面上仍风平浪静，普通人根本看不出任何端倪，如同平静的水面下涌动的暗流。就这样，时间很快来到正始十年（249）的新年。

新年的第一天被称为正旦。夏朝以正月初一为正旦，周

| 正 | 始 | 十 | 年 |

朝以十一月初一为正旦，秦朝以十月初一为正旦。太初元年（前104）司马迁创太初历，以正月初一日为正旦，从此历代相沿。每到正旦的前一夜，人们就会祭祀门神，以求辟除灾厄。通常的做法是在门上贴老虎画像，在门两侧摆上画有神荼和郁垒形象的桃木牌，再在门梁上悬挂一条苇索，供门神抓鬼使用，时人称这种仪式为"悬苇"，认为可以御凶邪。

正旦这一天，皇帝将在太极殿主持大型朝会，一般称这种一年一次的活动为"正旦大会"，在京的重要文武官员全部参加。公卿百官和外国使节依次上殿为天子拜贺，然后地方郡国的上计吏上殿拜贺并呈上过去一年地方上的收支文书。这时天下有约110个郡国，除有特别原因并经天子特许可以不参加上计活动的以外，其余郡国都要一一上呈，所以耗时较长。这些仪程结束后，皇帝赐下酒宴，参加"正旦大会"的官员和使节们都参加，场面十分盛大，宴会中有奏乐和百戏等表演，非常热闹。这一天，不仅皇宫里有隆重的庆贺活动，各级地方官府及民间也有类似活动。新年前后，民间普遍也有宴饮活动，一般以家庭或家族为单位。从元旦头一天晚上开始，人们要守岁到第二天，这些相当于现在的年夜饭、守岁等习俗。正旦这天，家人们会有聚会，向长辈或年长者祝寿，类似于现在的拜年。至于放鞭炮，在汉末时还没有，因为火药在隋唐以后才被广泛使用，不过这时已经有"爆竹"，指的是燃竹而爆，因竹子焚烧后发出"噼噼啪啪"的响声而得名。

表面上看，正始十年（249）的新年并没有什么特别的地方，只有对时局关注或敏感的人才能感受到紧张的气氛。曹爽也觉得没有什么，正旦大会一结束他就筹划着一件事：去高平陵谒陵。做出这样的安排，一来是因为谒陵是例行的大典，二来是因为曹爽在洛阳城里待腻了，想找个机会出去散散心。《三国志旁证》的作者梁章钜认为："齐王在位九年，而谒陵止此一举，故郑重书之。"按照梁章钜的看法，曹芳即位以来并不是每年都去谒陵，而是只有这一次。不过，这不符合实情，谒陵是每年都进行的，史书之所以没有记载前面谒陵的事，是因为这只是例行安排，只有今天的谒陵与众不同。《三国志集解》的作者卢弼认为："此为族灭曹爽之机，司马氏潜移政柄之关键，皆因此而起，不专为谒陵典礼而大书特书也。"

高平陵是魏明帝曹叡的陵寝，位于今河南省洛阳市汝阳县境内。《三国志·齐王芳纪》裴松之注引孙盛《魏世谱》记载："高平陵在洛水南大石山，去洛城九十里。"万安山又名玉泉山或大石山，与中岳嵩山遥遥相对，沟壑深险，巍峨壮观，为洛阳东南要冲。《水经注·伊水》记载："其水又西南迳大石岭南，《开山图》所谓大石山也……山在洛阳南……山阿有魏明帝高平陵。"魏文帝、魏明帝生前都喜欢在大石山一带打

| 正 | 始 | 十 | 年 |

猎，曹叡死后还葬在了这里。汉代1里约合今415米，90里仅相当于37千米，这个距离现在看不算什么，但在交通条件和运输工具都相对落后的古代，这也算是出了一趟"远门"，一天之内是无法往返的。况且是去谒陵，各种仪式不可少，天子又亲自带队，所以宦官、宫人、散骑、宫廷秘书、羽林、虎贲、武卫营等尽出，整个队伍有几千人。今年的队伍就更加庞大了，不仅大将曹爽要去，曹爽的弟弟中领军曹羲、武卫将军曹训、散骑常侍曹彦也全部参加。

从年前开始，谒陵的各项准备工作就已着手进行。事关天子的行踪，保密是必不可少的，这件事情不会大张旗鼓地进行。但仍然有一些人知道了这件事，作为曹爽集团的骨干成员之一，大司农桓范知道曹爽和几个弟弟都要去谒陵，觉得有些不妥。

后世对曹爽一伙人的评价不高，说他们不仅目光短浅，而且人品较差，但有一个人除外，这就是桓范。桓范是沛郡龙亢县（县治在今安徽省怀远县境内）人，沛郡在汉末称沛国，曹操是沛国谯县人，所以曹爽将桓范视为同乡。桓范在建安末年进入曹操的丞相府，魏文帝时担任过羽林左监。桓范为官清廉，《三国志·曹爽传》裴松之注引《魏略》称："范前在台阁，号为晓事，及为司农，又以清省称。"桓范还很有学问，曾与王象等人编辑著名的《皇览》。桓范的缺点是脾气暴躁，他在魏明帝时担任中领军、征虏将军、东中郎将等职，曾持节都督青、徐二州诸军事，为了一处房产而与徐州刺史郑岐相争。本是私人恩怨，郑岐又是自己的下属，但桓范暴脾气一上来，"引节欲斩岐"。人没有杀成，反被郑岐告了一状，桓范被免官。

过了一段时间，桓范重新被任命为兖州刺史，但总觉得怏怏不得志。后来朝廷有意提拔他担任冀州牧，这是一件好事，但桓范仍不高兴，因为冀州牧在镇北将军之下，归其调遣，而时任镇北将军的吕昭资历不如桓范。桓范回到家，对妻子抱怨说宁可当朝官，向三公行长跪礼，也不愿意屈从于吕昭。妻子劝他说："你在徐州因为小事要杀刺史，现在又以侍奉吕昭为屈辱，这不是别人的过错，你应该从自身找原因。"妻子的话说到了桓范的痛处，桓范大怒，顺手抄起一把刀砍向怀有身孕的妻子。结果，刀环撞到妻子的腹部，妻子竟堕胎而死。桓范大悔，甚至不再赴冀州上任。《三国志·桓范传》裴松之注引《魏略》记载：

> 复为兖州刺史，怏怏不得意。又闻当转为冀州牧。是时冀州统属镇北，而镇北将军吕昭才实仕进，本在范后。范谓其妻仲长曰："我宁作诸卿，向三公长跪耳，不

能为吕子展屈也。"其妻曰:"君前在东,坐欲擅斩徐州刺史,众人谓君难为作下,今复羞为吕屈,是复难为作上也。"范忿其言触实,乃以刀环撞其腹。妻时怀孕,遂堕胎死。范亦竟称疾,不赴冀州。

桓范虽然脾气不好,但他是一个善于分析事情、能出主意的人。桓范与曹爽等人走得很近,原因大概有两点:一是桓范祖籍沛郡,与"诸夏侯曹"为同乡;二是桓范向来与蒋济不和,而蒋济为曹爽等人所烦,一来二去桓范就跟曹爽走到了一起。可说到底,桓范与曹爽等人毕竟不是一路人,经历不同,也没有共同的志向和爱好,所以曹爽表面上亲近桓范,也经常向他咨询事情,但跟他并不真正亲近。《三国志·桓范传》记载:"于时曹爽辅政,以范乡里老宿,于九卿中特敬之,然不甚亲也。"

桓范十分留意朝野动态,特别是司马懿父子的一举一动,经常以此提醒曹爽。听说曹爽及几个弟弟都要去谒陵,桓范觉得有风险。《三国志·曹爽传》裴松之注引《世语》记载,桓范劝曹爽:"总万机,典禁兵,不宜并出,若有闭城门,谁复内入者?"桓范说:"你们兄弟执掌军机及禁兵,不应该同时外出,如果有人趁机关闭城门造反,你们还怎么回来?"桓范说得其实很重要,提醒得也很及时,但曹爽认为他夸大其词了,反问道:"谁敢尔邪!"曹爽下令,仍按原计划出行。

三、"阴养死士三千"

谒陵的队伍出发前,曹爽做了一个奇怪的梦,梦见两只老虎将雷公叼起。雷公即雷神,是中国古代神话中的司雷之神,据《山海经·海内东经》记载,雷神居住在雷泽,外形为人头龙身,拍一下自己的腹部就会发出打雷声。雷公为什么会落入老虎之口?曹爽很不解,但觉得不是什么好兆头,于是把善于占卜的人叫来解梦。灵台丞马训认为此梦的寓意是将有兵灾之险。曹爽一向迷信,听后默不作言。如果他此时能想起桓范说的话,也许会取消谒陵之行,但他并没有这样做。马训退出,将这件事告诉妻子,对妻子说曹爽在10天之内将死于意外。《三国志·桓范传》裴松之注引《世语》记载:

> 初,爽梦二虎衔雷公,雷公若二升碗,放著庭中。爽恶之,以问占者,灵台丞马训曰:"忧兵。"训退,告其妻曰:"爽将以兵亡,不出旬日。"

曹爽与何晏都做了奇怪的梦,这反映出他们内心的焦虑。表面上看一切尽在掌握之中,但他们内心深处仍潜藏着不安。在他们二人做梦的前后,还有一个人也做了个奇怪的梦,这

| 正 | 始 | 十 | 年 |

个人名叫皇甫谧。皇甫谧是安定郡朝那县（一说今甘肃省灵台县，一说今宁夏回族自治区彭阳县，有争议）人，他梦见自己来到了洛阳，从庙里出来，看见很多车马，又看见人们用食物进献给庙里的神灵，祈求神灵诛杀大将军曹爽。梦醒后，皇甫谧把梦中所见之事告诉给同乡，同乡说："你是想做灭曹国那样的梦吧，可惜现在没有像公孙强那样的人，曹爽兄弟手握重兵，谁敢谋害他们啊？"皇甫谧不以为然，认为一旦失去人心，就会众叛亲离，不必非得有像公孙强那样的人出现，像阎显那样强势的人，一夜之间也死在了19名宦官之手，何况曹爽呢？《三国志·桓范传》裴松之注引《汉晋春秋》记载：

> 安定皇甫谧以九年冬梦至洛阳，自庙出，见车骑甚众，以物呈庙云："诛大将军曹爽。"寤而以告其邑人。邑人曰："君欲作曹人之梦乎？朝无公孙强，如何！且爽兄弟典重兵，又权尚书事，谁敢谋之？"谧曰："爽无叔振铎之请，苟失天机则离矣，何恃于强？昔汉之阎显，倚母后之尊，权国威命，可谓至重矣，阉人十九人一旦尸之，况爽兄弟乎？"

这里说的曹国，是春秋时期的一个诸侯国。《左传·哀公七年》记载，曹伯阳三年（前499），曹国有人梦见历代以来的所有君子都站在了祭祀土神的社宫里，商量着要灭亡曹国。曹国开国君主曹叔振铎在梦中阻止他们，请他们等待一个名叫公孙强的人出现再行动，众君子同意。天亮后，做梦的人尝试在曹国都城中寻找，但没有找到公孙强。做梦的人告诫儿子说："我死，尔闻公孙强为政，必去之。"后来，曹伯阳果然任用公孙强为曹国司城，做梦的人的儿子于是逃出曹国，不久曹国灭亡。这里说的阎显，是汉安帝的皇后阎姬的哥哥。汉安帝死后阎太后临朝，阎显任车骑将军，权倾一时。后来宦官孙程等杀阎显，幽禁阎太后，汉顺帝封孙程等19人为侯。

皇甫谧是三国西晋时期著名的学者、医学家和历史学家，出身于名门世族，其六世祖皇甫棱曾任度辽将军，五世祖皇甫旗曾任扶风都尉，四世祖皇甫节曾任雁门郡太守。皇甫节的弟弟皇甫规是汉末名将，著名的"凉州三明"之一。皇甫谧的曾祖皇甫嵩也是名将，因镇压"黄巾起义"有功而官拜征西将军、太尉。皇甫嵩之后，安定郡皇甫氏一族有所没落，但仍不断涌现人才。皇甫谧的祖父皇甫叔献曾任霸陵县令，皇甫谧的父亲皇甫叔侯曾举孝廉。

就在曹爽说"谁敢尔邪"的时候，太傅府里已开始了紧张的谋划。司马懿敏锐地意识到机会来了。重要的是，这恐怕也是最后的机会了。胜负就在此一念之间，成王败寇就在眼前。的确如桓范所言，曹爽及几个弟弟同时离京，其中隐藏着极大的风险，而对于对手来说这又是难得的机会。问题是，天子谒陵或许是例行安排，因而可以预测，但谒陵的具体日期、路线、参加的人员等属于保密范畴，不会提前公开，司马懿又是如何提前精确掌握的呢？

司马懿的弟弟司马孚此时仍是尚书令，如果正常履职，自然可以获得这方面的情报，但他已经"靠边站"，平时不在尚书台，是曹爽、何晏一伙重点防范的对象，了解这些机密的可能性不大。司马师此前任中护军，但在家为母亲守孝，孝期未满，正常情况下也接触不到这些信息。不过如前所述，司马懿父子在朝中有一批支持者，如蒋济、高柔、王观等人，他们都是朝廷的重臣，他们有机会接触到这些信息，由他们悄悄告诉司马懿，是有可能的。

此外，还有两个十分得力的人，可以暗中向司马懿父子提供情报。一个是钟会，他此前任尚书郎，这时已升任中书侍郎，中书省负责朝廷的机要事务，谒陵期间还要派人随侍天子，而钟会就是随行人员之一，他了解谒陵的详细安排。另一个人是司马师的岳父王肃，他此时任光禄勋，也是直接为天子服务的，王肃之前长期担任太常一职，祭祀活动正是由太常负责，王肃利用其影响，也很容易拿到此次谒陵活动的详细安排。王肃不仅是司马氏的姻亲，而且对曹爽等人十分不满，曾当着桓范的面对何晏、邓飏进行过尖锐批评；话传到曹爽那里，曹爽对何晏等人还曾加以训诫。《三国志·王肃传》记载：

> 时大将军曹爽专权，任用何晏、邓飏等。肃与太尉蒋济、司农桓范论及时政，肃正色曰："此辈即弘恭、石显之属，复称说邪！"爽闻之，戒何晏等曰："当共慎之！公卿已比诸君前世恶人矣。"

提前获得了详细情报，就可以提前决策、提前部署。司马懿当机立断，把司马师叫来商量。经过深谋密划，司马懿与司马师制订了反击方案，计划趁曹爽兄弟全部离开洛阳的间隙，以霹雳手段控制洛阳，然后以太后的名义发布诏书，罢免曹爽一党，夺取军政权力。司马懿觉得司马昭心性还不够沉稳，所以暂时没有叫他来商量。《晋书·景帝纪》记载："宣帝之将诛曹爽，深谋秘策，独与帝潜画，文帝弗之知也。"

但是，朝廷上下、洛阳内外遍布曹爽等人的心腹和死党，经过近10年的经营，曹爽等人的势力已非常强大，尽管民间充满了对他们的怨愤，朝臣中也有相当多的人对他们不满，但要通过一击之力彻底而迅速地解决掉他们，也是一件几乎无法完成的事。所以，准备工作并不是由谒陵开始的，而是早就有准备。只是关于这方面留下的史料较少，给人的感觉是司马懿一直在忍耐，只是最后才在偶发因素促使下突然一击。关于司马懿父子是如何进行准备的，只有《晋书·景帝纪》中有一条记载：

> 初，帝阴养死士三千，散在人间，至是一朝而集，众莫知所出也。

这里的"帝"指的是司马师，在与曹爽等人公开决裂前，司马师长期担任中护军一职，这是朝廷授予的官职，他利用这个职务"阴养死士"。所谓"死士"，指敢死之士，多指江湖人士，为了自己的荣华富贵或者为了报恩，这些人肯以死效忠。

然而，这条记载里有明显漏洞。春秋战国年间，诸侯王及其所谓贵公子们纷纷招揽各路人才，将他们收拢到自己手下，称食客、门客，也可以称"死士"。著名的有孟尝君，门下有食客3000人，为一时之盛。但司马师不是孟尝君，当下时代更不是春秋争霸之时。孟尝君之所以能延揽3000名食客于门下，主要是当时国与家的概念相对模糊，人事制度还不健全，官署如何设置、如何选人用人还缺少细化的规章制度。可到曹魏时，社会管理更加严格，官员选拔逐渐形成定例，又不是诸侯割据、各自占山为王的状态，从哪里找来这3000人是一个大问题。不可能公开招募，甚至不能公开地说这些事，即使有人想诚心投奔，也无从得到相关信息，这种秘密行动极大地限制了"死士"的来源。

况且，即使有了3000名"死士"，如何隐藏他们也是一个大问题。《晋书·景帝纪》说这些人"散在人间"，让他们一个个化身和伪装，这也许能做到，但隐藏得太深又如何联系与有效管理呢？一旦有事，怎么在最短的时间里做到一呼百应呢？从之前无数失败的政变和起义中所总结出的教训告诉人们，参加的人越多越不是好事，准备的时间越长越容易出问题，组织起3000人一块儿从事秘密活动，还有什么秘密可言？

从时局看，曹爽一伙军政大权在握，对司马氏一家戒心十足，事关司马氏父子的任何风吹草动都在他们的监视之中，如何"阴养"？从经济上说，养这么多人，平时得花费多少钱？然而《晋书·景帝纪》的说法又不得不信。事后证明，司马懿父子能迅速控制住整个洛阳的局势，除了决策果断并得到部分关键人物支持外，这些"死士"也是让局面没有失控的最重要因素。司马师在父亲的默许甚至授意下，应该很早就开始了为应对未来不时之需的各项准备工作，这3000名"死士"在数量上或许有些夸张，但他们是存在的。

司马师担任中护军一职时干得很不错，工作很积极，迅速掌握了实权，通过一段时间的努力，已经基本控制住了这个机构。中护军负责武官选拔，尤其是禁军中的中下级武官。司马师处于这个有利位置，有机会接触很多人，可以对看上的人进行争取，也不排除有一部分人自愿投靠。当然，只有这些还不够，司马师要做到"阴养死士三千"，仅靠自己的力量是远远不够的，必须有帮手，可能参与的人还包括何曾、石苞、胡奋、钟会等人，还有长期掌握禁军的蒋济、担任20多年廷尉的高柔及长期担任河南尹的王观等。

所以，"死士三千"应该包括何曾、石苞、胡奋、钟会等人掌握的骨干人员，以及高柔、王观、蒋济等人掌握的可靠力量。可是，为什么《晋书》只提司马师"阴养死士三千"而不提其他人呢？这主要是为了突出司马氏父子在政变中的功绩，同时说明政变是临时起意，是被逼无奈才愤然一击，并非早有谋划。同时，在政变中起到关键性作用的蒋济，在政变后看到司马懿诛杀曹爽等几族后感到后悔，愤懑而死，《晋书》需要淡化他所起的作用。

四、果断出手

正始十年（249）正月初二晚上，刚刚睡下的司马昭被父亲和哥哥叫醒,来到密室,他才得知整个计划。司马昭听完,既紧张又兴奋。司马师简单告诉司马昭,明天一早谒陵的队伍将离开洛阳,中午时分即开始行动,现在人手紧张,只能抽出来500人交给他指挥,任务是监视皇宫,但不得攻打,只保证里面的人不出不进就行。领受完任务,司马懿让司马昭回去睡觉。

司马昭不知道的是,就在这个晚上,司马师已经调动了自己的心腹,用最隐秘稳妥的办法把蒋济、高柔、王观等人及三叔司马孚先后接到府里,先是通报了情况,几位一听没有任何犹豫都表示愿听调遣。然后,司马懿给众人分别布置了任务。除司马昭率500人监视皇宫外,司马懿将其他有把握控制的人马逐一进行了分配。虽然人数还比较有限,但只要行动同时进行,果断出击,打击并控制敌人的要害,取得成功还是很有希望的。洛阳城内外的战略要点有以下五个地方:城里的武库、皇宫、司马门、武卫将军营及城外的大将军营。除此之外,曹爽的大将军府也是对手的重要据点。对于以上这些地方,司马懿分别进行了安排。

司马懿带少数人马占领武库,武库又名甲库,是存放军械的仓库。秦汉时在洛阳设置武库和敖仓,用以控制关东,军械、军粮集中于此,历来被视为天下要地。《资治通鉴·魏纪五》记载,陈群曾向魏明帝进谏,指出武库的重要性:"汉祖惟与项羽争天下，羽已灭，宫室烧焚，是以萧何建武库、太仓，皆是要急，然高祖犹非其壮丽。"魏晋时期洛阳武库不仅是武器仓库，而且升华为一种立国理念与政权的象征，皇帝、皇后所用的全套仪仗及皇家的奇珍异宝等都收藏在这里。《晋书·五行志》记载："帝王威御之器所宝藏也，屋宇邃密。"洛阳武库的位置在外城以内、宫城以外的东南城角附近。洛阳城中各路禁卫人马较多，为防止他们中有人突然作乱，平时对兵器有严格的管理制度，巡逻、侍卫时可带兵器，其他情况下要把兵器交武库保管。所以，城里曹爽手下的人再多，把武库占领了，他们中的大多数人也就丧失了战斗力。武库很重要，必须首先占领，但司马懿认为执行这项任务的人手不必太多，他相信只要自己能出现在那里，就胜过千军万马。

司马孚和司马师率主力守卫司马门。史书经常提及司马门，其实它并不是一个特定的地方，而是有很多门都被称为司马门，如官署或军营的大门。《墨子·号令》记载："请择吏之忠信者，无害可任事者令将卫，自筑十尺之垣，周还墙，门闺者，非令卫司马门。"孙诒让解释："此司马门则似是守令官府之门，又非公门。"司马孚、司马师率兵守卫的司马门，指的洛阳皇宫一道重要的外门，其位置在阊阖门东侧，是平时进出最多的一道大门，这里平时门禁森严，有部分禁军屯驻其内。《太平御览》第354卷引《汉名臣奏》记载："司马殿省门闼，至五六重，周卫击刁斗，近臣侍侧尚不得着钩带入房。"

高柔的任务是带人赴曹爽的大将军营，出示皇太后的诏书，以代理大将军的身份临时接管大将军营，端掉曹爽的老巢。曹羲的武卫将军营是另一处要点，这里交给了王观，同样出示皇太后的诏书，以代理中领军的身份坐镇那里，防止曹爽、曹羲手下死党反扑。如果一切进展顺利，城内得到有效控制，司马懿将与蒋济一起率兵出城，占领洛水之上的浮桥，防备得到消息后的曹爽等人向洛阳发起反攻。

除了以上部署，有一个环节也十分重要：如何取得皇太后的诏书？郭太后被软禁在永宁宫，要想事先得到郭太后的诏书非常困难，还容易走漏风声。但没有这个东西，一切行动都属非法。虽然说最高权力者是皇帝，罢免曹爽等人需要的是皇帝的诏书，但这显然是不可能的。在非常情况下，皇太后的诏书同样管用，因为皇太后的诏书甚至可以废掉皇帝。天子在外，大臣向皇太后请诏，有逼宫之嫌。况且，郭太后并未临朝称制，而曹魏建国后很重视外戚专权干政问题，曾专门下诏禁止后族干政，郭太后的诏书难免与此制相违。但在此非常形势下，如果有郭太后的诏书，仍能争取到一部分不满曹爽等人专权但忠于曹魏皇室的人支持，至少打消了他们的疑虑。

| 正 | 始 | 十 | 年 |

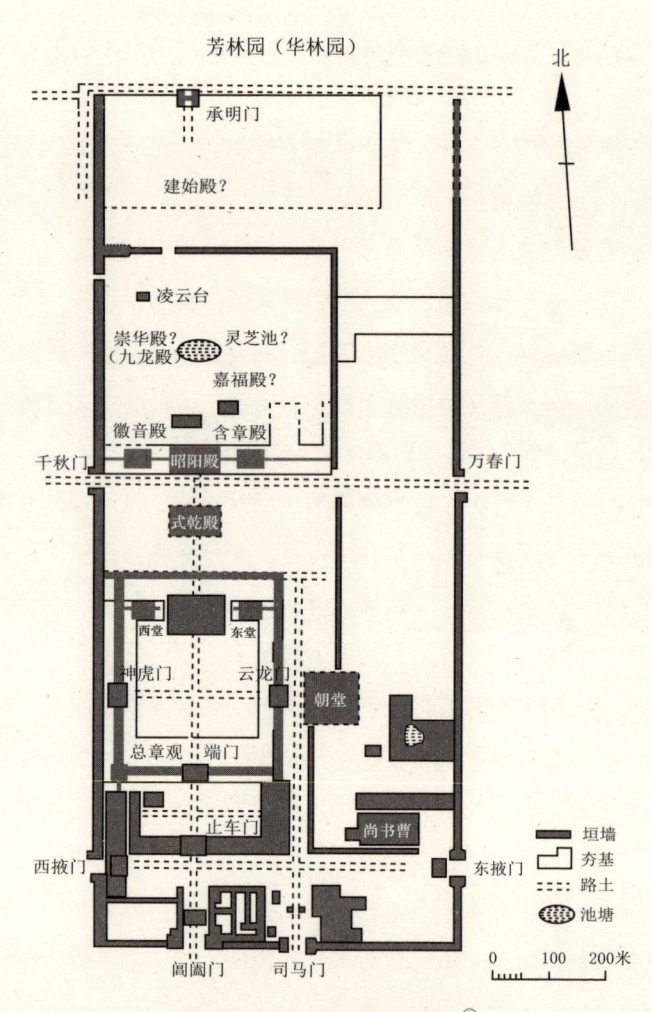

曹魏西晋洛阳宫平面复原图[①]

① 图中问号表示此处推测为该建筑所在。

所以，这份诏书至关重要。在此次行动中，郭太后有没有参与预谋？事先有没有准备好有关诏书？这些没有明确的史料记载，但从次日行动迅疾之状来看，事先已获得郭太后的诏书有很大可能，一方面提高了效率，因为第二天事情很多也很乱，有可能来不及去找郭太后请诏书；另一方面，如果能提前拿到郭太后的诏书，蒋济、高柔、王观等人参与行动的态度会更加坚决。所以，更大的可能是诏书提前就有了，要么是通过秘密渠道事先得到的，要么干脆就是打着郭太后的名义假做了一份诏书，反正郭太后本人事后不会否认。

次日，正月初三。

谒陵的队伍如期出发了，浩浩荡荡，吹吹打打，很威风，很有排场。队伍走了，洛阳城突然静了下来，静得出奇，静得让人不安。午后，行动开始，各路人马按照事先制订的计划同时动手。居然一切顺利，各处都得手了。

中间也发生了惊险一幕。司马懿本人带队去控制的目标是武库，而不是曹爽的大将军府。不是曹爽的府邸不重要，可以不控制，而是他们没有那么多的人，只能先解决更重要的目标，把大将军府暂时放一放。清代学者徐松考证，司马懿的府邸在洛阳城内的永安里，具体位置是东门内附近，曹爽的府邸恰在司马懿府邸以北，而武库的位置在曹爽府邸以

|正|始|十|年|

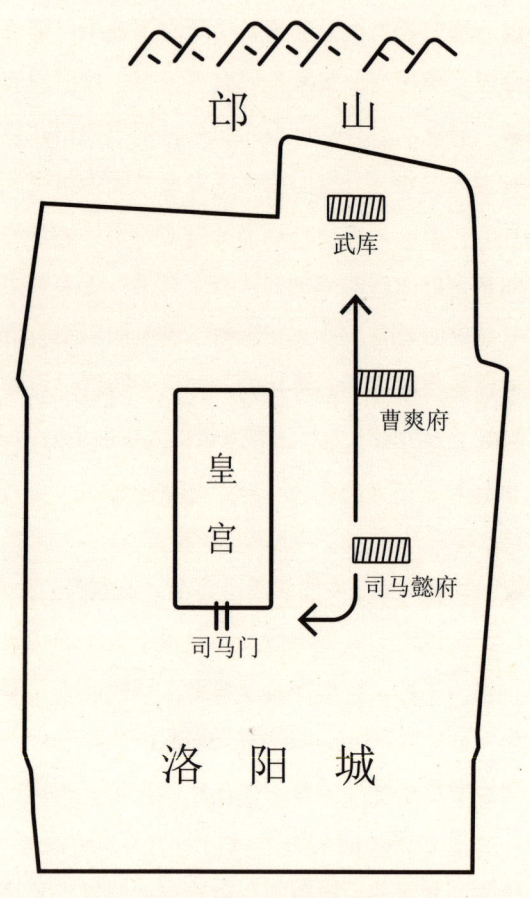

邙 山

武库

曹爽府

皇宫

司马懿府

司马门

洛 阳 城

司马懿父子发动政变示意图

第三章 高平陵之变

北。也就是说，司马懿从家里带人去抢占武库，必须从曹爽府邸前经过。清代学者潘眉也指出："考《晋书》，曹爽府邸在武库之南，故宣王欲去武库，正当爽门。后杨骏居之，亦败。"

问题来了，当司马懿一行人路过曹爽府邸时吸引了曹爽家人的注意，并且引起了他们的恐慌，守卫曹府的家兵甚至想出来阻挡。但他们不明就里，看到一行人中还有太傅本人，有点儿犹豫。如果在这里发生激战，那将误了大事。司马懿抓住对方迟疑的机会，大喝一声，迅速带人通过。《三国志·曹爽传》裴松之注引《世语》记载，司马懿一行人到达曹爽府邸时，曹爽的妻子刘氏惊恐万分，但她还算是一个有见识的女人，意识到太傅要发动政变。危急关头，刘氏来到厅前，把负责守卫曹府的帐下守督叫来，对他说："公在外，今兵起，如何？"守督答道："夫人勿忧！"守督立即登上门楼，看到司马懿还停在大门前，马上拿来弓弩，注满箭，照着司马懿准备射击。弩是一种半自动兵器，注满可连射几发至十几发，在那种情况下，如果这一弩射了出去，司马懿或许非死即伤，此次政变的结果或将被改写，甚至整个历史进程也将被改写。但已在弦上的箭却没有射出去。守督后面站了一个人，是他的手下，名叫孙谦。孙谦扯了扯守督的衣服，小声说了句："天下事未可知。"是呀，谁成谁败还不好说呢，干吗把自己的身家性命都搭给曹爽一伙？守督犹豫了，箭没射，但还在弦上。

孙谦又重复提醒了两次,"如此者三",守督的弩终于垂了下来,司马懿最终顺利通过。

五、"太白袭月"

司马懿等人在洛阳发动政变的这一天,出现了异常的天文现象:月亮与金星运行到了同一条线上,相遇重合,然后分开。金星又称太白星,古人称这种现象为"太白入月"或"太白袭月"。在古代的占星家看来,金星代表干戈兵事,如《汉书·天文志》称"太白,兵象也。出而高,用兵深吉,浅凶",所以古代的占星家、军事家常常通过观察金星的变化来占卜国家的兵事活动。《晋书·宣帝纪》记载:

> 嘉平元年春正月甲午,天子谒高平陵,爽兄弟皆从。是日,太白袭月。

对于司马懿等人来说,"太白袭月"倒不是什么凶兆,而是他们大功即将告成的象征。果然,各路人马迅速控制住了洛阳城内的各要地,计划进行得十分顺利。司马孚、司马师控制住了司马门及其附近的要地,司马昭切断了皇宫与外面的联系。这样一来,驻守在城外的部队因为缺乏消息而不敢轻举妄动，皇宫中的禁军也被堵在宫内，无法与城里的禁军互通声气，只能坐观成败。高柔则带人到达大将军营，出示了皇太后的诏书，以代理大将军身份接管了这里。王观来到武卫将军营，也出示了皇太后的诏书，以代理中领军的身份坐镇。按照之前制定的预案，司马懿占领武库后，亲自带着一部分兵马来到城外的洛水浮桥与蒋济会合，将这个重要的军事要点控制住。《晋书·宣帝纪》记载，见大势已成，司马懿在洛水畔拿出了准备好的奏疏，以当众宣读的形式进行上奏：

> 先帝诏陛下、秦王及臣升于御床，握臣臂曰"深以后事为念"。今大将军爽背弃顾命，败乱国典，内则僭拟，外专威权。群官要职，皆置所亲；宿卫旧人，并见斥黜。根据盘互，纵恣日甚。又以黄门张当为都监，专共交关，伺候神器。天下汹汹，人怀危惧。陛下便为寄坐，岂得久安？此非先帝诏陛下及臣升御床之本意也。臣虽朽迈，敢忘前言。昔赵高极意，秦是以亡；吕霍早断，汉祚永延。此乃陛下之殷鉴，臣授命之秋也。公卿群臣皆以爽有无君之心，兄弟不宜典兵宿卫；奏皇太后，皇太后敕如奏施行。臣辄敕主者及黄门令罢爽、羲，训吏兵各以本官侯就第，若稽留车驾，以军法从事。臣辄力疾将兵诣洛水浮桥，伺察非常。

正始十年

在这份奏疏中,司马懿先追述自己受命托孤的事,说当初自己从辽东回师,先帝下诏给当今陛下、秦王及自己,在御床边,拉着自己的胳膊以后事相托,当时说的话言犹在耳,黄门令董箕及诸位才人在边上侍疾,他们应当都听到了。但现在大将军曹爽背弃顾命,败乱国典,对内僭越,对外专权,破坏祖制,尽领禁兵,群官要职皆授予身边所亲之人,殿中宿卫的旧人尽被斥退,全部用他自己的人,又与黄门张当等狼狈为奸,离间二宫,伤害骨肉。天下汹汹,人怀危惧,陛下已形同摆设,岂得久安,这并非先帝下诏给陛下及自己在御床边相托的本意啊!

司马懿接着说,自己虽朽迈,但不敢枉言。昔日赵高专权致使秦氏灭绝,吕后、霍光专断致使汉祚不永,这些都应成为陛下之大鉴。太尉蒋济、尚书令司马孚等人都认为曹爽有无君之心,他们兄弟不宜执掌禁卫。自己与蒋济、司马孚等朝臣把上述想法上奏永宁宫,皇太后敕令如奏施行,所以自己命令有关部门及黄门令罢曹爽、曹羲、曹训等人的兵权,让他们以侯爵的身份待在家中,不得在外随意逗留,如有稽留便以军法从事。现在自己领兵屯驻洛水浮桥,以应非常之需。

这份奏疏写得很动情,说的也都是事实,确实能打动很多人。奏疏明确提出罢免曹爽、曹羲、曹训的兵权,同时说不涉及其他人，而且也没有对曹爽等三人做出其他的处罚，只是让他们以侯爵的身份在家中反省。司马懿这样做是对的，因为曹爽等人不在洛阳，仍在控制范围之外。在洛阳有不少曹爽等人的死党和拥护者，如夏侯玄、何晏、邓飏等，他们失去了武力的庇护，顶多是手无缚鸡之力的文人，派人看起来，限制居住即可，不必现在就开始清算。在外围局势完全控制之前，洛阳城内的动静越小越好。

司马懿等人起兵时，桓范在洛阳城内。在司马懿看来，桓范与曹爽等人不同，因为他比较明白事理，是一个人才，司马懿称他为"智囊"。控制住洛阳的局势后，司马懿专门派人去请桓范，他甚至为桓范想好了拟任的职务：中领军。这说明桓范在司马懿心中是有分量的，或者说明在司马懿看来，桓范在曹爽一伙中很有分量，争取到桓范的支持对于肃清曹爽等人之前所形成的、现在仍然存在于方方面面的影响很重要。

按理说桓范不会去应召，因为双方已势同水火，形同陌路，但是桓范却动心了。桓范想去，儿子劝他说天子在外，应该想办法逃出去投奔天子。桓范思考了很久，有点儿拿不定主意，可见"智囊"也有软肋。桓范的儿子再三催促，他这才下定决心出逃。《三国志·桓范传》记载："及宣王起兵，闭城门，以范为晓事，乃指召之，欲使领中领军。范欲应召，而其子谏之,以为车驾在外,不如南出。范疑有顷,儿又促之。"桓范担任大司农一职,是朝廷的九卿,属下们听说这件事都来制止他,但桓范不听,一口气跑到了洛阳的平昌门,想从此门出城。走得虽然有些急,但桓范仍没忘带上他的大司农官印。

城门早已关闭,眼看没有办法出城了,桓范情急之下硬闯了过去。《三国志·桓范传》载:"爽得宣王奏事,不通,迫窘不知所为。大司农沛国桓范闻兵起,不应太后召,矫诏开平昌门,拔取剑戟,略将门候,南奔爽。"《三国志》注引《魏略》则记载,桓范到了城门处,发现门将很眼熟,原来是自己曾经举荐过的故吏司蕃。桓范赶紧喊司蕃的名字,并举着手里的笏板给他看,假称天子召见自己,让他把城门打开。司蕃见是恩人,有心开城,但心里又不踏实,向桓范要天子的诏书来看看。桓范假装生气,司蕃碍于情面,就让人打开了城门。换成一般人,既然门已开了,就赶紧走吧,好歹捡了一条命。但桓范不一样,自己出了城,还惦记着司蕃的安危,一边打马快跑,一边回头冲着司蕃高喊:"太傅造反,汝可速随我去!"司蕃这才明白过来,想去追,却追不上了。

有人把桓范逃走的消息报告给司马懿,司马懿这时正与蒋济在一起。《三国志》裴松之注引干宝《晋书》记载,司马懿叹了口气,说道:"智囊往矣!"蒋济却不以为然,他更了解曹爽等人。蒋济对司马懿说："范则智矣，驽马恋栈豆，爽必不能用也。"蒋济认为，桓范虽然是"智囊"，然而"驽马恋栈豆"，曹爽一定不会用他的计谋。"驽马恋栈豆"的意思是劣马的眼睛只能盯着马厩里的那一点儿豆料，说的是平庸之人目光短浅，只贪恋眼前的一丁点儿利益，想不到太长远的事。蒋济的话虽然有些刻薄，却是实情。

跑出城的还有辛敞和司马鲁芝。辛敞是老臣辛毗之子，此时任大将军府参军，未与曹爽同行。大将军司马鲁芝看见司马懿父子起兵，也想逃出城去报信，作为同在大将军府任职的同事，鲁芝招呼辛敞一块儿逃。辛敞面对突发情况，惊惧万分，一时拿不定主意，急忙找姐姐商量。辛敞的姐姐名叫辛宪英，在中国古代名气很大，古人常以辛宪英的智、曹娥的孝、花木兰的贞、曹令女的节、苏若兰的才和孟姜的烈并称。辛宪英一家都是名人，她的父亲和弟弟不用说，她的丈夫名叫羊耽，出身于著名的泰山羊氏家族，曾担任过九卿之一的太常，他们的儿子羊琇是西晋名臣，女儿羊姬是同时代少有的经学大家。羊耽有个侄子，就是之前提到过的著名军事家羊祜。辛敞对姐姐说，天子不在城里，太傅却下令关闭城门，都在传说他要造反，不知道是不是真的。《晋书·辛毗传》记载，辛宪英分析了形势，对弟弟说：

| 正 | 始 | 十 | 年 |

> 天下有不可知,然以吾度之,太傅殆不得不尔!明皇帝临崩,把太傅臂,以后事付之,此言犹在朝士之耳。且曹爽与太傅俱受寄托之任,而独专权势,行以骄奢,于王室不忠,于人道不直,此举不过以诛曹爽耳!

尽管当时情况还不明朗,但辛宪英已经做出了准确判断,认为曹爽与太傅同受先帝顾命,但曹爽独断专权,骄奢不法,虽然姓曹,对大魏皇室可谓不忠,太傅此举不是篡逆,只是要诛除曹爽而已。辛敞问姐姐,既然如此,那自己是不是不该再出城。谁知姐姐给出了不同答案:"安可以不出!职守,人之大义也。凡人在难,犹或恤之;为人执鞭而弃其事,不祥也。且为人任,为人死,亲昵之职也,汝从众而已。"辛宪英认为应该出城,因为恪尽职守、尽忠尽力属于大义,普通人尚能做到,何况辛家后人?不过,虽然同为尽忠尽义,情况也有不同,一般的属下尽到该尽的责任就行,那些至亲至信的属下就要献出自己的生命,所以你跟着大家做就行了。在忠、义、智、理之间,处在辛敞这样的地位的确很难取舍,辛宪英被人视为智慧的楷模,从这件事情上便能看出来。发生了这么大的事,没有任何行动和表示是不忠不义,但反应过度则是缺乏智慧的表现。辛敞接受姐姐的劝告,也设法逃到城外。后来,司马懿认为辛敞的行动是各为其主的表现,便没有加害于他。辛敞不仅化解了危机，而且保住了性命。辛敞叹息说："吾不谋于姊，几不获于义！"意思是要不是跟姐姐商量，可能在大义上就有亏欠了。

中书侍郎钟会随曹爽等人去谒陵，洛阳政变发生后，众人恐惧，但此时，钟会的母亲张氏十分镇定。据《全三国文》所收录钟会撰写的《母夫人张氏传》记载，中书令刘放、侍郎卫瓘、夏侯和等大臣的家眷看到张氏在危难之中还如此镇静，感到奇怪，问道："夫人一子在危难之中，何能无忧？"张氏答道："大将军奢僭无度，吾常疑其不安。太傅义不危国，必为大将军举耳。吾儿在帝侧何忧？闻且出兵无他重器，其势必不久战。"张氏虽然只是钟繇的妾室，对钟会与司马懿父子的秘密来往也未必知情，但她对时局却有着清醒的认识。张氏认为曹爽奢僭无度，无法掌控朝局，司马懿发动政变的目的并不是危害国家，而是针对曹爽一党；而自己的儿子整天都在皇帝的身边听候差遣，没什么可担忧的。

六、放弃反抗

发生在正始十年（249）正月里的这场高平陵之变也称"典午之变"。"典午"是一个隐语，代指司马氏，最早这样提的人是《三国志》作者陈寿的老师谯周。谯周是著名学者，精通谶纬之学，蜀汉灭亡后在司马昭授意下被封为阳城亭侯。这时，一部分蜀汉大臣被招往洛阳任职，谯周也在其中，但行至汉中病倒在那里。蜀人文立从洛阳回蜀，路过汉中，前去看望谯周。谯周因病无法用语言正常交流，于是在木板上写下"典午忽兮，月酉没兮"八个字。《三国志·谯周传》记载："周语次，因书版示立曰'典午忽兮，月酉没兮'。典午者，谓司马也；月酉者，谓八月也。""典"作为动词，与"司"字相近；"午"作为地支之一，对应的是"马"。谯周用"典午"代替"司马"，预言司马昭于这一年八月去世，后来果然应验。于是，后世也有人以"典午"特指司马氏，如北周庾信《哀江南赋》："居笠毂而掌兵，出兰池而典午。"唐代颜真卿《鲜于公神道碑铭》："邵阳典午，汉阳纡组。"宋代宋白《自禁庭谪鄜畤》："九月一日奉急宣，连忙趋至合门前。忽为典午知何罪，谪向鄜州更怃然。"

此时，曹爽在高平陵接到了洛阳城里传来的消息，顿时蒙了。对于突然发生的变故，曹爽脑子里一片空白，又急又怕，不知道该做什么。可以想象出他此时的狼狈样：面色苍白，四肢无力，头晕眼花，悲痛欲绝，想哭都哭不出声音来。第一感觉告诉曹爽：大势已去！再细一想：可能性命堪忧。越想越怕，越想越不敢想。虽然大权在握，虽然司马懿在他的眼里早已是风烛残年，但他一下子就明白过来，司马懿的忍让和虚弱都是装出来的,人家现在动手了,要清算了,而自己竟无计可施。就这样,接到消息后的这一段最宝贵的时间被曹爽在胡思乱想中浪费掉了,直到桓范到来。

桓范到后,给曹爽献上一个计策:曹爽以大将军的身份护送皇帝曹芳的车驾去许昌,那里距此处不远,是曹魏五都之一,曹氏的大本营,拥戴曹氏的人很多,在那里先站住脚,然后召集各路人马,以平叛的名义讨伐司马懿。表面上看桓范的这个主意似乎不错,洛阳虽为司马懿所控制,但各地的人马并不都听命于司马懿,有些州郡仍被控制在曹氏、夏侯氏及其追随者手里,更多的地方是在观察,看哪一方占优势就会支持哪一方。曹爽手里有一张王牌,那就是天子。天子在手,谁反对自己就是造反,谁支持自己就是勤王,这是司马懿不具备的。事已至此,曹爽应该拼死一试,但他犹豫不决。

桓范见状赶紧去找曹羲,对他说:"现在的形势很明朗了,还看不明白就太蠢了。像你们这样的门户,想退而求贫贱是不可能的,匹夫尚且有求生的欲望,你们兄弟与天子相随,可号令天下,谁敢不从?"曹羲虽然比他哥哥的智商高一些,但遇到这么大的事情竟也默然无语。桓范接着出主意说:"你麾下有一个别营,离此很近,洛阳典农校尉所部也在城外,他们都听你的召唤。现在去许昌花不了太多时间,许昌有军需仓库,还有粮库里的存粮,大司农的印章就在我身上带着，要取就取，要拿随意，这些就是逆转形势的筹码。"桓范说得虽然有道理，但曹羲仍然不敢下决心。曹爽、曹羲心里还在惦记着洛阳城里的家眷、财产，现在落入叛军之手，还不知道会怎么样。想到那些金玉珍宝，想到妻妾儿女，他们的心彻底乱了，要让他们去拼命，他们却失去了底气。《三国志·桓范传》裴松之注引《魏略》记载：

> 范南见爽，劝爽兄弟以天子诣许昌，征四方以自辅。爽疑，羲又无言。范自谓羲曰："事昭然，卿用读书何为邪！于今日卿等门户倒矣！"俱不言。范又谓羲曰："卿别营近在阙南，洛阳典农治在城外，呼召如意。今诣许昌，不过中宿，许昌别库，足相被假；所忧当在谷食，而大司农印章在我身。"

如果能占据许昌，确实有与司马懿较量的本钱。宋元之际历史学家胡三省指出："许昌别库贮兵甲，洛阳有武库，故曰别库。"曹爽这时应该振奋起精神，放手一搏。汉末三国时代的各路群雄之所以成事，原因在于他们都有一种敢于冒险的精神。比如刘备，经常被人撵着打，一生十几次战败逃亡，史书提到他"弃妻子"至少就有四次，但这些都不影响他在紧要关头做出正确的判断。干大事不能儿女情长，不能婆婆妈妈。况且，只有想出了破解危局的办法，才能在保证自己安全的前提下使家人获得安全。在你死我活的较量面前，实力才是一切，乞求、退让都没有出路。可是曹爽不是刘备那样的枭雄，他没有那样的胆气。当年吕布失败，连累到陈宫，曹操问陈宫为何失败，陈宫指了指同样被俘的吕布，认为是吕布不用自己的计谋而失败。宋代文学家苏轼将桓范这时的遭遇与陈宫当年的情况进行了类比，叹息他们没有跟对人：

> 司马懿讨曹爽，桓范往奔之。懿谓蒋济曰："智囊往矣！"济曰："范则智矣，驽马恋栈豆，必不能用也。"范说爽移车驾幸许昌，招外兵，爽不从。范曰："所忧在兵食，而大司农印在吾许。"爽不能用。陈宫、吕布既擒，曹操谓宫曰："公台平生自谓智有余，今日何如？"宫曰："此子不用宫言，不然，未可知也！"仆尝论此二人：吕布、曹爽，何人也？而为之用，尚何言知！臧武仲曰："抑君似鼠，此之谓智。"

曹爽现在如果采纳桓范的建议，真的就能反败为胜吗？其实这种可能性很小。曹爽等人的看法或许与桓范不同，他们并不认为自己有取胜的把握。虽然掌握权力长达10年，上下布局，在重要岗位上都安排有自己的人，但他们更了解对手。如果对手不是司马懿，他们或许会铤而走险；但面对司马懿这个老谋深算、在军中和百姓中都深具威望的人，他们知道自己并不是对手。对于此时的形势，清代学者王懋竑分析指出：

> 司马懿与曹爽各领兵三千人，更宿殿内。是年转为太傅，而持节统兵，都督诸军事如故，但不言录尚书事。然懿至正始八年，始谢病不与朝政，则前此固未尝不与也。正始二年、四年，懿出拒吴。五年，爽出征蜀。彼此出入，未有疑忌，自爽出无功，晏等乃有猜防之意。六年，以羲领中垒、中坚营。七年，与懿异议。八年五月，懿谢病。盖已定诛爽之计，特以稔其恶而毙之耳。懿受文帝遗诏辅政，已有不臣之心。东擒孟达，西拒诸葛，威名甚盛。迨辽东之役，大肆诛杀，藉以服众。爽之愚騃，晏等之浮华，夫岂其敌。懿盖玩之股掌之上，而犹迟而后发。诛爽之后，自为丞相，加九锡，俨然以操自居，而俛仰之间，国祚已移矣。即使爽用桓范言，奉天子诣许昌，不过稍延月日之期，终必为懿禽灭。盖懿之阴谋已久，威胁已成，内外诸臣皆为之用，非一朝一夕之故也。

王懋竑认为曹爽与司马懿的斗争并非一朝一夕，二人的矛盾由来已久，最终必然演变为一场你死我活的斗争。不同的是，曹爽对此反应较为迟钝，没有意识到斗争的残酷性，而司马懿则一直在密谋，做了周全的安排，待到真正动手之时胜负早已尘埃落定，即便曹爽采纳了桓范的建议，也只能延缓灭亡的时间而已，不出数月，司马懿必将曹爽等人全部消灭。

然而困兽犹斗，明知胜利的机会不多，是不是也应该置之死地而后生呢？换成刘邦、刘备那样的人，当然是会的，但曹爽不是刘邦，也不是刘备，蒋济说他"驽马恋栈豆"，其实是把他看透了。曹爽及几个弟弟的家眷都在洛阳，这就是曹爽等人的软肋和"栈豆"。一旦对峙，司马懿不用下令强攻，只需要把曹爽等人的妻儿拉过来，一天杀上一两个，曹爽等人就得崩溃。其实不用嘲笑曹爽等人，对于大多数普通人来说，都不具备枭雄的心理素质。《史记·项羽本纪》记载，项羽抓住了刘邦的父亲，威胁说如不从命就将其烹杀，刘邦听完平静地说："吾翁即若翁，必欲烹而翁，幸分我一杯羹。"刘邦的这种心理素质并不是常人所具备的，那得是"非常之人"，而曹爽只是一个普通人。

桓范的建议没被采纳，如此一来，主张投降的人就有了机会。随行的侍中许允、尚书陈泰过来劝曹爽早日归罪，认为只有这样做才能保住性命。《三国志·桓范传》记载:"侍中许允、尚书陈泰说爽,使早自归罪。"陈泰自不必说,作为陈群的儿子,他与司马师等人交往密切,早已心归司马氏。许允虽然不是司马氏的死党,日后还与司马氏进行过斗争,但他是一个心机深重的人,知道此时反抗无异于以卵击石,所以也主张投降。曹爽这时的想法就是保命,经许允、陈泰等人一番劝说,仿佛看到了一线希望,于是派许允、陈泰回洛阳面见司马懿,愿意认罪。为表示诚意,曹爽还将自己随身携带的大将军印和绶带解下,让二人带去。主簿杨综出来相劝,认为如此束手就擒,将来必然伏诛,但曹爽不听。《三国志·桓范传》裴松之注引《世语》记载:

及爽解印绶,将出,主簿杨综止之曰:"公挟主握权,舍此以至东市乎?"爽不从。

在洛水边,司马懿见到了许允、陈泰,听二人如此一说,司马懿进一步看出了曹爽内心的虚弱。司马懿让许允、陈泰再回曹爽那里,向他保证不会伤害他们兄弟的性命,只要曹爽不再掌权,荣华富贵仍可尽享。为了让曹爽更相信,司马懿特意让深为曹爽信赖的一个名叫高阳的侍中一同前往,传达司马懿的意思。

许允、陈泰、高阳把话捎到，曹爽大喜，一线光明变成了一片光明。这时，蒋济写给曹爽的信也送到了。蒋济在信中说："司马懿只想罢你的官，只要你交出权力，可以保你们兄弟的爵位及富贵。"蒋济写这封信也许是司马懿授意的，如此一来，蒋济等于做了保证人，如果失信，蒋济首先名誉受损。曹爽对于司马懿已经有了九分的信任，他觉得司马懿也不能不顾忌曹家在天下的号召力，不至于把事情做绝。

恰在此时，又有一个人来了，把曹爽心中对司马懿的九分信任变成了十分。这个人名叫尹大目，这应该是一个绰号，说明他的眼睛很大。尹大目任殿中校尉，是禁卫军中的武官，有什么来历不详，史书只说他是曹爽平日最信任的人之一。尹大目是司马懿派来的，司马懿知道他与曹爽的关系，所以也让他捎话来了。尹大目对曹爽说："太傅对我保证说绝不会为难你们兄弟，只是免官而已，在我亲眼见证下，司马懿指着洛水发下了誓言。"《三国志》注引《世语》记载："宣王使许允、陈泰解语爽，蒋济亦与书达宣王之旨，又使爽所信殿中校尉尹大目谓爽，唯免官而已，以洛水为誓。"听到这些，曹爽的顾虑全部解除，同意回洛阳。

第四章　展开清算

| 正 | 始 | 十 | 年 |

一、最后的希望

桓范还在那边指挥人伐木做鹿角,又征调了附近数千屯田兵前来护驾,已在洛水以南摆开了阵势,曹爽却把他叫来,让他把兵撤了,桓范大惊。《三国志·桓范传》裴松之注引《魏氏春秋》记载,桓范问曹爽罢兵的原因,曹爽说:"我不失作富家翁。"他不想当大将军了,想当个富家翁。桓范被曹爽的智商气哭了,大骂道:"曹子丹佳人,生汝兄弟,犊耳!何图今日坐汝等族灭矣!"曹真字子丹,他英雄一生,竟然生了曹爽这帮兄弟,简直猪都不如,哪里料到今天竟因为他们被灭族!

曹爽不管,派人告诉司马懿,说天子已经下诏将他免了官,他将陪天子返回洛阳皇宫,之后回家。司马懿闻讯大喜,桓范却很失望,但他没有跑,也随曹芳回了洛阳。桓范随队伍行至洛水浮桥以北,看见司马懿站在那里,桓范主动下车,跪在地上,只叩头而不说话。司马懿对桓范说不必如此,安

第四章 | 展开清算 |

慰了他几句。听到这些,桓范心里很矛盾,当初太傅如此看重自己,但自己还是义无反顾地选择了曹爽,他其实也清楚,曹爽未必肯听他的建议,但他还是去了。短短几天,物是人非,天地翻转,再想回到过去已经不可能了。

桓范做好了被杀头的准备,出乎他的意料,车驾进宫,诏书下达,桓范仍复位为大司农,桓范赶忙跑到宫门前拜谢。这是司马懿安排的,在他眼中,桓范是个人才,而且不坏,想放条生路给他。《三国志·桓范传》裴松之注引《魏略》记载:"车驾入宫,有诏范还复位。范诣阙拜章谢,待报。"在司马懿看来,桓范和曹爽、何晏、李胜等人是有区别的,可以单独处理。

但是,当初放桓范出城的司蕃畏罪自首,交代出桓范临出城时对他喊的话,就是那句"太傅造反"。司马懿闻言大怒,对他来说,"造反"是一个敏感话题,说什么都可以,就是不能说"造反"。司马懿问执法部门的官员,诬告别人造反应该如何处置,回答说按律应反受其罪,也就是说,你告别人犯什么罪,经查实为诬告,就相当于你犯了这个罪。诬告人家造反,人家没有造反,就要按照造反来追究。司马懿派人去抓桓范,将他送交廷尉看管审理。《三国志·桓范传》裴松之注引《魏略》记载:

> 会司蕃诣鸿胪自首,具说范前临出所道。宣王乃忿

然曰："诬人以反，于法何应？"主者曰："科律，反受其罪。"乃收范于阙下。时人持范甚急，范谓部官曰："徐之，我亦义士耳。"遂送廷尉。

桓范认为自己是"义士"，或许有人难以苟同，缘于他见到司马懿时"下车叩拜"，后又"诣阙拜章谢"，在很多人看来这是前后矛盾、气节有亏的举动。其实这些并不能说明什么，桓范是一个做事讲章法的人，他的言行并不矛盾。关于这一点，清代学者王懋竑指出：

> 桓范与曹爽仅乡里之旧，其赴爽也，盖逆知懿必篡魏矣，而不能识爽之无成，何也？然人臣之义，当以桓范为正。范初出，即曰"太傅谋逆"，谓爽等曰"坐汝族灭"，被收曰"我亦义士"，前后语自分明。懿以太后诏召范，乃矫诏也，矫诏岂可从乎？懿勒兵先据武库，师屯司马门，直举兵称乱耳。其遣高柔据爽营，王观据羲营，必同谋之，非仓卒间事也。既以王观行中领军，何复以中领军召范？此直胁之使随己同屯洛水耳。范之出也，司农诸吏皆止之，不听，非仅听儿子言者。其见懿叩头，不知有无。然范尝曰"我宁作卿，向三公长跪"，则平时见懿当拜，亦非为畏死而叩头也。

第四章 | 展开清算 |

王懋竑认为桓范前后言行是一致的：司马懿下令关闭城门，然后派人召见桓范，想让他兼任中领军，但司马懿只是太傅，无权任命桓范为中领军，即便有太后的诏书，那也是伪诏，桓范自然不能从命。桓范当初在冀州任职，与镇北将军吕昭有矛盾，桓范曾对妻子说"我宁作诸卿，向三公长跪耳，不能为吕子展屈也"，根据这个意思，桓范平时见太傅司马懿也是行拜礼的，并非因为畏死而刻意去拜司马懿。

洛阳城内，昔日门庭若市的大将军府前此刻冷清得像坟场。曹爽和曹羲、曹训、曹彦等兄弟都被集中到这里看管起来，他们被要求不得出大门半步。直到这时，曹爽的心中才生出了不祥的感觉：司马懿这个老家伙如果食言怎么办？看来当一名富家翁的梦想有点儿天真了。人最宝贵的东西不是权力，也不是财富，而是自由。失去自由的曹爽感到了恐惧和冷漠，在不安的揣测中度日如年。

这种恐惧且冷漠的日子并没有过多少天。突然，府门外人声鼎沸，嘈杂之声在府里都能听得见。曹爽几乎崩溃，以为要对他动手了，急忙派人出去察看。回来报告说府邸四周一下子来了不少人，看起来都是乡下人打扮，把府邸围住，不知何意。曹爽不解，让人继续观察，随时报告。

半天工夫，家人又来报告说这些人在府邸四角各建了一个高台，有人在高台上不断向府里瞭望，曹爽觉得很可怕。如此一来，大将军府里的一举一动尽在人家掌握之中，这是一种公开的骚扰，是一种破坏他人隐私的行为，但这些话曹爽已经无处去讲了。就这样，大将军府一直被围困着，曹爽连门都不敢出，吃喝都有人从外面送进来。一连过了多日，实在烦闷，曹爽试着溜了出来。曹爽喜欢用弹弓打鸟，由于闷得发慌，就抄起弹弓，到后花园里想打鸟解解闷儿。谁知刚出来，府外的高台上便有人喊起来，吓得曹爽赶紧返回，再也不敢轻易出门。《三国志·桓范传》裴松之注引《魏末传》记载：

> 爽兄弟归家，敕洛阳县发民八百人，使尉部围爽第四角，角作高楼，令人在上望视爽兄弟举动。爽计穷愁闷，持弹到后园中，楼上人便唱言"故大将军东南行！"

曹爽和兄弟几个共议，大家都不知道司马懿葫芦里卖的什么药。要说杀吧，动手就是，为什么弄出这些动静？要说不杀吧，也得给个痛快话，让人踏踏实实过日子，即使发落到外地也好，只要能活命，怎么都成，他们现在的要求一点儿都不高。这样不死不活地待着，又有几百号来路不明的人在外面日夜骚扰，不死也得被逼疯。曹爽和兄弟们一商量，当下得赶紧弄清司马懿的真实想法。曹羲出了一个主意，让曹爽给司马懿写一封信,就说被困日久,家里断粮了,请求给一些粮食。如果司马懿给了,说明他不打算杀人;如果司马懿不给或置之不理,那他们就凶多吉少了。大家认为有道理,曹爽赶紧写信。《三国志·桓范传》裴松之注引《魏末传》记载,曹爽在给司马懿的信中写道:

> 贱子爽哀惶恐怖,无状招祸,分受屠灭,前遣家人迎粮,于今未反,数日乏匮,当烦见饷,以继旦夕。

曹爽把自己称为"贱子",说自己哀惶恐怖,自感罪孽深重,甘愿受屠灭之刑,前几天派家人出去弄粮食,至今未返,现在家里已经快没有吃的了,恳请给些粮食,以求活命。信送出去不久,曹爽得到了司马懿的亲笔回信:"初不知乏粮,甚怀踧踖。令致米一百斛,并肉脯、盐豉、大豆。"东西很快送来了,曹爽兄弟大喜,认为司马懿并不打算赶尽杀绝。

裴松之注《三国志》时,对于曹魏一朝的历史重点引用了王沈所撰《魏书》、鱼豢所撰《魏略》、殷澹所撰《魏纪》、孙盛所撰《魏氏春秋》《魏世籍》,以及撰者失考的《魏末传》《魏武故事》《魏名臣奏》《魏世谱》等杂史杂著。与《魏书》《魏略》等政治上倾向于曹魏不同,《魏末传》对曹魏的人与事多有贬损,真实性也常受质疑。《魏末传》的作者不知何人,其刻意贬低曹魏，可能是为了突出司马氏，但上述关于曹爽等人的记载，表面上丑化了曹爽等人，其实也不利于司马懿父子的形象。作为胜利者，对手已俯首认输，这时应该兑现承诺，显示自己的大度，而不是穷追猛打、肆意捉弄。杀人固然要诛心，但刻意让对手斯文扫地、颜面无存，其实并不能扩大胜利成果，反而会让旁观者对其徒生恶感。

二、张当的告发

在曹爽兄弟度日如年的时候，跟他们一伙的何晏、邓飏、丁谧、毕轨等人的情况也很糟糕。这些人没有随车驾去高平陵，他们是在洛阳被控制的。之后，他们都被限制在各自家里不得随便外出。但至于如何发落，也一直没有准信儿。这几个人心里也都怀有一丝侥幸，认为司马懿意在夺权，现在目的达到，或许不会要他们的命。但他们都错了，包括曹爽在内。很快便发生了张当告发谋反事件，曹爽及其心腹全部下狱。关于这件事，史书记载如下：

> 初，张当私以所择才人张、何等与爽。疑其有奸，收当治罪。当陈爽与晏等阴谋反逆，并先习兵，须三月中欲发，于是收晏等下狱。（《三国志·桓范传》）

第四章 | 展开清算 |

  既而有司劾黄门张当，并发爽与何晏等反事，乃收爽兄弟及其党与何晏、丁谧、邓飏、毕轨、李胜、桓范等诛之。(《晋书·宣帝纪》)

  戊戌，有司奏："黄门张当私以所择才人与爽，疑有奸。"收当付廷尉考实，辞云："爽与尚书何晏、邓飏、丁谧、司隶校尉毕轨、荆州刺史李胜等阴谋反逆，须三月中发。"于是收爽、羲、训、晏、飏、谧、轨、胜并桓范皆下狱。(《资治通鉴·魏纪七》)

这些记载虽有所不同，但大致情况是一致的：张当之前曾私自选了11名才人给曹爽，除此之外应该还有其他一些事，总之张当与曹爽等人关系不一般。曹爽失势，张当自然也成了重点审查的对象。于是先将张当收押，一审之下，张当供出曹爽等人谋反的事。曹爽要谋反？这似乎从逻辑上说不通，因为目前掌握最高权力的人实际上就是曹爽，曹爽要谋反，难道是要谋自己的反吗？所以很多人认为，所谓谋反其实是司马懿在背后操控的。清代学者王懋竑认为：

  懿收张当考问，又令司蕃自首，皆以大逆诛灭之。《魏书》晋臣所作，不敢尽其辞而微见其意。《通鉴》多因旧史，《纲目》分注，亦未及改正，是不能无待于后人也。"以太后诏",当云"矫太后诏","黄门张当奏",当云"懿使廷尉诬奏当与爽阴谋为逆"。《通鉴》所叙,亦自分明,但未直截说破耳。

王懋竑认为,不仅张当告发是司马懿指使的,就连司蕃指控桓范也是如此,司马懿一边让桓范复职,一边指使人揭发其谋反,是典型的两面派手法。《三国志》之所以没有揭露出来,是因为陈寿是"晋臣",即便看破也不能说破。王懋竑还认为,史书中"以太后诏"也是不准确的,应当写成"矫太后诏","黄门张当奏"应当改为"懿使廷尉诬奏当与爽阴谋为逆",这样才符合真实的情况。

不过,仔细分析一下曹爽、司马懿与曹芳之间的关系,事情恐怕没有那么简单,张当所言之事,也许并非完全虚构。由于史料缺乏,曹芳在高平陵之变前后的思想状况较为模糊,很多人或许认为他也姓曹,自然站在曹爽这一边,与司马懿是敌对关系,但这种看法及由此推导出来的结论都有些过于简单了。

首先,曹芳是天子,曹爽是权臣,二人的地位决定了双方有不可调和的矛盾。历史上也有自始至终都是傀儡的帝王,但他们多出于形势的无奈而并非心甘情愿。曹操算是一个有政治眼光和胸怀的"权臣",汉献帝刘协仍一再试图摆脱其束缚，至少两次密谋发动政变，以铲除曹操，重新夺回权力。权力充满诱惑，失去权力也失去了安全感，所以皇权是无法与他人共享的。曹芳即位时不足10岁，那时还不会想这么多，但随着年龄的增长，人生经验和思想一点点成熟，自然会明白一些道理，对自己的处境也有着越来越清楚的认识，对曹爽等人想必也是不满的。曹爽敢于胡作非为，不仅私自带走魏明帝的才人做自己的妻妾，还擅取太乐乐器供自己享乐，说明他没有把曹芳这个皇帝放在眼里。曹爽一伙恣意妄为，引发忠于曹魏的大臣们的不满，这些曹芳也都看得明白。司马懿弹劾曹爽等人的奏章发出，曹爽得到后却不敢给曹芳看。《三国志·桓范传》记载："爽得宣王奏事，不通，迫窘不知所为。"这说明，曹芳虽然为傀儡，却不是曹爽所能任意驱使的。曹芳的身份是皇帝，不同于何晏等人，他虽然是曹氏宗族的一员，但不可能去做曹爽的一名"心腹"，供其随意摆布。对于曹爽，曹芳一定有着许多不满，只是无法表现出来。

其次，曹芳对司马懿是充满好感的，这让曹爽对他不能完全放心。魏明帝临终前召司马懿来到嘉福殿托孤，那一刻魏明帝流出了眼泪，司马懿也哭了。《三国志·明帝纪》记载，曹叡拉着司马懿的手，使出最后的力气说："吾疾甚，以后事属君，君其与爽辅少子。吾得见君，无所恨。"曹叡叫来齐王曹芳和秦王曹询，指着其中的曹芳对司马懿说："君谛视之，勿误也。"曹叡让曹芳上前，曹芳过来，抱住了司马懿的脖子，司马懿泣不成声。这一幕，想必对曹芳来说是刻骨铭心的。在发动高平陵之变前，司马懿对曹芳也十分尊重，他"每叹说齐王自堪人主，君臣之义定"，认为"齐王聪明，无有秽德，乃心勤尽忠以辅上，天下赖之"，这些话引自毌丘俭、文钦后来发动叛乱时所发布的《罪状司马师表》，出自司马氏的政敌之口，应当是可信的。曹芳即位后，司马懿从未表现过非分之处，反而在朝廷需要自己的时候不计得失，勇挑重担，这些都给曹芳留下了好印象。在曹芳成长过程中，郭太后是一个重要人物，她虽然不是曹芳的生母，但如同亲生，二人感情很深。如前所述，郭太后与司马氏关系十分密切，她平时想必在曹芳面前也说过司马懿的好话，至少不会有恶言，这也会影响到曹芳对司马懿的看法。《晋书·宣帝纪》记载，正始六年（245），曹爽"毁中垒中坚营，以兵属其弟中领军羲"，司马懿为此与曹爽爆发了激烈的冲突。这件事发生在当年八月。到十二月时，曹芳大会群臣，特地下诏司马懿也参加，命司马懿享受"乘舆升殿"的殊荣。考虑到曹爽与司马懿刚刚发生过冲突，几乎撕破了脸，所以这项决定或许并非出自曹爽，而是曹芳特意安排的。按虚岁算，曹芳那时14岁，已经有了一些自己的想法。

最后，曹爽面临如何延续和巩固辅政地位的现实问题。

第四章 | 展开清算

曹爽拥有的绝对权力并不是来自大将军的身份，而是来自辅政大臣的地位。大将军虽然高贵，但仅是天子治下的一名臣子。要始终做到"说一不二"，就得保住辅政大臣之位。但辅政的前提是天子未成年、无法正常行使权力，随着曹芳年龄的增长，这种状况迟早会改变，这恐怕是曹爽最头疼的事。曹芳何时算成年？曹爽何时要将权力交还给曹芳？这其实没有明确的规定。如前所述，普通人20岁加冠礼，算成年了，但帝王往往早一些，周文王12岁而冠，周成王是15岁，汉武帝是16岁，汉献帝刘协则是14岁。高平陵之变时，曹芳已经17岁了，现在举行加冠礼都不算早了。即便现在不举行加冠礼，也拖不了几年了，曹爽大概常为此发愁。

基于以上分析，可以看出张当告发的曹爽等人谋反一事并非不可能发生。所谓谋反，不是推翻曹魏政权建立一个新王朝，而应该是密谋废掉曹芳，然后在曹氏宗亲中找一个年龄更小的孩子做皇帝，这样一来，曹爽就能继续辅政了。张当说这件事将在正始十年（249）三月进行，这也许是真的，曹爽不顾劝说，执意带着几个兄弟去高平陵谒陵，可能就与这件事情有关。曹爽是一个能力平庸且迷信的人，如果他已经有了废掉曹芳的打算，可能会借谒陵之机在魏明帝陵前默默做一番祷告，以给自己打气。这件事当然是高度保密的，何晏、邓飏、丁谧、毕轨、李胜等人是不是全部参与了，那倒不重要。

三、大开杀戒

既然有人招供,又是造反这样的重罪,有关部门不敢怠慢,立即呈报,请求将所涉嫌疑人全部抓捕审讯,曹芳批准。过去只是贪污受贿、行为不检点这样的事,就连司马懿控诉曹爽等人的奏章里也没提及谋反,现在由于有张当的证言,性质就不一样了。曹爽、曹羲、曹训、何晏、邓飏、丁谧、毕轨、李胜等人都被抓了起来。

为显示审判的公正性,司马懿决定将此案作为特殊案件来审理,最终在廷议中定罪。廷议是有资格参加朝会的廷臣集体议事的制度,所议之事皆事关利害。参加廷议的人员没有特别规定,一般视所议事项而定。参加此次廷议的应该有太傅、三公、九卿、司隶校尉、侍中、散骑常侍、尚书令、尚书仆射等重臣。

廷议很快就进行了,议的结果是曹爽等人确实犯了"大逆不道"之罪。《三国志·曹爽传》记载:

> 会公卿朝臣廷议,以为"春秋之义,'君亲无将,将而必诛'。爽以支属,世蒙殊宠,亲受先帝握手遗诏,托以天下,而包藏祸心,蔑弃顾命,乃与晏、飏及当等谋图神器,范党同罪人,皆为大逆不道"。

第四章 展开清算

"君亲无将，将而必诛"出自《春秋公羊传·庄公第三》："辞曷为'与亲弑者同，君亲无将，将而诛焉'，然则善之与？曰：'然。'杀世子母弟直称君者，甚之也。季子杀母兄何善尔？诛不得辟兄，君臣之义也。"这里说的是鲁庄公的弟弟季友杀哥哥叔牙，以阻止其预谋弑君的事。鲁庄公病重时，叔牙受哥哥庆父的收买而极力推荐庆父作为国君的继承者，季友认为庆父凶残专横，不可继承国君之位，因而大义灭亲，派人毒杀了叔牙。"君"指君主；"亲"指父母；"将"在此处指谋反。"君亲无将，将则诛焉"的意思是对于君主、父母不能有谋反之心，只要有谋反之心，无论有没有实际行动都可以将其诛杀。曹爽等人即便有密谋，但也没有来得及付诸实际行动，可参加廷议的朝臣依据"春秋之义"认为这与实际谋反并无两样，都属于大逆不道之罪。

汉律中有不道罪，曹魏沿袭。一种看法是，不道罪有多种，大逆不道属不道罪中最严重的；另一种看法是，不道罪与大逆罪有所区别，如《晋书·刑法志》记载，曹魏时张斐曾说"逆节绝理谓之不道，陵上僭贵谓之恶逆"。无论哪一种情况，大逆不道都是极为严重的罪名，通常会处以族刑。《汉书·孔光传》记载："大逆无道，父母妻子同产无少长皆弃市。"于是，曹爽等人及之前就被收押的桓范都被诛杀，并夷三族。揭发谋反的张当亦未幸免，同时被杀，夷三族。曹爽等人风风火火近10年，就这样以极其干净彻底的方式同时退出了历史舞台。

"夷三族"之刑创始于秦国。《史记·秦本纪》记载："文公二十年，法初有三族之罪。"《后汉书·杨终传》记载："秦政酷烈，一人有罪，延及三族。"对于哪些人属"三族"有不同的解释：《大戴礼记》中指父族、母族、妻族；《史记·秦本纪》裴骃引张晏所说"父母、兄弟、妻子也"。曹爽等人不仅被诛杀，与他们关系最亲近的人也全部被杀。

汉末三国时代名将曹真的几个儿子及孙辈同时受戮，就此绝后。曹真死时，除长子曹爽嗣位外，魏明帝还封曹真的其他五个儿子为列侯。《三国志·曹真传》记载："其悉封真五子羲、训、则、彦、皑皆为列侯。"与曹爽一同被杀的有曹羲、曹训，没有提到曹彦、曹则、曹皑，曹彦应该一同被杀了，曹则、曹皑要么同时被杀，要么在之前就已经去世。后来朝廷封曹真的族孙曹熙为新昌亭侯，让他延奉曹真之后。《三国志·桓范传》记载："嘉平中，绍功臣世，封真族孙熙为新昌亭侯，邑三百户，以奉真后。"

以上众人被杀的时间是正始十年（249）正月十一日，距高平陵之变发生还不满10天。有一种说法认为，一开始的名单上并没有何晏的名字。不仅如此，为办好这件大案，司马懿专门指定何晏来主审。司马懿向何晏暗示，要他至少抄灭八家。何晏不想死，便抓住这根救命稻草，不管三七二十一，对昔日的战友一通猛追猛查。何晏特别想戴罪立功，所以查得很仔细、很彻底，手段也很残酷，把大家折腾得够呛。他们曾经是一伙的，何晏没少参与密室之谋，谁干了哪些违法犯罪的事情他都很清楚，所以查起来自然顺利。何晏把这件大案办完，报上来的名单上却只有曹爽、曹羲、曹训、邓飏、丁谧、毕轨、李胜等七个人的名字。司马懿不满意，让他接着查。何晏大惊，预感不妙，试探着问是不是还有自己，司马懿给予了肯定的回答。于是，何晏也被收押，夷灭三族。《三国志·桓范传》裴松之注引《魏氏春秋》记载：

初，宣王使晏与治爽等狱。晏穷治党与，冀以获宥。宣王曰："凡有八族。"晏疏丁、邓等七姓。宣王曰："未也。"晏穷急，乃曰："岂谓晏乎！"宣王曰："是也。"乃收晏。

何晏的求生欲望很强，当听说自己未能逃过一死时，顿时吓傻了。《太平御览》第605卷引《魏末传》记载："宣王欲诛曹爽，呼何晏作奏，曰：'宜上君名。'晏失笔于地。"不过，有人质疑《魏氏春秋》《魏末传》的记载，认为司马懿不可能让何晏来主审此案，司马光在《通鉴考异》中指出："宣王方治爽党，安肯使晏典其狱？就令有之，晏岂不自知与爽最亲，而冀独免乎？此殆孙盛承说者之妄耳。"何晏除了是曹操的养子、女婿，还是汉末大将军何进的孙子，与董卓废掉的少帝刘辩有血缘关系，其祖籍为荆州刺史部南阳郡宛县。《太平寰宇记》第 126 卷记载："何晏坟在县北十七里，其基高大。景云二年，有人发坟，得砖铭，是何公之墓。"何晏的墓地为何不在洛阳或南阳而出现在庐江县？原因不详。

曹爽等人被"夷三族"，这一条执行得较为彻底，显示出司马懿手段的狠辣。站在司马懿的立场看，这么做除了宣泄长期以来受打压、排挤所带来的愤怒，还有震慑对手的作用。不过，也并非没有特例，何晏的儿子就侥幸逃过一劫。何晏的妻子金乡公主十分贤惠，之前见何晏等人胡作非为，曾向母亲杜氏发出过忧叹。何晏被杀时儿子才五六岁，司马懿派人来捉拿。杜氏把何晏的儿子藏在自己的王宫里，然后去见前来捉拿的人。杜氏向对方乞求饶孙子一命，十分谦卑恳切，还不停用手扇自己的脸。有人向司马懿报告，司马懿听说了金乡公主之前曾说过的那些话，又看在沛王曹林的面子上，于是格外开恩，没有杀何晏的儿子。《三国志·桓范传》裴松之注引《魏末传》记载：

> 晏妇金乡公主，即晏同母妹。公主贤，谓其母沛王太妃曰："晏为恶日甚，将何保身？"母笑曰："汝得无妒

晏邪！"俄而晏死。有一男，年五六岁，宣王遣人录之。晏母归藏其子王宫中，向使者搏颊，乞白活之，使者具以白宣王。宣王亦闻晏妇有先见之言，心常嘉之；且为沛王故，特原不杀。

曹林是曹操第10个儿子，初封为谯王，魏明帝时改封为沛王，死于曹魏正元三年（256），高平陵之变时仍在世。曹林是杜氏的儿子，所以杜氏被称为"沛王太妃"。司马懿已灭曹真一族，不想将目前在世的曹氏宗亲中辈分最高的曹林也赶上绝路，所以饶过何晏的儿子。何晏的这个儿子名字不详，史书之后也再未提及。金乡公主作为何晏的妻子应在"三族"之内，史书没有交代她有没有同时被杀，也没有再记载她以后的事。不过，司马懿既然能因为她而放过何晏的儿子，想必也不会杀她吧。

四、长安惊变

有一个人按理说也应该出现在被杀者的名单中，但他却不在，这个人就是夏侯玄。作为曹爽的表弟，夏侯玄在世人眼中也是曹爽集团中的一员，正始改制就是在他的主持下完成的。

夏侯玄之所以暂时逃过这一劫，是因为他那时不在洛阳，而在长安。五年前,曹爽等人策划征汉中之役,夏侯玄为此被任命为征西将军、假节,都督雍州、凉州军事。此战中,魏军主力由秦岭山中的骆谷入蜀,兵马虽众,但粮饷难以供应,耗费大量人力物力,又遇大雨,不得不撤兵。之后,夏侯玄便留在了长安,以征西将军的身份负责西线战场的指挥,在夏侯玄之下还有雍州刺史郭淮、征蜀护军夏侯霸等将领。

高平陵之变的消息传到长安,夏侯玄、夏侯霸异常震惊。还没等二人反应过来,诏书便到了长安,征夏侯玄入朝,免去征西将军一职,改任九卿之一的大鸿胪,西线战场交由郭淮负责。《资治通鉴·魏纪七》记载:"爽既诛,司马懿召玄诣京师……以雍州刺史郭淮代之。"郭淮是司马懿的老部下,司马懿在坐镇长安、负责西线战场指挥期间与郭淮来往较多,他是司马懿信得过的军中将领。郭淮是雁门郡太守郭缊之子,久在军中,威望颇高,在曹魏朝廷中也建立了深厚人脉。郭淮的妻子是王凌的女儿,郭淮的弟弟郭配官至城阳郡太守。郭配虽然职务不算高,但他的两个女婿很有名,都是晋朝开国时的重臣,一个是裴秀,一个是贾充。《三国志·郭淮传》裴松之注引《晋诸公赞》记载:"淮弟配,字仲南,有重名,位至城阳太守。裴秀、贾充皆配女婿。"夏侯霸一向与郭淮不和,认为夏侯玄走后自己必定凶多吉少,就劝夏侯玄跟他一起逃跑,夏侯玄不敢,夏侯霸便决定自己叛逃蜀汉。《三国

第四章 展开清算

志·夏侯渊传》裴松之注引《魏略》记载：

> 霸字仲权。渊为蜀所害，故霸常切齿，欲有报蜀意。黄初中为偏将军。子午之役，霸召为前锋，进至兴势围，安营在曲谷中。蜀人望知其是霸也，指下兵攻之。霸手战鹿角间，赖救至，然后解。后为右将军，屯陇西，其养士和戎，并得其欢心。至正始中，代夏侯儒为征蜀护军，统属征西。时征西将军夏侯玄，于霸为从子，而玄于曹爽为外弟。及司马宣王诛曹爽，遂召玄，玄来东。霸闻曹爽被诛而玄又徵，以为祸必转相及，心既内恐；又霸先与雍州刺史郭淮不和，而淮代玄为征西，霸尤不安，故遂奔蜀。

汉中北有秦岭，南有陇山、巴山。北去关中要翻越秦岭，其间有子午道、傥骆道、褒斜道等古道；南去蜀中要翻越陇山、巴山，中间有阴平道、米仓道等古道。夏侯霸逃往蜀汉时走的是阴平道，该道北起于阴平，由鹄衣坝翻越摩天岭，经今唐家河、阴平山、马转关、靖军山等地到达江油关。夏侯霸一路很狼狈，因为不熟悉地理环境，在山中迷了路，粮食吃尽，只得杀马步行，脚也扭伤了，实在走不动，最后躺在岩石下休息，绝望之际遇到了蜀汉那边的人，把他接到了

| 正 | 始 | 十 | 年 |

成都。《三国志·夏侯渊传》裴松之注引《魏略》记载：

> 南趋阴平而失道，入穷谷中，粮尽，杀马步行，足破，卧岩石下，使人求道，未知何之。蜀闻之，乃使人迎霸。

蜀汉后主刘禅在成都立即召见了夏侯霸。一见面，刘禅先不问曹魏那边的情况，而是与夏侯霸絮起了亲戚关系。这涉及一件往事：汉献帝建安五年（200），刘备找机会脱离了曹操将自己软禁的许县，带着关羽、张飞来到徐州，之后在那里起事，杀了曹操任命的官员。刘备让关羽守下邳，自己与张飞一起守小沛。不少曹操任命的地方官员响应刘备，刘备决心在徐州大干一场，派张飞等人继续做宣传。张飞在沛国期间，有一天领兵外出，半路上遇见一位打柴的姑娘，长得特别漂亮，张飞看她是良家女子，就娶她为妻。张飞当时并不知道，这个女子有着不凡的身世，她是夏侯渊的表侄女，即夏侯霸的表妹，张飞于是成了夏侯渊的表侄女婿。夏侯姑娘从此追随张飞南征北战，后来为张飞生下一个女儿，这个女儿又嫁给了刘备的儿子刘禅。刘禅当皇帝后，张飞的女儿成为皇后。按照以上这些关系，刘禅就是夏侯姑娘的女婿，是夏侯渊的表外孙女婿。后来双方都知道了这层关系。多年后，夏侯渊战死于汉中，夏侯姑娘还向刘备求情，允许她为这位表叔安葬。《三国志·夏侯渊传》裴松之注引《魏略》记载：

> 初，建安五年，时霸从妹年十三四，在本郡，出行樵采，为张飞所得。飞知其良家女，遂以为妻，产息女，为刘禅皇后。故渊之初亡，飞妻请而葬之。

刘禅见到夏侯霸，不仅厚待这位"表叔"，还反复向他解释："卿父自遇害于行间耳，非我先人之手刃也。"刘禅说："你爹，也就是我表爷爷，他老人家死在乱军之中，可不是我父亲亲手杀的啊！"刘禅还把儿子叫来与表舅爷相见，指着儿子对夏侯霸说："此夏侯氏之甥也！"夏侯霸的家眷还在洛阳，念及他们是夏侯渊的后人，司马懿没有杀他们，而是将他们流放到乐浪郡。《三国志·夏侯渊传》记载："闻爽诛，自疑，亡入蜀。以渊旧勋赦霸子，徙乐浪郡。"

夏侯霸的儿子叫什么名字不详，他至少还有一个女儿，也不知道名字，但女儿嫁的人却很不简单，即前面提到过的三国后期著名军事家羊祜。高平陵之变时，羊祜30岁左右，本应受到株连，但因为羊祜的姐姐是司马师的前妻羊徽瑜，羊祜并没有受到太大影响，后来反而被司马氏父子用心栽培。《晋书·羊祜传》记载："夏侯霸之降蜀也，姻亲多告绝，祜独安其室，恩礼有加焉。"司马懿父子之所以如此信任羊祜，是因为他早已亮明了自己的政治态度。这一点前面也提到过：羊祜与王沈曾被曹爽征辟，王沈劝羊祜应征，羊祜坚决拒绝了。曹爽失败后，王沈"以故吏免"，见到羊祜时感叹道："常识卿前语。"羊祜说："此非始虑所及。"

刘禅、姜维等人还与夏侯霸探讨了曹魏时局。夏侯霸是在世的夏侯氏一族中辈分较高的人，还是曹魏重臣，他对时局的看法更为清醒和深刻。夏侯霸认为司马懿发动高平陵之变的目的是"营立家门"，周一良先生在《曹氏司马氏之斗争》中对此进行了诠释："并非谋求发家致富，而是谋求取代曹氏，篡夺政权，司马氏之心固不待司马昭而路人皆知矣。"就在高平陵之变发生的这一年秋天，姜维对曹魏又发动了一次北伐，路线还是之前常走的祁山方向，主攻曹魏治下的雍州刺史部。姜维请夏侯霸一同随征，夏侯霸以蜀汉车骑将军的身份参加了这次北伐。

五、何晏与王弼

在正始十年（249）正月里的这场屠杀中，究竟有多少人的人头落地？这已经无法做详细统计了。除了史书点到名字的那几名"主犯"，他们的家人、亲属甚至亲信也大量被杀。

第四章 | 展开清算 |

《晋书·宣帝纪》记载:"诛曹爽之际,支党皆夷及三族,男女无少长,姑姊妹女子之适人者皆杀之。"《三国志·王凌传》记载,车骑将军王凌的儿子王广正好在洛阳,目睹了这场流血政变,在给父亲的一封信中谈到杀戮的情况时称"同日斩戮,名士减半"。在王广眼中,不仅何晏是名士,桓范、邓飏、丁谧、毕轨等人也是名士,所以发出"名士减半"的感叹。

曹魏时代是玄学兴起的时期,玄学公认的代表人物有何晏、王弼、夏侯玄等人,何晏被杀的确是思想界、学术界的一大损失。《三国志》没有单独为何晏立传,他的事情被记载在其他人的传记里,裴松之作注时也补充了一些内容。在这些记载中,何晏的形象较差,后期完全沦为曹爽的心腹爪牙,史书提到曹爽集团的骨干成员时,时常以"晏等"代替。比如:

> 初,爽以宣王年德并高,恒父事之,不敢专行。及晏等进用,咸共推戴,说爽以权重不宜委之于人。乃以晏、飏、谧为尚书,晏典选举,轨司隶校尉,胜河南尹,诸事希复由宣王。(《三国志·曹爽传》)

> 擅取太乐乐器,武库禁兵。作窟室,绮疏四周,数与晏等会其中,饮酒作乐。(《三国志·曹爽传》)

> 肃与太尉蒋济、司农桓范论及时政,肃正色曰:"此

辈即弘恭、石显之属,复称说邪!"爽闻之,戒何晏等曰:"当共慎之!公卿已比诸君前世恶人矣。"(《三国志·王肃传》)

晏等与廷尉卢毓素有不平,因毓吏微过,深文致毓法,使主者先收毓印绶,然后奏闻。(《三国志·曹爽传》)

时玄与何晏、邓飏不穆,晏等每欲害之,时人莫肯共婚。及宪许玄,内外以为忧惧。或曰:"何、邓执权,必为玄害,亦由排山压卵,以汤沃雪耳,奈何与之为亲?"宪曰:"尔知其一,不知其他。晏等骄侈,必当自败,司马太傅兽睡耳,吾恐卵破雪销,行自有在。"(《晋书·列女传》)

嘏谓爽弟羲曰:"何平叔外静而内铦巧,好利不念务本,吾恐必先惑子兄弟,仁人将远,而朝政废矣。"晏等遂与嘏不平,因微事以免嘏官。(《三国志·傅嘏传》)

何晏是曹爽集团的重要成员,这一点毋庸置疑。但是,何晏与曹爽身边的其他党羽不同,他本质上还是一名学者,对政治及人生看得更深刻一些。晋代张方《楚国先贤传》记载,应璩的《百一诗》写成后"咸皆怪愕,或以为应焚弃之",但何晏对此诗表示理解,"独无怪也"。何晏对时局也有较深的认识,内心深处存在着深深的危机感。正始八年(247)

何晏曾向曹芳上疏,指出:

> 善为国者必先治其身,治其身者慎其所习。所习正则其身正,其身正则不令而行;所习不正则其身不正,其身不正则虽令不从。是故为人君者,所与游必择正人,所观览必察正象,放郑声而弗听,远佞人而弗近,然后邪心不生而正道可弘也。季末暗主,不知损益,斥远君子,引近小人,忠良疏远,便辟褒狎,乱生近昵,譬之社鼠。考其昏明,所积以然,故圣贤谆谆以为至虑。舜戒禹曰"邻哉邻哉",言慎所近也,周公戒成王曰"其朋其朋",言慎所与也。《书》云:"一人有庆,兆民赖之。"可自今以后,御幸式乾殿及游豫后园,皆大臣侍从,因从容戏宴,兼省文书,询谋政事,讲论经义,为万世法。

何晏在这份奏疏中强调了治国修身之道,认为善于治理国家者必先修身,善于修身者必然对所学的东西慎之又慎,学的知识正则其身正,其身正则没有法令的约束也会择善而行,所以为人君者交友时必须选择正派人士,所读所看必须合乎礼法大义,不要听靡靡之音,不亲近奸佞之徒。在这份奏疏中,何晏恳请曹芳今后在式乾殿或在后园游乐时邀请一些大臣陪同,从而在游乐宴饮之际能审阅文书奏章,商议朝政大事,或者探讨经典要义。这份奏疏写得十分恳切,有人认为其表面上针对的是曹芳喜欢游乐的问题,但实际针对的是曹爽,是一种讽谏,这种看法应该是有一定道理的。清代学者何焯指出:"史家于平叔等既于《曹爽传》中附见,不能为之平反,特录此奏于《纪》,使百世下因其言而知其人,不欲尽没其实于异同之口耳。"明末清初学者王夫之甚至认为"曹氏一线之存亡,仅一何晏"。清代学者钱大昕在《何晏论》中也指出:"予尝读其疏,以为有大儒之风,使魏主能用斯言,可以长守位而无迁废之祸。"

何晏任尚书,负责官员选拔,《魏书》《魏略》《魏末传》对其履职情况多有批评,认为其"选举不得人",但也有人不同意这样的看法。《晋书·傅咸传》记载:"正始中,任何晏以选举,内外之众职各得其才,粲然之美,于斯可观。"傅咸是傅玄的儿子,傅玄与从兄傅嘏在政治上倾向于司马氏父子,与何晏有矛盾,傅咸对何晏的评价值得参考。然而,陈寿撰《三国志》时对王沈的《魏书》多有引用,影响到人们对一些曹魏人物的评价。王沈虽曾应辟于曹爽,但很快便倒向了司马氏。曹芳的继任者曹髦后来愤而挑战司马氏,慌忙跑去向司马昭告密的就是这个王沈。基于这些原因,王沈的《魏书》算不上良史实录。刘知几在《史通·古今正史》中指出:"魏史,黄初、太和中始命尚书卫觊、缪袭草创纪、传,累载不成。又命侍中韦诞、应璩,秘书监王沈,大将军从事中郎阮籍,司徒右长史孙该,司隶校尉傅玄等,重新共撰定。其后王沈独就其业,勒成《魏书》四十四卷。其书多为时讳,殊非实录。"

司马师早年也曾想做一位名士,并积极向何晏、夏侯玄靠拢。《晋书·景帝纪》称司马师"雅有风彩,沈毅多大略。少流美誉,与夏侯玄、何晏齐名"。这里对司马师多有美誉,但他与何晏尚无法齐名。《魏氏春秋》记载:"夏侯玄、何晏等名盛于时,司马景王亦预焉。""亦预焉"也就是时常参与,但"齐名"还远远达不到。然而,何晏对司马师的评价似乎不高。何晏曾说:"唯深也,故能通天下之志,夏侯泰初是也;唯几也,故能成天下之务,司马子元是也;惟神也,不疾而速,不行而至,吾闻其语,未见其人。"何晏引用《周易》的《系辞传》来比拟夏侯玄、司马师和自己。所谓"几",指的是"适动微之会"。何晏认为司马师仅能洞察隐微以"成天下之务",不如夏侯玄的"深",更不如自己的"神"。何晏轻视司马师,想必并非只表现于上面这一件事,在平时的交往及人物品评中,何晏也许还流露出对司马师的不屑,这恐怕就是陈寿、王沈等着力淡化甚至丑化何晏的原因。清代学者钱大昕在《何晏论》中指出:"陈寿之徒,徒以平叔与司马宣王有隙，而辅嗣说易与王肃父子异；晋武，肃之外孙也，故传记于二人不无诬辞。"

正始十年（249）学术界、思想界不仅失去了何晏，也失去了王弼。不过，王弼之死与高平陵之变无关，他是因病去世的。王弼出身于"建安七子"之一的王粲一族，其六世祖王龚官至太尉，五世祖王畅为汉末"八俊"之一，官至司空。同时，王弼还有另外一个身份：他是刘表的曾外孙。《三国志·钟会传》裴松之注引《博物记》记载，东汉末年天下大乱，不少人赴荆州避乱，王弼的祖父名叫王凯，与族弟王粲一起前往荆州依附刘表。刘表更重王粲之才，想把女儿嫁给他，但又嫌其形貌丑陋，最后将女儿嫁给了王凯。王凯生了王业，王业生了王弼。刘表的妻子蔡氏有一个亲姐妹嫁给了荆州名士黄承彦，黄承彦有一个女儿嫁给了诸葛亮，按照这个关系，王弼与诸葛亮还是亲戚呢。

曹操在世时，王粲便已病故。后来发生了魏讽谋反事件，王粲的两个儿子都牵涉其中，因罪被杀。王粲绝嗣，便以族兄王凯的儿子王业继嗣，王粲成为王弼法律意义上的祖父。王粲是著名文学家，14岁时在长安受到汉末大学者蔡邕的礼遇，蔡邕将家藏书籍文章万卷送给了王粲，这些书籍后来归王业所有，这为王弼的成长提供了极为有利的条件。由于有强大的家学基因，又有良好的教育条件，加上过人的天赋，王弼很早就显露出与众不同的才华。王弼10多岁时便喜欢老子的学说，且口才出众，未弱冠时已小有名气，吏部郎裴徽一见他便感到惊奇，并与其进行了一番"学术交流"。裴徽问："夫无者，诚万物之所资也，然圣人莫肯致言，而老子申之无已者何？"在老子的哲学思想中，他把构成万物的原始材料称为"道"，叫不出名字的谓之"无名"，有时用"无""无形"等词语描述，意思是不能清楚地讲明它的特点。裴徽问王弼，"无"是万物之所凭借，孔子对"无"都不肯发表阐述性意见，而老子却一再阐述，这是为什么？这是一个高难度问题，岂是一个10多岁孩子能回答出来的？但王弼胸有成竹，答道："圣人体无，无又不可以训，故不说也。老子是有者也，故恒言无所不足。"王弼认为孔子体察到了"无"，但也知道"无"是无法解释清楚的，所以谈到"无"时必定会提及"有"，提到"有"时其实也是在谈"无"。对于这样的回答，裴徽非常满意。

傅嘏等人也对王弼十分赞赏，认为他才华超群。名臣刘晔的儿子刘陶善于纵横谈论，为时人所推举，但每次与王弼谈话，刘陶都被王弼的言谈所折服。何晏也发现王弼是个人才，与他进行了交谈，感叹"后生可畏"。何晏主持官员选拔，这时黄门郎有缺，何晏想推荐王弼。丁谧与何晏不和，向曹爽推荐了王黎，最终王黎被任命为黄门郎。不久，王黎因病去世，王弼仍未能补缺，曹爽任命王沉为黄门郎。王弼后来被任命为台郎，曹爽召见了他，但王弼与曹爽只谈学问，不涉及其他，令曹爽印象颇为不佳。王弼虽为曹爽所征辟，但始终得不到重用，他自己也不以为意，只是何晏对此深感遗憾。《三国志·王弼传》裴松之注引何劭《王弼传》记载：

> 正始中，黄门侍郎累缺。晏既用贾充、裴秀、朱整，又议用弼。时丁谧与晏争衡，致高邑王黎于曹爽，爽用黎。于是以弼补台郎。初除，觐爽，请间，爽为屏左右，而弼与论道，移时无所他及，爽以此嗤之。时爽专朝政，党与共相进用，弼通俊不治名高。寻黎无几时病亡，爽用王沉代黎，弼遂不得在门下，晏为之叹恨。弼在台既浅，事功亦雅非所长，益不留意焉。

王弼不肯攀附曹爽，并不只是缘于对功名的淡泊，还有他对时局清醒的判断。在王弼留下的著作中，谈论的多是哲学问题，似乎与现实政治没有太多关联，但学术并非空中楼阁，任何学术思想的产生都有其现实基础。比如，儒家主张用仁、义、孝等调节社会和家庭中的关系，王弼在《老子指略》则谈道："则修其所尚而望其誉，修其所道而冀其利。望誉冀利以勤其行，名弥美而诚愈外，利弥重而心愈竞。父子

第四章 展开清算

兄弟，怀情失直，孝不任诚，慈不任实，盖显名行之所招也。患俗薄而兴名行，崇仁义，愈致斯伪，况术之贱此者乎？故绝仁弃义以复孝慈，未渠弘也。"王弼认为，与其用仁、义、孝等来克制人们的私欲，还不如引导人们转变观念，培养敦厚朴实的美德。王弼还认为，统治者在这些方面应该做出表率，抑其私欲，树立美德。王弼提出："上之所欲，民从之速也。我之所欲唯无欲，而民亦无欲而自朴也。"对照一下正始年间曹爽、何晏等人的所作所为，可隐约看出王弼提出的这些观点具有很强的针对性。再如，王弼在注释《周易·乾卦》时指出"位以德兴，德以位叙。以至德而处盛位，万物之睹，不亦宜乎"，他反复强调在位者须有德，无德者无法长久，这也是有针对性的。在注释《周易·坤卦》时，王弼甚至指出"两雄必争，二主必危。有地之形，与刚健为耦，而以永保无疆"，言下之意，当两大势力并存时，最终必然会发生争斗，而人们只能站在强大的一方才可保证长久。这说明，对于司马懿与曹爽之间的斗争，王弼已经预感到了最终的结果，他疏远曹爽的举动是有意为之的。

可惜的是，王弼在24岁时便因病去世了。发生高平陵之变的这一年秋天暴发了瘟疫，王弼不幸染病，不治而亡。巧合的是，32年前，王粲也死于瘟疫。司马师听到王弼的死讯大为悲痛，一整天都叹息不已。《世说新语·文学》记载："其秋遇疠疾亡，时年二十四。弼之卒也，晋景帝嗟叹之累日，曰：'天丧予！'"司马师的悲痛应该是发自内心的，何晏死了，学术界少了一面旗帜，本来王弼可以填补这个空缺，但他也走了。

六、蒋济的失望

高平陵之变发生后还不到三个月，太尉蒋济也去世了，时年61岁。作为高平陵之变的重要参与者，蒋济为政变成功立下大功。正月初三那天，蒋济与司马懿共同屯兵于洛水浮桥，很多城里的禁军正是看到了蒋济本人才坚定了脱离曹爽的决心。后来，蒋济又写信给曹爽，向他做出保证，又坚定了曹爽放弃反抗的决心。

蒋济很看重自己对曹爽等人做出的保证，他反对曹爽等人的做法，但内心里仍然忠于曹魏，对司马懿将曹爽等人"夷三族"的行为，他坚决反对。所以，政变结束后，当司马懿以曹芳的名义进封蒋济为都乡侯、食邑700户时，蒋济立即上疏予以谢绝。没过几天，蒋济就去世了。《三国志·蒋济传》记载：

以随太傅司马宣王屯洛水浮桥，诛曹爽等，进封都乡侯，邑七百户。济上疏曰："臣忝宠上司，而爽敢苞藏祸心，此臣之无任也。太傅奋独断之策，陛下明其忠节，罪人伏诛，社稷之福也。夫封宠庆赏，必加有功。今论谋则臣不先知，语战则非臣所率，而上失其制，下受其弊。臣备宰司，民所具瞻，诚恐冒赏之渐自此而兴，推让之风由此而废。"固辞，不许。是岁薨，谥曰景侯。

蒋济在这份奏疏中说，自己愧被宠任，曹爽包藏祸心是做臣子的失职。太傅司马懿果断出手，使罪人遭到惩罚，这是国家的福分。但封赏应给予有功的人，而自己事先不知道相关情况，也没有直接带兵作战，只是供职于官府，一言一行都被百姓所注视，所以实在不敢冒领封赏。蒋济在高平陵之变前就已经参与了谋划，也直接率兵参加了政变活动，还公开与司马懿一起前往洛水浮桥，这是人所共知的事情，但他加以否认，其中一定有原因，只是《三国志》不便明写。对此，《三国志·蒋济传》裴松之注引孙盛的观点认为："蒋济之辞邑，可谓不负心矣。语曰'不为利回，不为义疚'，蒋济其有焉。""不为利回，不为义疚"语出《后汉书·文苑列传》，意思是君子行动时要想着与礼义的要求是否相合，办事要想着合乎道义与否，不做因私利而违背礼义的事，也不做因不合乎礼义而使自己感到内疚的事。裴松之注引《世语》

也认为:"初,济随司马宣王屯洛水浮桥,济书与曹爽,言宣王旨'惟免官而已',爽遂诛灭。济病其言之失信,发病卒。"清代学者王懋竑则认为,"失信"还不是蒋济拒绝封赏并很快离世的导火索,其背后其实还有着更深层次的原因:

> 蒋济、高柔、孙礼、王观,皆魏之大臣,激于曹爽之专政而辅司马懿以诛爽。爽诛,懿专政,而篡弑之形成矣。济盖深悔之,故发病而没。干宝《晋纪》谓病其言之失信,未尽然也。孙礼逾年亦卒。高柔、王观以老寿在朝,高官厚禄,与懿、师、昭相终始,其视齐王之废、高贵乡公之弑,漠然无所动于心。绳以《春秋》之义,其能免党恶之诛乎!蒋济为太尉,在群臣之右,而懿以高柔行大将军据爽营,以王观行中领军据羲营,以济从屯洛水浮桥,盖劫与之同,是柔、观与谋,而济不与谋也。其上《永宁宫奏》首称"太尉臣济",此懿自为之耳。济《议六百爵表》云"语谋则臣不先知,语战则非臣所率",盖自明其非懿之党,而于爽之诛,力言曹真之勋不可无后,则犹能与懿异也。懿诛爽后,篡夺之势已成,济固知之,而力不能制,故不三月发病而卒。考其始末,与孙礼、王观不同。而为魏史者皆晋人,未能辨别其事,宜表而出之。

第四章 | 展开清算 |

高平陵之变发生后,夏侯霸一眼就看出了司马懿父子的真实目的,那就是要改朝换代,但蒋济却没能马上意识到这一点,他是慢慢才看出来的。当司马懿对曹爽等人"赶尽杀绝"时,蒋济才意识到其"篡弑之形成矣",于是深为后悔。蒋济对曹爽等人不满,但他内心里忠于曹魏,并不想改朝换代。只是,当蒋济看出问题时,形势已无法逆转,他只有深深地后悔与自责。这已经不是蒋济第一次后悔了。《三国志·王凌传》裴松之注引《魏氏春秋》记载,车骑将军王凌资历老、威望高,又手握兵权,儿子王广和两个弟弟均"才武过人"。司马懿曾不经意地问蒋济对王凌父子的看法,蒋济没有多想,对司马懿说:"凌文武俱赡,当今无双。广等志力,有美于父耳。"后来,蒋济回想起自己所说的话,自感失言,对亲信说:"吾此言,灭人门宗矣。"

在曹魏一帮老臣之中,蒋济的威望不在陈群之下,他在高平陵之变中的态度代表了一部分曹魏老臣的共同看法。这帮老臣多侍奉过曹氏三代,在汉魏禅代过程中,他们都无条件地站在了曹氏一方,渴望开辟新的王朝,统一国家,继而开创百年兴盛的事业。以曹魏为正统的观念已深深刻在他们的心中,在有生之年,若要再次改弦更张,他们恐怕已经很难再说服自己了。

| 正 | 始 | 十 | 年 |

司马懿大约也觉得杀的人有些多了,于是在曹爽等伏诛后的正始十年(249)正月十八日,以曹芳的名义下诏宣布大赦。曹爽辅政近10年,提拔了很多人,按照汉代官场习惯,那些被提携过的人都可以被称为曹爽的"门生故吏"。曹爽被杀后,绝大多数人都不敢站出来吊唁,只有汉末司空荀爽的曾孙、曾任大将军掾属的荀勖站了出来,在他的带领下,才有一些人跟了过来。《晋书·荀勖传》记载:"爽诛,门生故吏无敢往者,勖独临赴,众乃从之。"司马懿并没有为难荀勖等人,毕竟这样做与政治态度无关,往往能获得人们的同情。荀勖后来的仕途也并未受到影响,晋朝建立后,他成为朝廷重臣。

曹爽有一个堂弟名叫曹文叔,他的妻子名叫夏侯令女。皇甫谧《列女传》记载,曹文叔死得早,二人膝下无子,夏侯令女的父亲夏侯文宁打算让她再嫁,夏侯令女不愿,自己用刀割掉双耳以明志,后来夏侯令女就生活在曹爽府上。曹爽被"夷三族",夏侯令女以其节烈之举被破例免死。家人把她接回家,要她声明与曹氏断绝关系,并且还打算让她改嫁。这一次,夏侯令女又用刀把自己的鼻子割掉。家人既震惊又伤心,苦苦劝她:"人生世间,如轻尘栖弱草耳,何至辛苦乃尔!且夫家夷灭已尽,守此欲谁为哉?"夏侯令女说:"闻仁者不以盛衰改节,义者不以存亡易心,曹氏前盛之时,尚欲保终，况今衰亡，何忍弃之！禽兽之行，吾岂为乎？"司马懿听说这件事，顿起敬意，命她领养一个儿子，作为曹文叔的后代。

鲁芝是正月初三那天逃出洛阳城的，不仅自己跑出去，还拉出去不少部下，他们砍开洛阳西边的津门而出，与曹爽会合。曹爽失败后，鲁芝及曹爽的主簿杨综被抓了起来。在审查中，有关方面查清了他们的罪行，一个夺门而去，一个劝曹爽反抗到底，都犯了大罪。有关部门请示司马懿如何治罪，司马懿说他们也都是各为其主，放了吧！不久，司马懿还提拔鲁芝为御史中丞，杨综为尚书郎。

第五章 初建霸府

一、三公与三台

发生在正始十年（249）正月里的这场政变就这样以迅雷不及掩耳之势开始，又以风卷残云的速度结束了。对于这场政变，历来有不同的评论和看法。一般认为，司马懿父子以敏锐的眼光准确把握了稍纵即逝的机会，经过精心谋划和准备，一举消灭了曹爽及其同伙的势力，开创了司马氏掌权的新时代，为16年后晋朝的建立奠定了基础。这场政变的成功充分体现了司马懿的深谋远虑和筹划能力，也体现了他长期以来韬光养晦所积累下来的人脉资源和影响力。同时，这场政变之所以能成功，也与曹爽等人执政以来不得人心有关。

这样看是没有错的，但仅这样看又是不全面的。在总结历史经验的同时，也要看到这场政变并不像文字描述的那么容易和简单。由于政变的发生存在一定偶然性，尽管之前做了大量准备工作，仍然属于仓促起事，在政变中频发意外，

第五章 | 初建霸府

司马懿以近 70 岁的高龄还必须冲杀在第一线，甚至险些被人射杀。对司马懿父子来说，其实并没有百分之百的胜算，只能算放手一搏。如果没有成功，被"夷三族"，甚至被"夷九族"的就是他们了。但幸运的是，司马氏父子成功了。

现在，司马懿父子不得不面对政变后出现在大家思想上的混乱和分歧，从而重新审视下一步的行动。按照一般的做法，局面完全控制后就应该迅速取代旧的王朝。挟天子固然可以有进有退，但其中也蕴含着巨大风险，不利于新事业的开创。比如当年，曹操挟天子以令诸侯，大家都说这一步棋走对了，但曹操却背上了天子这个"大包袱"，其奸雄形象在后世如此根深蒂固，与他"挟"了 20 多年天子有关。

当初能把天子弄到自己手里的不仅有曹操一人，在他之前，天子的控制权已经换了几次手，抢在曹操前头的还有袁绍。袁绍当时的势力比曹操大得多，他派出了考察团，考察是否可以把天子接来。考察团回去报告说，还是算了吧，天子跟前有一大群人，后勤供应就是个大问题，而且把皇帝弄来，今后遇事就要请示汇报，还不够麻烦的。大家这么一说，袁绍就找个借口推掉了，这才给了曹操机会。后来曹操胜利了，袁绍失败了，有人总结说，袁绍没有抓住当初的机会，失败都是因为手里没有天子这张王牌。其实，天子未必就一定是王牌，曹操战胜袁绍的原因有很多，"挟天子"并不是唯一因素，甚至不是最重要的因素。从历史上看，"挟天子"的一般不会落下好名声，要么说是权臣，要么说是篡夺政权，总之非奸即篡，往往是挟持的时间越长，自己的名声越坏。所以，借着现在这股势头，干脆把姓曹的皇帝换成姓司马的，或许是上策。但在司马懿看来，局面似乎没有想象中的乐观，曹爽等人固然不得人心，但曹氏的基业经过三代人数十年的奋斗，在各地仍然扎根很深。要改朝换代，司马懿觉得时机远远未到。

在此之前，司马懿以生病为由长期不上朝；政变成功后，人们都以为他会重返朝廷，但他仍然称病。只是与之前有所不同，虽然不上朝，但朝政已被司马懿牢牢掌握，太傅府随之忙碌了起来。《晋书·宣帝纪》记载："帝以久疾不任朝请，每有大事，天子亲幸第以谘访焉。"司马懿不上朝，朝廷有重大决策时便把天子曹芳找来，说是"谘访"，其实就是来听司马懿的安排。曹操当年先后以司空府、丞相府来管理国事，以汉献帝为首的朝廷成为摆设，曹操建立起自己的霸府。现在，司马懿也建立了类似的霸府。司马懿死后，司马师、司马昭又强化了这个霸府，使其在正始十年（249）至泰始元年（265）的16年间一直成为曹魏政权实际的权力中心。

蒋济去世后，三公要做出相应调整。原来的三公是太尉蒋济、司徒高柔、司空王凌。蒋济留下的空缺要补充新人，

第五章　初建霸府

司马懿觉得无论是威望还是在自己心中的分量，这个位置都应该给孙礼。孙礼由司隶校尉改任司空，尚未到任的司空王凌改任太尉。孙礼空出来的司隶校尉一职，司马懿交给了一直刻意栽培和关照的何曾。

曹爽被杀后，大将军一职空缺。政变中，高柔曾代行大将军，但那是临时的，事后并没有关于实授高柔为大将军的诏令，高柔仍任三公之一的司徒，只是将其爵位由延寿亭侯晋封为万岁乡侯。司马懿很想把大将军一职交给司马师，但司马师资历不够。司马懿以曹芳的名义任命司马师为卫将军，这个军职比大将军、骠骑将军和车骑将军低，但比前、后、左、右所谓的"四方将军"高，司马师以此掌握军队。中护军掌管禁军及武官典选，是一个重要职位，司马师此前任该职，后因母亲去世归家守丧，史书未记载政变前后中护军的在任者，该职在政变后应该由司马师以卫将军的身份兼任，后来干脆明确为中护军将军，成为司马师的一项正式兼职。司马昭之前有一个议郎的闲职，政变成功后没有新的任职。《晋书·文帝纪》记载："诛曹爽，帅众卫二宫。"司马昭虽然没有任显职，但他协助司马师直接掌管禁军，控制皇宫。

东汉有"二宫"，通常指南宫与北宫，曹魏洛阳皇宫不再分南、北宫，这里的"二宫"应指曹芳居住的皇宫及郭太后居住的永宁宫。曹爽被除，郭太后及其家族的处境大为改善。在

| 正 | 始 | 十 | 年 |

司马氏父子看来,郭太后是一个重要的政治盟友,不仅在政变中可以发挥重要作用,而且以后还要继续借用她的特殊身份。郭太后也没有让司马氏父子失望,在后来曹芳被废、曹髦被杀等关键时刻,郭太后还将站出来为司马氏"排忧解难"。《三国志·文昭甄皇后传》裴松之注引《晋诸公赞》记载:

> 德字彦孙。司马景王辅政,以女妻德。妻早亡,文王复以女继室,即京兆长公主。景、文二王欲自结于郭后,是以频繁为婚。

尚书台是重要部门,司马懿的三弟司马孚本来就是尚书令,之前被"闲置",现在又重新返回岗位,将尚书台这个重要的权力中枢控制起来。尚书台的副职是尚书仆射,由李丰担任。李丰为人圆滑,周旋于曹爽、司马懿之间。司马懿诛杀曹爽后,刚好在路上遇到李丰,司马懿亲口将消息告诉他,李丰大恐,一下子瘫到地上站不起来。《三国志·夏侯玄传》裴松之注引《魏略》记载:"曹爽专政,丰依违二公间,无有适莫,故于时有谤书曰:'曹爽之势热如汤,太傅父子冷如浆,李丰兄弟如游光。'其意以为丰虽外示清净,而内图事,有似于游光也。及宣王奏诛爽,住车阙下,与丰相闻,丰怖,遽气索,足委地不能起。"李丰为何害怕?因为他觉得自己与曹爽等人关系密切,司马懿处置完曹爽后,一定会接着处置他。但是李丰却平安无事,关键原因是他善于两面讨好,之前与司马师的关系也很好,所以事后仍然担任尚书仆射一职。

尚书台的尚书何晏、邓飏、丁谧同时被杀,急需补充新力量,司马懿陆续把卢毓、袁侃等人调进尚书台。卢毓是司马氏的支持者,让他来加强尚书台的力量并不让人意外。袁侃是曹魏旧臣袁涣的长子,为人清正,之前任黄门侍郎,不是曹爽的党羽,深得司马懿赏识。王观在政变中立下大功,他曾任尚书,熟悉尚书台的事务。因此,政变后司马懿让王观重返尚书台任尚书,辅佐司马孚。王观此前是九卿之一的少府,品秩二千石,回任品秩只有六百石的尚书实际是一种降职,所以在他任尚书的同时赐爵关内侯,又加授了一个驸马都尉的头衔。

除尚书台外,中书台也是一个重要的权力部门。刘放长期任中书监,孙资长期任中书令,二人掌握机要多年,与司马懿一直保持着良好关系,如前所述,二人在司马懿成为魏明帝托孤大臣一事上曾发挥过关键作用。曹爽专权期间,刘放、孙资同时"称疾让位",中书监一职改由韦诞接任。政变后,司马懿想让二人复职,但刘放此时年老多病,无法再出来任职,孙资于是复任中书令,韦诞继续任中书监。次年(250),刘放因病去世,谥号敬侯,儿子刘正继嗣。为表彰孙资多年来的功绩,司马懿以曹芳的名义任命其为骠骑将军,成为名义上军职最高的人。但这仅是一个荣誉性职务，孙资不久后再次逊位，只加了一个侍中头衔。政变后，钟会也受到提拔，被任命为中书侍郎，加强了中书台的力量。在任命孙资为骠骑将军的同时，司马懿的旧部、雍州刺史部郭淮被提拔为车骑将军，论地位仅次于孙资。

朝廷的三台中还有一个御史台，长官为御史中丞，由鲁芝担任。《三国志·桓范传》裴松之注引《世语》记载："初，爽出，司马鲁芝留在府，闻有事，将营骑斫津门出赴爽。爽诛，擢为御史中丞。"鲁芝虽是曹爽旧部，但经历过一场生死变故，想必他对司马氏父子也有了新的看法。鲁芝后来历任并州刺史、振威将军、大鸿胪等职；晋朝建立后，任镇东将军，成为晋室的忠臣。在御史台任职的还有王沈、卢钦，分别任治书侍御史、侍御史。王沈的情况与鲁芝相似，卢钦则在一开始就对曹爽一伙十分不满，他们现在都是司马氏的忠实拥护者。

高平陵之变前后曹魏朝廷重要官职变动情况表[1]

部门	职务	任职者 政变前	任职者 政变后
上公	太傅	司马懿	司马懿
军队	大将军	曹爽	—
军队	骠骑将军	—	孙资
军队	车骑将军	—	郭淮
军队	卫将军	—	司马师

---

[1] 表中横杠表示此处有人担任官职，但已不可考其姓名。

续表

部门	职务	任职者 政变前	任职者 政变后
三公	太尉	蒋济	王凌
三公	司徒	高柔	高柔
三公	司空	王凌	孙礼
九卿	太常	王肃	王肃
九卿	光禄勋	郑冲	郑冲
九卿	卫尉	刘靖	刘靖
九卿	太仆	王观	庾嶷
九卿	廷尉	陈本	陈本
九卿	大鸿胪	—	夏侯玄
九卿	大司农	桓范	
九卿	少府	臧艾	—
九卿	宗正	—	—
尚书台	尚书令	司马孚	司马孚
尚书台	尚书仆射	李丰	李丰
尚书台	尚书	何晏、丁谧、邓飏、黄休、郭彝	王观、卢毓、陈泰、袁侃
中书台	中书监	刘放	刘放
中书台	中书令	孙资	孙资
中书台	中书侍郎	—	……、钟会
御史台	御史中丞	—	鲁芝
御史台	治书侍御史	—	……、王沈
御史台	侍御史	—	……、卢钦

在曹魏的权力结构中，三台的地位一直很重要，尤其是尚书台，九卿的地位相对弱化了。高平陵之变前后曹魏九卿的任职情况，有一部分已不可考。铲除曹爽等人后，朝廷和地方正是用人之际，司马懿从各方面广泛搜罗人才，除孙礼、卢毓、卢钦、钟会等人，傅嘏、傅玄、石苞、胡奋、邓艾等人也都受到重用。司马懿征傅嘏为河南尹，傅玄参卫将军军事，提拔石苞担任郡太守并很快升任徐州刺史，胡奋被任命为将军、监军等职，邓艾仍担任南安郡太守。司马懿在选人用人方面与曹氏三祖重用"诸夏侯曹"不同，范围更广泛，因而更容易选到人才。

二、加强地方控制

朝廷重要的权力部门基本被控制在司马懿父子手中，但各州的情况仍然很复杂。东汉共有13个州，除益州、交州外，曹魏在其中的11个州设有自己的地方长官。需要说明的是，东汉的凉州刺史部被曹魏一分为二，一部分归入新设立的凉州刺史部，一部分与从司隶校尉分出的部分地区合并为雍州刺史部，所以曹魏设有12个州的行政长官。政变前，曹爽很重视在地方上进行权力布局。各州的刺史中，虽有一些与他关系不睦，但也有不少与他关系密切。

第五章 初建霸府

司隶校尉部的长官为司隶校尉，相当于州牧或刺史，原来由毕轨担任，他是曹爽一伙的死党，在司隶校尉部经营多年，政变后毕轨被杀。冀州刺史原为裴徽，此时已由程喜改任，程喜事迹不详，只知道他在魏明帝时便已任青州刺史，名臣田豫后来督青州，成为程喜的顶头上司，程喜心中不服，经常跟田豫闹矛盾，程喜知道魏明帝喜欢明珠，就秘密进贡明珠，顺便告田豫的状，就此一点可见，此人属投机钻营之辈，他也已在冀州多年，如果不走曹爽的门路实在说不过去。幽州刺史杜恕是名臣杜畿之子，也是名将杜预的父亲，为人正直，与程喜关系恶劣，程喜经常找他的麻烦。并州刺史是孙礼，为曹爽等人所排挤，与司马懿关系密切。雍州刺史原来是夏侯玄，后为郭淮，倾向于司马懿。荆州刺史李胜在上任前曾去司马懿那里"探府"，是曹爽一伙的死党，已被杀。扬州刺史由王凌兼任，世受曹氏之恩，又在地方上耕耘多年，不会轻易听命于人。豫州刺史毌丘俭是魏明帝刻意培养的军事人才，也是曹爽器重的人，与文钦是至交，文钦也是旧臣之后，祖籍沛国谯县，是曹爽的同乡，二人都属于"可疑人物"。徐州刺史胡质是一位老臣，与蒋济有故交，当初是蒋济把他推荐给曹操的，在政治上没有倾向曹爽的迹象，但已年迈。兖州刺史令狐愚是王凌的外甥。

从上述情况看，虽然政变成功了，但司马懿真正有把握控制的州还不到一半，存在隐患的却有好几个。现在的明智之举是巩固这些地方，逐步把自己的人派过去，把敢于反抗自己的人消灭掉——只有把地方的事一一摆平，才算真正控制了局面。司隶校尉部在各州中最重要，杀了毕轨，司马懿竟然一时找不出既放心又有能力的人接任。想了半天，他不得已把并州刺史孙礼调回来任司隶校尉。孙礼后来升任司空，但史书没有记载他担任的司隶校尉一职被免去，可能仍兼任着此职。司马懿调鲁芝去接任孙礼空出的并州刺史一职。鲁芝任御史中丞不久，但御史台已有卢钦、王沈等人，仍可以放心。

司马懿觉得扬州刺史部的问题最严重，因为王凌这个人很有能力，在当地也有很大影响力，必须把此人调离。司空徐邈去世后，曹芳曾征王凌为司空，但王凌没有来洛阳上任。政变后，司马懿改任王凌为太尉。太尉是三公之首，地位更高。王凌虽仍未上任，但司马懿授意曹芳将王凌的扬州刺史一职免去，由诸葛诞继任。诸葛诞与蜀汉的诸葛亮、孙吴的诸葛瑾同族，都是汉代名臣诸葛丰之后，是魏明帝当年所办"浮华案"的成员。曹爽等人当政后，"浮华党"强势复出，加上诸葛诞与夏侯玄关系很好，诸葛诞得以复出。对于这样一个人，司马懿为何予以重任？推测起来，其中一定存在着某种交易。王凌解职前或许提出了条件，继任者必须他来选，

第五章 初建霸府

否则不接受，司马懿只好答应了。不管是什么原因，这项任命为日后埋下了隐患。

李胜被杀后，空出了荆州刺史一职，司马懿将它交给了一个人，他觉得这个人最合适。此人名叫王基，出身贫寒，自幼丧父，17岁时到东莱郡任府吏。后来王凌担任青州刺史，听说王基很有才干，征其为别驾。朝廷发现王基是个人才，召他为秘书郎，但王凌不放人，时任司徒的王朗再征王基，王凌还不放，遭到王朗的弹劾，一时闹得很僵。司马懿当时任大将军，征王基来大将军府任职。可见，这个王基绝对是一个人才，是被重臣们争来抢去的人。不过，从感情上讲，王基最敬重的还是司马懿，他后来还担任过中书侍郎、安平郡太守、安丰郡太守等职，目睹了曹爽等人专制奢侈和天下风化大坏，曾愤然撰《时要论》讥讽时事。正是基于这一点，王基也受到司马懿的格外关注。

在雍州刺史部，郭淮升任车骑将军后不再兼任雍州刺史一职，司马懿便将陈泰调往雍州任刺史。陈泰在高平陵之变中劝曹爽回洛阳，也算立了功。更重要的是，陈泰是陈群的儿子，代表着一支重要的政治力量，司马懿重用陈泰，除看在与陈群有旧交外也有深层次考虑。雍州刺史部的西边还有一个凉州刺史部，其刺史任职情况不详，只能从一些零星史料中进行推测。《张猛龙碑》记载："魏明帝景初中西中郎将、使持节、平西将军、凉州刺史瑍之十世孙。"这里说的是张瑍，他在正始年间可能担任过凉州刺史。《晋书·王戎传》记载："戎字濬冲，琅邪临沂人也。祖雄，幽州刺史。父浑，凉州刺史、贞陵亭侯。"这里说的是王浑，他可能是在张瑍之后继任为凉州刺史的。王浑是王戎的父亲，王戎后来成为司马氏的坚定支持者。王浑前往凉州任刺史，可能是在司马懿掌权以后。

高平陵之变前后曹魏各州长官变动情况表[①]

州名称	州长官	
	政变前	政变后
司隶校尉部	毕轨	孙礼
冀州	程喜	程喜
幽州	杜恕	杜恕
并州	孙礼	鲁芝
荆州	李胜	王基
扬州	王凌	诸葛诞
徐州	胡质	胡质
青州	臧艾	臧艾
兖州	令狐愚	令狐愚
雍州	郭淮	陈泰
凉州	张瑍（？）	王浑（？）
豫州	毌丘俭	毌丘俭

① 表中问号表示推测为该人。

第五章 | 初建霸府 |

对于各州长官，司马懿除以上变动外没有再做大的调整，不是不需要调整，而是时机不成熟，有些事情还得慢慢来。司马懿深知，令狐愚、诸葛诞、毌丘俭这些州刺史对曹魏的感情远深于对自己，让他们在地方上掌管大权迟早会出事；但这些问题积重难返，不是一纸诏令就能解决的，需要从长计议。不过，司马懿也从地方军事管理的角度做了一些工作，主要是加强了对南线战场的控制，派王昶以征南将军的身份都督荆、豫诸军事。《三国志·王昶传》记载："正始中，转在徐州，封武观亭侯，迁征南将军，假节都督荆、豫诸军事。"在曹魏地方传统军制中，荆州、豫州通常归为一个军事区，即曹魏的南线战场，一般会派一名有威望的将领或重臣统管，司马懿就担任过该职。在王昶之前，毌丘俭一直担任镇南将军一职，地位次于征南将军，但在不设征南将军的情况下，可视之为南线战场的最高负责人。《三国志·毌丘俭传》记载："正始中……迁左将军，假节监豫州诸军事，领豫州刺史，转为镇南将军。"

在三国时期的军制里，最高级别官职通常是由大将军、骠骑将军、车骑将军和卫将军组成的"中央司令部"，而下一级通常是"四方将军""四征将军""四镇将军""四平将军""四安将军"等。从"四方将军"到"四安将军"都是高级军职，虽不如大将军、骠骑将军等那么显要，但地位也很崇高。以

"四征将军"为例,《魏略》记载,曹魏时其"秩二千石,黄初中,位次三公",即从品秩上讲与九卿相当,但在朝中的班位仅次于三公,又略高于九卿。毌丘俭曾任左将军,是"四方将军"之一,但随后转镇南将军,相当于降了两级,其中的原因不详。王昶担任征南将军是在"正始中",这个时间表述有些宽泛,既可视为高平陵之变前,也可以视为高平陵之变后。考虑到王昶是司马懿阵营里的人,而与曹氏关系密切的毌丘俭曾在南线战场负责,所以可以推测,王昶担任征南将军的时间应该是在高平陵之变后。此前,南线战场的最高负责人是毌丘俭,现在换成了王昶。

王昶除了是征南将军,还"都督荆、豫诸军事",即统率荆州、豫州境内的军事事务,这项安排与魏文帝时期开始建立的都督区制度有关。曹魏各州刺史主要负责民政、经济、教育等,军事事务则由都督区的最高负责人管理。除"都督荆、豫诸军事"外,曹魏目前还有四个主要都督区,在这些都督区之上则是"都督中外诸军事"。曹芳即位时,曹爽和司马懿都"都督中外诸军事";后来曹爽将司马懿排挤在外,"都督中外诸军事"事实上只有大将军曹爽一人。曹爽死后,司马懿重新"都督中外诸军事"是顺理成章的事,自然无人反对。

高平陵之变前后曹魏"都督诸军事"变化情况表

名称	管辖范围	任职者	
		政变前	政变后
都督中外诸军事	全国	曹爽	司马懿
都督雍、凉诸军事	雍州、凉州	夏侯玄	郭淮
都督荆、豫诸军事	荆州、豫州	毌丘俭	王昶
都督扬州诸军事	扬州	王凌	王凌
都督青、徐、兖诸军事	青州、徐州、兖州	胡质	胡质
都督河北诸军事	冀州、并州、幽州	程喜	程喜

王基去荆州任刺史，他的行政才干没有任何问题，但在军事方面却是一个弱项，毕竟王基之前没有带兵的经历，统一指挥南线战场还需要一些历练才行。所以司马懿另派王昶担任征南将军，负责整个南线战场。

王昶出身于太原王氏，汉末名臣王允及目前任太尉的王凌也出自这个家族，王凌是王允的侄子。王昶与王凌少年时便知名于本郡，王凌比王昶年龄大，王昶便把他看作兄长。曹丕还是太子时，选王昶为太子文学，又升任中庶子，即太子府的总管。当时，司马懿是"太子四友"之一，所以与王昶有很多交往，对他的为人及能力也有较深了解。曹丕称帝后，王昶先后担任过散骑侍郎、洛阳典农都尉、兖州刺史等职，在屯田、农政等方面积累了丰富的实践经验。他勤于治政、爱护百姓，深受百姓好评。魏明帝继位后，王昶转入军界，赐爵关内侯，以将军的身份在外领兵。魏明帝青龙年间，朝廷下诏卿校以上的官员向朝廷推荐人才，只要求有能力，没有年龄和品级的限制，每名官员可以举荐一个人。司马懿时任太尉，他推荐的就是王昶。《三国志·王昶传》记载："青龙四年，诏'欲得有才智文章，谋虑渊深，料远若近，视昧而察，筹不虚运，策弗徒发，端一小心，清脩密静，干干不解，志尚在公者，无限年齿，勿拘贵贱，卿校已上各举一人'。太尉司马宣王以昶应选。"

王昶虽在外任职，但心系朝廷，经常上疏论政。他认为魏承秦汉之弊，法制苛碎，如果不大力厘改国典以振先王之风，则希望治化复兴是不可能的。为此，王昶在军务之余进行了很多思考和研究，依据古制，又结合实际情况写了20多篇政论。王昶还精于兵法，著有兵法10多篇，尤其对兵法中的"奇正之用"深有研究，他将这些政论和兵法著作都上疏呈送给魏明帝审阅。王昶很有才能，为人却很低调，从一件小事上就能看出来。王昶的哥哥请他为儿子起名，王昶给两个侄子一个取名王默，字处静，一个取名王沈，字处道，从名字看就知道他的低调。王昶给自己的孩子起名也如此，一个名叫王浑，字玄冲，一个名叫王深，字道冲。名字很低调，事业却干得很高调，王浑后来做了晋朝的司徒，位至三公；

王沈就是之前多次提到过的《魏书》的作者，不仅是一名历史学家，西晋建立后还官至骠骑将军。

司马懿与王昶进行过一次长谈，话题围绕如何治国理政及如何对孙吴用兵。王昶认为，军队战斗力再强也不能保证百战百胜，必须加强平时的训练，时刻备战；而国力是军事的后盾，必须大力发展农业，开垦土地，做到仓谷盈积，战事来了才有备无患。对于与孙吴作战，王昶认为关键在于水军，没有水军，其他军力再强也难以征服孙吴。王昶提出，三位先帝之前屡次南征无不因孙吴恃长江天险而无功，所以应在新野建立基地操练水军，待水军强大到足以与孙吴水军一战时，伐吴大业可成。

司马懿认为王昶所说很有见地，尤其发展水军一事与他之前的看法不谋而合。司马懿在荆州时就制订过类似的计划，也着手进行水军的训练。后来曹真伐蜀，非要他率水军逆汉水而上，当时水军战力尚未形成，而且水军也不适合讨伐汉中，但司马懿不好拒绝，还是去了。司马懿后来离开荆州去了关中，训练荆州水军的事就不了了之，现在王昶提出的这些战略方针正是自己所想。于是，司马懿以曹芳的名义授王昶以假节的特权，都督荆、豫诸军事，成为南线战场的负责人。

|正|始|十|年|

三、拒绝当丞相

　　正始十年（249）四月八日，曹芳下诏改年号为嘉平。这一年的四月八日之前为正始十年，之后为嘉平元年。嘉平这个年号一共使用了六年，大概是觉得这个年号寓意很好，十六国时期前赵政权汉昭武帝刘聪也使用过这个年号，共计五年。

　　这时，曹魏老臣徐邈因病去世，时年78岁。在司马懿授意下，朝廷以隆重礼仪为徐邈安葬，并赐谥号为穆侯。徐邈曾在曹操的丞相府任职，任丞相军谋掾，后改任县令、郡太守等职；曹丕称帝后，任谯国相、安平郡太守、颍川典农中郎将等职，每在一地皆政绩卓著。曹丕一改文臣不带兵的传统，任命司马懿为抚军大将军、陈群为镇军大将军。徐邈这时来到抚军大将军府任军师，成为司马懿的直接下属。后来，徐邈出任凉州刺史兼护羌校尉。在凉州时，徐邈兴修水利、广开水田、移风易俗、整顿吏治，对胡羌各部恩威并施，使其主动入贡。曹芳即位后，徐邈回朝任大司农，后改任司隶校尉，晚年拜光禄大夫。朝廷曾打算让他任司空，他以老病为由固辞不受。《三国志·徐邈传》记载：

　　　　正始元年，还为大司农。迁为司隶校尉，百寮敬惮之。公事去官。后为光禄大夫，数岁即拜司空，邈叹曰：

"三公论道之官，无其人则缺，岂可以老病忝之哉？"遂固辞不受。嘉平元年，年七十八，以大夫薨于家，用公礼葬，谥曰穆侯。

在魏武帝、魏文帝时代，徐邈还算不上重臣，那时文臣武将众星云集，徐邈还不是很突出。但是，这几十年来人才凋零，徐邈成为硕果仅存的曹魏四代老臣。司马懿以超规格的礼仪为徐邈安葬，不仅因为徐邈曾是他的旧部，而且也因为徐邈深厚的资历及影响。正始年间的政治格局可以视为"三足鼎立"：一派是曹爽及其党羽，势力强大，遍布朝廷及地方；另一派是司马懿父子及其追随者，包括那些虽然不敢公开表明态度但内心里倾向于司马懿父子的人，也包括因被曹爽一伙打击迫害而希望有所改变的人；再一派是处在二者中间，没有明确表明态度的人。正始年间，以上三派政治力量呈现出"二强对一弱"的局面：曹爽及其同党最强，司马懿父子一派较弱，而中间力量其实也很强大，他们属于"沉默的大多数"。

徐邈可以算作"中间派"，作为曹魏老臣，他们对曹氏无疑是忠心不二的，所以他们不喜欢看到司马氏取代曹氏；但看到曹爽一伙的作为又十分失望，于是采取了沉默的态度。司马懿深知，正是由于"中间派"没有公开与自己为敌，高平陵之变才能顺利实施。现在，曹爽一伙被清除，司马懿父子及其追随者成为拥有绝对优势的政治力量。但"中间派"中的许多人还需要一个适应的过程，如果司马懿操之过急，比如现在就显露出要取曹氏而代之的意图，就会引起他们的反弹，将他们推向对立面。因此，在此之前，司马懿仍然要高举曹魏这面旗帜。

值得一提的是，徐邈还是汉末三国时期的著名画家。徐邈善画动物，他画的水獭生动传神，如同活物，放在水边，能吸引其他水獭过来寻伴。《太平御览》第750卷引《魏氏春秋》记载："徐邈善画，作走水獭，摽于水滨，群獭集焉。"又《太平广记》第466卷引《续齐谐记》记载："魏明帝游洛水，水中有白獭数头，美净可怜，见人辄去。帝欲取之，终不可得。侍中徐景山奏云：'臣闻獭嗜鲻鱼，乃不避死，可以此诳之。'乃画板作两鲻鱼悬置岸上，于是群獭竞逐，一时执得。帝甚嘉之，谓曰：'闻卿能画，何以妙也？'答曰：'臣未尝执笔，然人之所作，自可庶几耳。'帝曰：'是善用所长也。'"徐邈有一个女儿十分贤淑，到了择婿的年龄，一直没有遇到合适的人。徐邈那时任刺史，他把手下佐吏都招来，让女儿在后室悄悄观看。女儿看了一会儿，用手指了一位青年，告诉母亲。徐邈便把女儿许配给了这个名叫王濬的青年。《晋书·王濬传》记载："刺史燕国徐邈有女才淑，择夫未嫁。邈乃大会佐吏，令女于内观之。女指濬告母，邈遂妻之。"王濬后来成

第五章 | 初建霸府

为晋朝名将,与杜预一起指挥了西晋灭吴之战,是率先领兵占领孙吴都城建业的将领。

在清除曹爽一伙后,最重要的工作是安抚人心,而不是在政治上继续进取,司马懿深知这一点的重要性。曹芳在下诏改年号之前,还曾下诏擢升司马懿为丞相,司马懿当即予以拒绝,他也是出于这样的考虑。

曹芳还是一个少年,仍有几分青涩,也有几分顽劣,虽然没有秦皇汉武在这个年龄时表现出来的雄才大略,也没有曹魏三位先帝的政治才能和理国才干,但他并不愚蠢,也算不上是昏君。曹爽在时,国家大事都由曹爽等人打理,曹芳插不上嘴,也不想操那份心,只是跟后宫一帮宦官开心玩耍。突然之间发生的变故让这个少年清醒了不少,也成熟了不少。现在,曹芳的身边已经没有了可以信赖的人,最近不断有新人到他身边来,而他过去熟悉的人一个接一个莫名其妙地消失了。他知道,新来的人都是司马懿安插在自己身边的耳目,自己的一举一动,跟什么人见过面、谈过什么话,以及何时何地唉声叹气都会被司马懿以最快的速度得知。曹芳清楚自己的处境,知道自己甚至不如汉献帝刘协,刘协最后还能落一个山阳公的封号颐养天年,自己会有那么好的运气吗?曹芳越想越害怕,就想出了一个自认为聪明的办法:

给司马懿升官。

　　东汉后期一直实行三公制,后来被曹操改成丞相制,曹操自任丞相。魏朝建立后仍实行三公制,这一点与蜀、吴不同。三公制与丞相制的区别是分权与集权,设三公意味着分权,算"集体领导",设丞相意味着集权,丞相很容易变成权臣,成为对皇权的最大挑战。司马懿已经是太傅,不是三公,而是比三公更高的上公,再升他的官,只有任命他为丞相了。一般到了丞相这一级,往往还会给一些特权,比如经常提到的"赞拜不名,入朝不趋,剑履上殿"。按照礼仪,大臣朝见皇帝的时候旁边要站一个司仪官,把他的官衔和名字都喊出来。比方说,此刻司马懿去见天子,虽然已经 70 岁了,又身居太傅高位,也得按礼仪办事——司仪官会喊"舞阳侯、太傅司马懿,参见皇上",司马懿就要跪下来高声说:"吾皇万岁,万万岁。""趋"是小步快走的意思,见到皇帝为表示恭敬,老远就得一路小跑过来,这就是"趋"。另外,见皇帝既不能携带武器,也不能穿鞋子,表示诚惶诚恐。拥有"赞拜不名,入朝不趋,剑履上殿"三项特权的人,皇帝的司仪官喊完"舞阳侯、太傅"的时候可以省略他的名字不喊,这就是"赞拜不名";老远见到皇帝也不用一路小跑,可以端个架子慢慢走,这就是"入朝不趋";上朝的时候别人光脚板,自己可以穿鞋,而且可以佩带武器,这就是"剑履上殿"。这种现在看来没必要的形式主义却是那时政治生活中的大事，获得这些殊荣的人必然是人臣中的极品。但纵观整个中国古代历史，拥有这些特权的人并不多，主要出现于乱世。

司马懿改任太傅时，诏书授予他"入殿不趋，赞拜不名，剑履上殿，如萧何故事"，说明这项殊荣已经享受过了，曹芳这次又追加了一项——"群臣奏事不得称名"。同时，还增加司马懿的食邑一万户。曹芳担心司马懿不接受，专门让司马懿的亲家、太常王肃去太傅府宣读诏书。但是，司马懿仍没有领曹芳这个情，他上疏固辞。《三国志·齐王芳纪》裴松之注引孔衍《汉魏春秋》记载，司马懿在奏疏中说：

> 臣亲受顾命，忧深责重，凭赖天威，摧弊奸凶，赎罪为幸，功不足论。又三公之官，圣王所制，著之典礼。至于丞相，始自秦政。汉氏因之，无复变改。今三公之官皆备，横复宠臣，违越先典，革圣明之经，袭秦汉之路，虽在异人，臣所宜正，况当臣身而不固争，四方议者将谓臣何！

司马懿说自己受先帝之命辅佐陛下，深感义不容辞，所以才仰赖君威扫除了奸党，这是为国尽忠，功不足论。如今三公制度完备，如果让自己改任丞相，则有违典章，自己如果坦然接受，恐怕会引起天下人议论。司马懿担心"四方议者"，一方面是推脱之辞，另一方面也是真实心迹的反映。但曹芳不放弃，又一次颁下诏书，司马懿再次推辞。就这样，曹芳让人来太傅府宣读了10多次诏书，司马懿又10多次上疏推辞，曹芳这才作罢。但曹芳没有彻底放弃，他想起另一项更高的殊荣：九锡。于是，曹芳再下诏，授予司马懿九锡之礼。《三国志·齐王芳纪》裴松之注引孔衍《汉魏春秋》记载："书十余上，诏乃许之，复加九锡之礼。"

九锡是一套更为复杂烦琐的制度。"锡"，不是元素周期表上的"Sn"，用在这里是一个通假字，通"赐"，"九锡"就是赐予的九样东西，具体说就是九种礼器。这九种礼器分别是车马、衣服、乐器、朱户、纳陛、虎贲、斧钺、弓矢和鬯，是古代天子赐给诸侯、大臣及有特殊贡献的人的九种器物，用来表示礼遇或特权。它们都比较特别：车是特制的，分别叫"金车大辂"和"兵车戎辂"，用八匹黄马来拉；衣服是"衮冕之服"，配套的有叫"赤舄"的鞋子一双；乐器里包括定音和校音的器具；朱户是允许自家住宅装修红漆的大门；纳陛是进宫殿时可以走特别凿出的台阶，类似贵宾通道；虎贲是天子的卫士；斧钺是一种大斧，在上古年代不仅是用于作战的兵器，而且是军权和国家统治权的象征；弓矢包括特制的红、黑色的专用弓箭，有一百副彤弓矢、一千副玄弓矢；鬯是用黑黍和郁

第五章 初建霸府

金草酿成的一种稀有的酒。这些东西不一定值多少钱，但拥有它们之后就意味着享受了极高的荣誉和特权，出门可以乘坐天子的专车，穿着天子的衣服，警卫员也是从天子身边调来的，进宫走的是贵宾通道；除了这些形式主义的东西，还有许多实实在在的特权：专用的弓箭意味着有权征讨叛逆，斧钺意味着可以诛杀不法之人，相当于有先斩后奏的权力。这九种东西只能由天子赏赐，再有钱也不能自行置办。天子也不会随便给人，只能赏赐给那些为国家建立了卓越功勋的人。而且这九项内容通常不会一并赏赐，因为人臣如果得到全部九项特权，那他从形式到内容上也就与天子相差无几了。

九锡之礼比丞相享受的礼仪规格高出很多，汉魏时期担任过丞相的人有很多，但享受过九锡之礼的屈指可数。中国古代历史上第一个接受九锡之礼的是王莽，他在代汉之前先受九锡。曹操生前也曾加九锡，封魏公、魏王，建魏国，为曹丕完成汉魏禅代打下基础。刘备、孙权也曾加九锡，之后分别建立了新政权。在魏晋禅让之前，权臣称帝或皇位禅让似乎都与九锡相关联，清代学者赵翼在《廿二史札记》第7卷中有"九锡文"专条，指出："每朝禅代之前，必先有九锡文，总叙其人之功绩。"正因为如此，曹芳执意授予司马懿九锡之礼也可以视为一种试探，如同曹爽兄弟被软禁后给司马懿写信要粮食一样，都是想探一探司马懿对自己的态度。

正始十年

对司马懿来说,朝野内外和天下各州仍处于未稳之时,曹魏的旗号还得打,丞相也罢,九锡也罢,加到身上都是一种负担。作为一个务实派,司马懿想学习魏武帝曹操。当年孙权劝曹操称帝,曹操说:"这是想把我放到火炉上烤啊!"司马懿深知有些事情"非不为也",但时机不到便"实不能也",所以司马懿仍固辞九锡之礼。《三国志·三少帝纪》裴松之注引孔衍《汉魏春秋》记载,司马懿在奏疏中写道:"太祖有大功大德,汉氏崇重,故加九锡,此乃历代异事,非后代之君臣所得议也。"司马懿说,武皇帝虽然享受了汉室授予的九锡之礼,但他当年建有特殊功勋,功德之高后人无人企及,而自己断然不敢与武皇帝相比。曹芳不同意,仍然要授予九锡,司马懿固辞。推让一番,这件事后来也作罢了。曹芳或许得到了一些安慰,看来太傅不打算把自己这个皇帝废掉。但这种安慰又是不踏实的,当初曹爽写信要粮,司马懿很痛快地就给了,但几天后就来了个斩尽杀绝。曹芳如果想到了这些,估计仍然会每日生活在惴惴不安之中。

司马懿拒绝九锡,可以视为他对是否称帝一事的间接回应。司马懿一生侍奉曹氏三代,多次立下大功,晚年发动了高平陵之变并取得成功,掌握了天下实权。这时的曹魏无论在朝还是在野均已逐渐失去人心,以司马懿的实力和影响,

第五章 | 初建霸府

现在就称帝确实没什么不可以的。但司马懿却表明自己不会这样做，仍然奉曹芳为皇帝。司马懿是这样表示的，也是这样做的，他至死也没有称帝。司马懿对待此事的态度与曹操非常相似，曹操生前多次拒绝称帝。除了曹操、司马懿，拒绝称帝的还有诸葛亮，李严曾劝诸葛亮加九锡，隐含的意思是鼓励他称帝，同样被诸葛亮拒绝。曹操、司马懿等人固然有政治上的考虑，对于他们来说，称帝有利也有弊，如果过早称帝，容易成为政治对手斗争的靶子，就像曹操说的，"是被放在火炉上烤"。但更为重要的是，对于曹操、司马懿来说，不称帝是由他们早年所接受的教育决定的，他们对汉室或魏室有一定感情，内心里对代汉自立或代魏自立其实是排斥的。

汉武帝罢黜百家，独尊儒术，汉代实行的是在儒教基础上的"以礼治国"，政治上强调正统和忠义，伦理上强调孝与仁，忠、孝、礼、义这些观念经过反复不断地教育早已入心入脑。汉末皇权跌宕，天子几次遭遇不测，但朝廷始终存在，所谓"大而不倒"，与这种深厚的思想基础不无关系。司马懿、曹操、诸葛亮不称帝，对内外部形势判断固然是其中原因之一，但主要原因恐怕还是出于他们的内心，他们年轻时都受过汉代的儒学教育，深受其影响。司马懿年轻时曾专注经学教育，"博学洽闻，伏膺儒教"；曹操上过太学，举过孝廉，对经学也有较深的研究，因为通《尚书》被征为议郎，有很深的儒学教育背景；诸葛亮出身汉代名门，"躬耕陇亩"，"每自比于管仲、乐毅"。到司马懿时，虽然经历了汉魏禅代，坐在天子宝座上的不再是汉室皇帝，但曹魏的皇帝对他来说也是一样的，他灵魂深处的忠君观念不允许自己成为一代逆臣，这是思想决定的。

那么，刘备、孙权及曹丕这些人为什么没有受这种思想观念的束缚呢？刘备也上过卢植的私学，接受过经学教育，但他的生活状况和早年经历与曹操、司马懿等人不同。刘备大体生活在社会中下层，黄巾起义前，他未担任过朝廷的官职，在感情上对汉室朝廷要淡得多。即便如此，刘备对称帝也持保守态度。曹丕称帝后，蜀汉面临"该打什么旗帜"的现实问题，群下数百人上表劝刘备称帝，但刘备断然拒绝。后来诸葛亮阐明，只有把汉室的大旗在益州重新打起来才能解决当下的政治危机，刘备才勉强接受，但表明自己不是称帝，而是"继皇帝位"。孙权更不一样，他算是"富二代"，十几岁就加入哥哥领导的征战中，在尊正统还是崇实力方面，他更相信后者。

吴军在夷陵之战中大败刘备后，孙权的手下也纷纷劝他称帝，孙权没有答应。《三国志·吴主传》裴松之注引《江表传》记载，孙权不称帝的理由是"汉家堙替，不能存救，亦何心而竞乎"。众人没有放弃，弄出许多所谓天命符瑞，再次劝孙权，孙权仍未答应，不过说出了自己的心里话："往年孤以玄德方向西鄙，故先命陆逊选众以待之。闻北部分，欲以助孤，孤内嫌其有挟，若不受其拜，是相折辱而趣其速发，便当与西俱至，二处受敌，于孤为剧，故自抑按，就其封王。"孙权说："过去因为刘备称雄于西边，所以我命陆逊率兵防备他。而北边的曹魏有可能帮助我，我担心其挟天子以令天下，如果不接受封拜，就会促使他们对我下手，到时候西边、北边的敌人一起来，两处受敌，所以我努力克制，接受封王。"孙权还说"低屈之趣，诸君似未之尽，今故以此相解耳"，意思是自己俯首称臣的本意，诸君可能还不理解，所以今天向大家来解释解释。同样是拒绝，孙权的想法与上一代人已经有了很大不同。至于曹丕，他出生时天下已经乱了，他是在曹操亲自教导下完成的学业。曹操不会再教他汉代的礼教、儒术那一套东西，所以曹丕对汉室的感情自然更淡，思想上、行动上受到的束缚也更少。

四、拨乱反正

高平陵之变后，司马懿迅速对朝廷各办事机构进行了调整，这方面的工作进行得较为迅速且有成效，三台等朝廷重要部门都掌握在司马懿父子手中。在地方上，司马懿也对州刺史、都督区负责人进行了一定调整，加强了对地方的控制，但这方面的工作还有不足，无法一步到位。总体而言，政变发生后，司马懿父子迅速行动，从人事安排入手加强了自身权力，成为曹魏政权的实际掌控者。

人事上的调整必不可少，但只有这些还不够。曹爽等人执政近10年，胡作非为，胡乱折腾，使朝政渐趋糜烂，引发朝野上下的不满。很多人或在明处或在暗里支持司马懿父子，是希望他们一旦掌握权力，能迅速拨乱反正，恢复正常的政治秩序和社会秩序，结束混乱的局面。对于这种期待，司马懿自然是清楚的，他知道如果只是掌握了权力，之后并无作为，不能回应人们的期待，甚至比曹爽一伙做得还差，那他们的结局也一定是被无情抛弃。

曹爽等人被诛后，朝政百废待举，司马懿以曹芳的名义下诏，请大家都来谈谈时政和得失，提出一些建议。《三国志·王昶传》记载："太傅司马宣王既诛曹爽，乃奏博问大臣得失。"在收到的众多奏疏中，司马懿最重视征南将军王昶所写的奏疏。王昶此次上疏，谈到了五个改革方案，涉及教育、政治、吏治和经济等方面：

> 其一，欲崇道笃学，抑绝浮华，使国子入太学而修庠序；

其二，欲用考试，考试犹准绳也，未有舍准绳而意正曲直，废黜陟而空论能否也；

其三，欲令居官者久于其职，有治绩则就增位赐爵；

其四，欲约官实禄，励以廉耻，不使与百姓争利；

其五，欲绝侈靡，务崇节俭，令衣服有章，上下有叙，储谷畜帛，反民于朴。

王昶向司马懿陈述了五个方面的改革建议，分别是：崇道笃学，抑绝浮华，大力发展太学和各地方的官学，发展教育事业；强调考试对官员选拔的重要性，废黜空谈空论；加强对各级官员的考核，制定官员考课办法，按考核情况兑现职务升降和奖惩；加强对各级官员的约束，不使之与百姓争利；提倡节俭的社会风气，移风易俗。司马懿很赞成这些建议，他知道王昶是一边实践一边思考的有心人，就以曹芳的名义颁诏书对王昶给予褒赞，同时责成有关部门落实，尤其是要尽快出台官员的考课办法。

官员考课办法就是官员的考核管理制度，是官员升迁奖惩的依据。魏明帝曹叡十分重视这项工作，曾命刘劭作《都官考课》，内容十分详尽，多达72条。《三国志·刘劭传》记载，刘劭上疏："百官考课，王政之大较，然而历代弗务，是以治典阙而未补，能否混而相蒙。陛下以上圣之宏略，愍王纲之弛颓，神虑内鉴，明诏外发。臣奉恩旷然，得以启蒙，辄作《都官考课》七十二条，又作《说略》一篇。臣学寡识浅，诚不足以宣畅圣旨，著定典制。"曹叡还算是一个有些作为的皇帝，他试图用加强对官员考核的方法来整顿吏治。但是，《都官考课》过于繁杂，可操作性不强，实行的效果有限，加上魏明帝死得早，这件事情慢慢就被人们淡忘了。曹爽执政后，何晏等人在官员选拔方面任人唯亲，不重视考核，使吏治出现败坏的局面，成为人们诟病的主要问题之一。王昶建议加强官员考核，这一点深得司马懿的赞同。史书中没有记载司马懿是如何推进这项工作的，但王昶上疏后受到褒赞，朝廷甚至想让王昶主持制定官员考核办法，说明这件工作得到了落实。不过，王昶认为自己在这方面没有特长，又负责着其他要务，不如请有经验的官员专门来做这件事。《三国志·王昶传》记载："诏书褒赞。因使撰百官考课事，昶以为唐虞虽有黜陟之文，而考课之法不垂。周制冢宰之职，大计群吏之治而诛赏，又无校比之制。由此言之，圣主明于任贤，略举黜陟之体，以委达官之长，而总其统纪，故能否可得而知也。"

政变后，司马懿让傅嘏担任河南尹，除加强对洛阳的控制外，还有在地方上探索推行拨乱反正措施的用意。之前，司马芝、刘静、李胜曾先后担任过河南尹。司马芝、刘静较有作为，推行了一些在地方上行之有效的制度；但李胜上任后，配合夏侯玄等人推行所谓的"正始改制"，将司马芝、刘静时期一些好的做法废止了，百姓深有怨言。傅嘏到任后，又将李胜推行的一些制度加以废除，恢复了司马芝、刘静推行的好做法，结束了地方上的混乱局面。当时，河南尹治下约有700名官吏，但多半都是新人。按官场的惯例，功曹主持官吏推选，他们往往将职位授予本地人，而不任用外地人。傅嘏打破这样的潜规则，只任命合适的人担任合适的职务，而不管他是本地人还是外地人。在管理方面，傅嘏要求做到上下分工有序，同时分别加以考核，提高官吏的职责意识和办事效率。傅嘏的治理以德行教化为基础，注重制度的有效性和持久性。傅嘏坚持依法审案，不搞逼供，保证了司法的公正性。傅嘏为百姓做了很多好事，但故意隐瞒下来，假装不是自己做的。虽然他没有得到显赫的名望，但在他的治理下，社会逐渐安定。《三国志·傅嘏传》裴松之注引《傅子》记载：

> 河南尹内掌帝都，外统京畿，兼古六乡六遂之士。其民异方杂居，多豪门大族，商贾胡貊，天下四方会，利之所聚，而奸之所生。前尹司马芝，举其纲而太简，次尹刘静，综其目而太密，后尹李胜，毁常法以收一时

之声。嘏立司马氏之纲统,裁刘氏之纲目以经纬之,李氏所毁以渐补之。郡有七百吏,半非旧也。河南俗党五官掾功曹典选职,皆授其本国人,无用异邦人者,嘏各举其良而对用之,官曹分职,而后以次考核之。其治以德教为本,然持法有恒,简而不可犯,见理识情,狱讼不加榜楚而得其实。不为小惠,有所荐达及大有益于民事,皆隐其端迹,若不由己出。故当时无赫赫之名,吏民久而后安之。

傅嘏在河南尹任上政绩突出,傅玄评价说:"傅嘏为河南尹,治以德教为本,然持法有恒,简而不可犯,见理识情,狱讼不任榜楚而得其实,不为小惠,有所荐达,及有大益于民,皆隐其端迹,若不由己。"傅嘏后来被调往尚书台任尚书,负责官员典选。傅嘏主张对官员选拔制度进行改革,他认为秦始皇开始废除分封,设官分职,不同于以往的制度;汉魏沿袭秦制,一直沿用至今,一些儒生学士尝试着恢复上古三代的制度,然而未必适合今天的形势,制度常常与具体事务相违背,以至名不副实。《三国志·傅嘏传》记载:"迁尚书。嘏常以为'秦始罢侯置守,设官分职,不与古同。汉、魏因循,以至于今。然儒生学士,咸欲错综以三代之礼,礼弘致远,不应时务,事与制违,名实未附,故历代而不至于治者,盖由是也。欲大改定官制，依古正本，今遇帝室多难，未能革易'。"傅嘏所说的"儒生学士"，虽未点名，但明眼人一看便知，指的应该是夏侯玄、何晏等人，他们以复古为名推行所谓的改革，由于政策不切实际，因而造成混乱。傅嘏是如何推行官制改革的？史书没有具体记载，但重点应该是对何晏等人之前选官时的混乱做法加以纠正，摆脱用人上的任人唯亲，用制度来考核和选拔官吏。

五、废除校事

高平陵之变后，司马懿的另一项拨乱反正之举是废除校事。"校事"一官在《史记》《汉书》《后汉书》等史籍中均不记载，汉代以前各种私人著作也未见"校事"这样的官职，其最早的设置始于魏文帝曹丕和孙吴大帝孙权时期。曹丕提高了中书台的职权，设中书监。中书监下面有一个部门叫通事部，负责人称中书郎，权力很大。孙吴建国后没有设中书监，却设了中书郎，全称是中书典校郎，又称典校事、校郎、校事。在这些名称中，"校事"的名气最大。

提起校事，大家想到的往往是特务。清代俞正燮在《癸巳存稿》中指出："魏、吴有校事官，似北魏之侯官，明之厂卫。"孙吴最著名的校事名叫吕壹，孙权给了他非常大的特权。

正始十年

中书郎本来的职责是典校各官府及州郡的文书，孙权还让吕壹刺探臣民的言行，举罪纠奸，吕壹手中的权力便被无限放大了。要对文武百官和臣民进行监视，人手少了可不行，于是吕壹手下增加了很多人。孙权视吕壹等人为心腹爪牙，对他们有求必应，要人给人，要钱给钱。吕壹等人也很卖力，通过监视百官士民发现了不少线索，尤其是大臣们的把柄，问题一经落实，有人就会被治罪。一开始，吕壹等人还较为小心谨慎，但时间一长，手中的特权不断增加，孙权又越来越信任他们，这些人便骄傲起来，也不再约束自己的行为。为了多出成绩，以便到孙权那里邀功，吕壹等人往往抓住小问题不放，夸大事实，把小案办成大案。更有甚者，为了取得案件突破，他们经常搞刑讯逼供，不管被审讯者地位高低，一到他们手中就受到"大刑伺候"。吕壹等人不仅把手伸向郡太守、侍中这样的高官，而且连孙权的女婿、左将军朱据也不放过。朱据手下有一个名叫王遂的人，冒领了三万钱公款，吕壹怀疑是朱据在背后指使，于是逮捕朱据手下的一名主管，严刑逼供。这名主管禁不住酷刑，被打死了。朱据哀怜他死得冤，找了一口好棺材为他安葬。这进一步引起了吕壹等人的怀疑，他们认为这正是朱据贪污公款的铁证，于是上报孙权。孙权多次当面严厉质问朱据，朱据无法证明自己的清白，索性从家里搬出来，睡到草垛上等候处罚。甚至丞相顾雍也被吕壹盯上了，他曾告过吕壹的状，吕壹怀恨在心。吕壹秘密检举顾雍的过失，孙权大怒，当面严厉质问顾雍，甚至一度打算换人。

曹魏也有像吕壹这样的校事。曹操在世时，虽然还没有校事之名，但当时设有一个抚军都尉，类似于校事，曹操任用卢洪、赵达担任此职，二人权力极大，令人畏惧。《太平御览》第241卷引《魏略》记载："抚军都尉，秩比二千石，本校事官。始太祖欲广耳目，使卢洪、赵达二人主刺举，洪、达多所陷入，故于时军中为之语曰：'不畏曹公，但畏卢洪；卢洪尚可，赵达杀我。'"后来，人们也将卢洪、赵达称为"校事"，但究其正式名称的出现则应始于魏文帝、孙吴大帝时期。《三国志》及裴松之注引中提到曹魏校事的有以下诸条：

> 时置校事卢洪、赵达等，使察群下……太祖曰："……要能刺举而辨众事，使贤人君子为之，则不能也。"（《三国志·高柔传》）
> 宜阳典农刘龟窃于禁内射兔，其功曹张京诣校事言之。帝匿京名，收龟付狱。（《三国志·高柔传》）
> 时科禁酒，而邈私饮至于沈醉，校事赵达问以曹事，邈曰："中圣人。"达白之太祖。（《三国志·徐邈传》）
> 殿中监擅收兰台令史……臻上疏曰："……臣每察，

类皆如此。"(《三国志·卫臻传》)

黄初中,为成皋令。校事刘肇出过县,遣人呼县吏,求索槁谷。是时蝗旱,官无有见。未办之间,肇人从入并之阁下,呴呼骂吏。并怒,因躧履提刀而出,多从吏卒,欲收肇。肇觉知驱走,具以状闻。有诏:"肇为牧司爪牙吏,而并欲收缚,无所忌惮,自恃清名邪?"遂收欲杀之。肇髡决减死,刑竟复吏,由是放散十余年。(《三国志·常林传》裴松之注引《魏略》)

从以上这些记载看,曹魏虽然没有出现吕壹那样敢向丞相下手的校事,但其校事官的权力也很大。校事直接向帝王负责,于暗中监督百官,经常做一些"侵官"的事,引发众怒。《魏略》所讲的事情发生在曹魏黄初年间,沐并那时任成皋县令,校事刘肇路过该县,命人向县府人员索取粮食。当时正值蝗祸及旱灾,县里拿不出粮食,有关人员正在想办法,刘肇忍不住了,直入沐并府中大声斥骂。沐并大怒,持刀带着吏卒出来要收捕刘肇,刘肇见势不妙赶紧溜了。刘肇将此事直接上报给魏文帝,魏文帝不问情况,反而下诏斥责沐并"无所忌惮",一怒之下要将沐并处死。沐并后来虽然免去一死,但也受到髡刑。

到正始年间,校事仍然横行不法。曹爽操纵校事,将其作为自己控制百官的打手和工具，百官敢怒不敢言。当时最有名的校事是尹模，此人品行低劣，声名狼藉，人们对他怨言很大，但曹爽十分信任他，视之为心腹。高平陵之变后，黄门侍郎程晓率先上疏，提出废除校事制度。程晓的这份上疏载于《三国志·程晓传》，其中写道：

> 远览典志，近观秦汉，虽官名改易，职司不同，至于崇上抑下，显分明例，其致一也。初无校事之官干与庶政者也。昔武皇帝大业草创，众官未备，而军旅勤苦，民心不安，乃有小罪，不可不察，故置校事，取其一切耳，然检御有方，不至纵恣也。此霸世之权宜，非帝王之正典。其后渐蒙见任，复为疾病，转相因仍，莫正其本。遂令上察宫庙，下摄众司，官无局业，职无分限，随意任情，唯心所适。法造于笔端，不依科诏；狱成于门下，不顾覆讯。其选官属，以谨慎为粗疏，以謥詷为贤能。其治事，以刻暴为公严，以循理为怯弱。外则托天威以为声势，内则聚群奸以为腹心。大臣耻与分势，含忍而不言，小人畏其锋芒，郁结而无告。至使尹模公于目下肆其奸慝；罪恶之著，行路皆知，纤恶之过，积年不闻。既非《周礼》设官之意，又非《春秋》十等之义也。今外有公卿将校总统诸署，内有侍中尚书综理

万机，司隶校尉督察京辇，御史中丞董摄宫殿，皆高选贤才以充其职，申明科诏以督其违。若此诸贤犹不足任，校事小吏，益不可信。若此诸贤各思尽忠，校事区区，亦复无益。若更高选国士以为校事，则是中丞司隶重增一官耳。若如旧选，尹模之奸今复发矣。进退推算，无所用之。昔桑弘羊为汉求利，卜式以为独烹弘羊，天乃可雨。若使政治得失必感天地，臣恐水旱之灾，未必非校事之由也。曹恭公远君子，近小人，《国风》托以为刺。卫献公舍大臣，与小臣谋，定姜谓之有罪。纵令校事有益于国，以礼义言之，尚伤大臣之心，况奸回暴露，而复不罢，是衮阙不补，迷而不返也。

程晓是曹魏重臣程昱的孙子，程昱是曹操创业时期的功臣之一，也是曹魏朝廷首批配祀太祖庙的三人之一。程晓在魏文帝时被封为列侯，曹芳即位后被任命为黄门侍郎，后来担任过汝南郡太守等职。程晓不仅是贵勋子弟，也是当时著名的学者，他的话有一定分量。

程晓在这份上疏中指出，最早是没有校事这样能干预朝政的官职，后来存在民心不稳的情形，一些小事有可能上升为影响国家稳定的大事，这才设置了校事制度，目的是了解一切信息。虽然有这样的制度，但一开始对校事有监督和控

第五章 初建霸府

制，没有形成权力的泛滥，而校事制度也只是一种权宜之策，非帝王正典，所以影响力和破坏力较为有限。但该制度发展到现在，权力开始无限扩张，已不再受到约束和监督了。如今的校事们行事暴虐，对外假托天威，其实做的都是奸恶之事，大臣们则敢怒不敢言，面对这种小人，只能暂避锋芒。程晓认为，如今官制健全，外有公卿、将校统领各官署，内有侍中、尚书综理万机，还有司隶校尉督察京官、御史中丞负责进谏，这些大臣都是经过层层筛选、考核才就职的，如果他们无法帮皇帝做事，皇帝只能依靠校事们，那主次就颠倒了。程晓最后说，纵然校事有益于国家，但从礼义上讲也会让大臣们伤心，况且校事的劣行已经充分暴露，如果还不停止，那就如同皇帝的礼服破了还不补，迷途而不知返。

  曹操始建魏国，设立抚军都尉一职，出发点恐怕是担心朝中忠心于汉室的大臣太多，于是设耳目防备和监视这些人。曹丕以魏代汉，不存在曹操担心的问题了，本应取消校事制度，但他缺乏治国远谋，只知道因袭旧制，加上为人猜忌，所以不仅没有取消校事，反而予以强化。魏国初建至嘉平年间已有40年左右，其间校事不断弄权，干扰国事，伤了大臣们的心，激起民怨官怒。程晓的这份上疏说理充分，情真意切，反映的是大多数朝臣的心声。朝廷采纳了程晓的建议，"于是遂罢校事官"。

六、走出竹林

现在可谓百废待兴，对司马懿来说，考虑最多的还是如何发现更多的人才、用好人才的问题。司马懿感到这也是一个最难的问题，现在空出来的职位很多，需要人的地方也很多，而找到一个合适的人才却很难。人才都去哪里了呢？曹魏一向以人才鼎盛而优越于蜀、吴，现在却出现了"人才荒"。

像山涛这样的人才，还是自家亲戚，近年来没有注意他，突然"下落不明"了。司马懿派人去找山涛，报告说山涛去官后回到了老家。司马懿派人到怀县去找，有人回来报告说山涛目前在山阳县的一处山里跟一些人过着隐居生活。司马懿命人去山阳县找山涛，要他务必到洛阳来。山涛接到了司马懿让他返回洛阳的命令，面临着人生中第二次重要的选择。

这些年来，山涛过着寄情山水的日子，与嵇康、阮籍等人在山中唱和，虽然清贫却不寂寞，虽然闲散却很充实。山涛已经习惯了这样的生活，虽然司马懿战胜了曹爽，解除了山涛内心一直以来的那个担忧，但他也无意于官场了。不过，山涛知道司马懿的邀请非同小可，是不能轻易拒绝的。司马懿不单是看在亲戚关系上才命人来叫自己，更是把自己作为那些隐居避世者的代表，如果拒绝他，会让他这个表姑夫很没面子。每临大事,山涛总要反复思考。思考到最后,山涛做出了下山的决定。"竹林七贤"自此风流云散,一别如雨。

于是,山涛来到了洛阳。《晋书·山涛传》记载,接见山涛的是司马师,按辈分二人是姑表兄弟。司马师见到山涛后,调侃道:"吕望欲仕邪?"吕望即姜子牙,数十年隐居,又在渭河河畔钓鱼,愿者上钩,70岁时才开始自己的事业。因为是亲戚,为了不让别人议论,司马懿父子命司隶校尉何曾举山涛为茂才,之后任命其为郎中,山涛开始了第二次仕途。山涛以后的仕途很顺利,担任过赵国相,又升任尚书台吏部曹尚书。晋朝建国,山涛任晋朝司徒,终于实现了当初向妻子夸下的三公宏愿。司马师也很关心这位表兄弟的生活,《晋书·山涛传》中保存有一封司马师写给山涛信件的片段:"足下在事清明,雅操迈时。念多所乏,今致钱二十万、谷二百斛。"考虑到山涛为官清正,家底又不厚实,司马师特意送钱送粮给他。《晋书·山涛传》还记载:"魏帝尝赐景帝春服,帝以赐涛。又以母老,并赐藜杖一枚。"

隐士山巨源不见了,多了一个朝廷官员山涛。司马懿听说在山阳的山中不止有一位隐士,就让山涛给他们写信,请他们一起出来做事。山涛首先给嵇康和阮籍写了信。阮籍来了,嵇康没有来。孔子说:"有道则仕,邦无道则可卷而怀之。"

如今正是"邦无道"的时代，所以只能隐居，但在阮籍看来其实刚好相反："邦有道"时入世也罢，隐居也罢，只是自己的人生态度和生活方式，只要喜欢，都可以；但"邦无道"时，人或许没有了选择的自由，即使想隐居也做不到了。所以阮籍的想法与山涛差不多。但嵇康不这么想，他不愿意改变自己的人生选择，宁愿在这山林间终其一生。

阮籍也来到了洛阳。司马懿早就听人说过阮籍，知道曹爽想请他，他却不肯来，见他能来，司马懿十分高兴。司马懿让阮籍在自己手下做事，任太傅府从事中郎，这也算是个闲差，属于三公幕府里的参谋顾问一类的角色。对于名气越大的人，司马懿越想好好观察观察，如果其真有行政才干或军事才能，再把其派到郡太守、州刺史或者将军等重要岗位上。但是，一直到司马懿去世，阮籍都在太傅府里任闲职，平时也不怎么做事，每天就是喝酒、吟诗，或者独自驾车到郊外游玩；有时候会突然站在某处长啸几声，或忽忘形骸，或即刻睡去，大有后世李白那种"我今欲眠君且去，明朝有意抱琴来"的境界。《晋书·阮籍传》记载，阮籍的母亲去世了，得到消息时，阮籍正跟人下棋，对方赶紧说别下了，阮籍不肯，非要把棋下完。下完棋，阮籍找到一坛酒，连饮三斗，饮罢大哭，吐血不止。《世说新语·任诞》记载，母亲下葬时，阮籍又让人蒸了一只小猪，喝了二斗酒，然后才去

第五章 初建霸府

为母亲下葬。在母亲坟前,阮籍突然长啸一声:"穷矣!"结果又吐了不少血。时人重孝道,父母去世后,人子往往要去官三年并结庐守孝,而阮籍跟没事人一样。司马师举办宴会,请阮籍去,阮籍虽然有孝在身,但也欣然应邀,在宴会上该喝酒喝酒,该吃肉吃肉。司隶校尉何曾在座,对司马师说:"明公以孝治天下,阮籍有重孝却公开饮酒食肉,成何体统?"何曾认为应该严肃处理,以正风教。司马师替阮籍解围道:"嗣宗毁顿如此,君不能共忧之,何谓!且有疾而饮酒食肉,固丧礼也!"司马师的意思是,人家有丧母之痛,应与之共忧,何出此言?人家身体有疾,喝点儿酒吃点儿肉也是人之常情,不算逾礼。二人争辩得热闹,而当事人阮籍却"饮啖不辍,神色自若",根本不搭理他们。

阮籍种种异常的行为只能用"伪痴"来解释,其实他内心深处是最清醒不过的,但他的痛苦无从排解。阮籍写有这样的诗句:"夜中不能寐,起坐弹鸣琴。薄帷鉴明月,清风吹我襟。孤鸿号外野,翔鸟鸣北林。徘徊将何见,忧思独伤心。"大意是:"夜里睡不着,起床坐着弹琴。月光照在薄帷上,清风吹着我的衣襟。孤鸿在野外哀号,飞翔盘旋着的鸟在北林鸣叫。这时去室外徘徊将什么都看不到,只有忧思与伤心。"在另一首诗中,阮籍写道:"独坐空堂上,谁可与欢者?出门临永路,不见行车马。登高望九州,悠悠分旷野。孤鸟西北飞,离兽东南下。日暮思亲友，晤言用自写。"大意是："独自坐在空荡荡的屋子里，谁是可以与我欢颜笑谈的人？我的宅门就面对着那条通往远方的大路，但却不见亲友的车马从此经过。我悄然登高远望九州，只见悠悠的江河把大地分割成一块块的旷野。天色已晚，一只倦鸟独自向西北飞去，而我却像一只离群的野兽一样孤独地来到了东南方。在这暮色苍茫的时候，我格外思念远方的亲友，却只能用自言自语代替与他们的对面交谈。"

上面这两首诗出自阮籍《咏怀诗》组诗，这组诗共有82首，并非一时所作，但旨趣相同。《咏怀诗》用曲折隐晦的笔调抒写了诗人在乱世中找不到人生出路的内心苦闷，有的反映了当时黑暗的政治现实，有的是对虚伪的礼教进行批判，也有的是抒感慨、发议论、写理想，诗中普遍带有消极颓废的色彩。后世学者十分推崇阮籍的才华，钟嵘在《诗品》中称其"厥旨渊放，归趣难求"，意思是阮籍的诗不仅立意深远，而且那种回归自然的情趣最为难得。不过，阮籍的许多诗也较难理解，这主要是因为阮籍的诗大多是讥讽之作，但由于害怕受到司马氏的迫害，所以不敢以太直白的语言斥责当权者。

对阮籍来说，逾礼也罢，不孝也罢，痴狂也罢，只要能换来真正的自由，他什么都可以做。但是，无论是司马懿还是司马师，仿佛都能看透阮籍的心思——在小事上任由他闹，不计较、不恼怒、不追究，这反倒让阮籍一时间没了更好的办法。

嵇康不是阮籍，他没来洛阳。山涛一直没有断了请嵇康出仕的想法，一直到多年后，山涛在尚书台任尚书，负责官员典选，当他要升职时，竟然想荐嵇康来接替他的职务。这个职务之前由何晏担任，品秩虽不算太高，但权势极大，是多少人挤破脑袋也想干的要职，但嵇康仍然没有来，而是给山涛写了一封长信。这是一封绝交信，也是历史上最有名的一封绝交信，此信后来被收入《古文观止》，题目就叫《与山巨源绝交书》。信中写道：

> 足下昔称吾于颍川，吾常谓之知言。然经怪此意尚未熟悉于足下，何从便得之也？前年从河东还，显宗、阿都说足下议以吾自代，事虽未行，知足下故不知之。足下傍通，多可而少怪；吾直性狭中，多所不堪，偶与足下相知耳。闲闻足下迁，惕然不喜，恐足下羞庖人之独割，引尸祝以自助，手荐鸾刀，漫之膻腥，故具为足下陈其可否。
>
> 吾昔读书，得并介之人，或谓无之，今乃信其真有耳。性有所不堪，真不可强。今空语同知有达人无所不

堪，外不殊俗，而内不失正，与一世同其波流，而悔吝不生耳。老子、庄周，吾之师也，亲居贱职；柳下惠、东方朔，达人也，安乎卑位，吾岂敢短之哉！又仲尼兼爱，不羞执鞭；子文无欲卿相，而三登令尹，是乃君子思济物之意也。所谓达能兼善而不渝，穷则自得而无闷。以此观之，故尧、舜之君世，许由之岩栖，子房之佐汉，接舆之行歌，其揆一也。仰瞻数君，可谓能遂其志者也。故君子百行，殊途而同致，循性而动，各附所安。故有处朝廷而不出，入山林而不返之论。且延陵高子臧之风，长卿慕相如之节，志气所托，不可夺也。吾每读尚子平、台孝威传，慨然慕之，想其为人。少加孤露，母兄见骄，不涉经学。性复疏懒，筋驽肉缓，头面常一月十五日不洗，不大闷痒，不能沐也。每常小便而忍不起，令胞中略转乃起耳。又纵逸来久，情意傲散，简与礼相背，懒与慢相成，而为侪类见宽，不攻其过。又读《庄》《老》，重增其放，故使荣进之心日颓，任实之情转笃。此犹禽鹿，少见驯育，则服从教制；长而见羁，则狂顾顿缨，赴蹈汤火；虽饰以金镳，飨以嘉肴，逾思长林而志在丰草也。

　　阮嗣宗口不论人过，吾每师之而未能及；至性过人，与物无伤，唯饮酒过差耳。至为礼法之士所绳，疾之如

第五章 | 初建霸府

仇，幸赖大将军保持之耳。吾不如嗣宗之资，而有慢弛之阙；又不识人情，暗于机宜；无万石之慎，而有好尽之累。久与事接，疵衅日兴，虽欲无患，其可得乎？又人伦有礼，朝廷有法，自惟至熟，有必不堪者七，甚不可者二：卧喜晚起，而当关呼之不置，一不堪也。抱琴行吟，弋钓草野，而吏卒守之，不得妄动，二不堪也。危坐一时，痹不得摇，性复多虱，把搔无已，而当裹以章服，揖拜上官，三不堪也。素不便书，又不喜作书，而人间多事，堆案盈机，不相酬答，则犯教伤义，欲自勉强，则不能久，四不堪也。不喜吊丧，而人道以此为重，已为未见恕者所怨，至欲中伤者；虽瞿然自责，然性不可化，欲降心顺俗，则诡故不情，亦终不能获无咎无誉如此，五不堪也。不喜俗人，而当与之共事，或宾客盈坐，鸣声聒耳，嚣尘臭处，千变百伎，在人目前，六不堪也。心不耐烦，而官事鞅掌，机务缠其心，世故繁其虑，七不堪也。又每非汤、武而薄周、孔，在人间不止，此事会显，世教所不容，此甚不可一也。刚肠疾恶，轻肆直言，遇事便发，此甚不可二也。以促中小心之性，统此九患，不有外难，当有内病，宁可久处人间邪？又闻道士遗言，饵术黄精，令人久寿，意甚信之；游山泽，观鱼鸟，心甚乐之；一行作吏，此事便废，安能舍其所乐而从其所惧哉!

　　夫人之相知,贵识其天性,因而济之。禹不逼伯成子高,全其节也;仲尼不假盖于子夏,护其短也;近诸葛孔明不逼元直以入蜀,华子鱼不强幼安以卿相,此可谓能相终始,真相知者也。足下见直木,必不可以为轮,曲者不可以为桷,盖不欲以枉其天才,令得其所也。故四民有业,各以得志为乐,唯达者为能通之,此足下度内耳。不可自见好章甫,强越人以文冕也;已嗜臭腐,养鸳雏以死鼠也。吾顷学养生之术,方外荣华,去滋味,游心于寂寞,以无为为贵。纵无九患,尚不顾足下所好者。又有心闷疾,顷转增笃,私意自试,不能堪其所不乐。自卜已审,若道尽途穷则已耳。足下无事冤之,令转于沟壑也。

　　吾新失母兄之欢,意常凄切。女年十三,男年八岁,未及成人,况复多病。顾此恨恨,如何可言!今但愿守陋巷,教养子孙,时与亲旧叙阔,陈说平生,浊酒一杯,弹琴一曲,志愿毕矣。足下若嬲之不置,不过欲为官得人,以益时用耳。足下旧知吾潦倒粗疏,不切事情,自惟亦皆不如今日之贤能也。若以俗人皆喜荣华,独能离之,以此为快;此最近之,可得言耳。然使长才广度,无所不淹,而能不营,乃可贵耳。若吾多病困,欲离事自全，以保余年，此真所乏耳，岂可见黄门而称贞哉！若趣欲共登王途，期于相致，时为欢益，一旦迫之，必发其狂疾。自非重怨，不至于此也。

野人有快炙背而美芹子者，欲献之至尊，虽有区区之意，亦已疏矣。愿足下勿似之。其意如此，既以解足下，并以为别。

嵇康在信中说："过去您曾对别人说我不愿出仕的志向，我常说这是自己才能说出来的话，但我感到奇怪的是，您那时对我还不是非常熟悉，不知从哪里得知我的志趣的？前年我从河东回来，显宗和阿都对我说，您打算要我来接替您的职务，这件事虽然没有实现，但由此知道您以往其实并不了解我。您遇事善于应变，对人称赞多而批评少；我性格直爽，心胸狭窄，对很多事情不能忍受，只是偶然跟您交上朋友罢了。近来听说您升官了，可能您不好意思独自做官，要拉我充当助手，正像厨师羞于一个人做菜，要拉祭师来帮忙一样，这等于使我手执屠刀，也沾上一身腥膻气味，所以向您陈述一下不可以这样做的道理。"

接下来，嵇康用了大段篇幅来表明自己的心志，他强调人的秉性各有所好，申明自己生性疏懒，不堪礼法约束，不能加以勉强。嵇康说自己更喜欢放任自然，崇尚老、庄，无意做官。嵇康还说，自己从前读书的时候，听说有一种既能兼济天下又耿介孤直的人，总认为是不可能的，现在才真正相信了，性格决定有的人对某些事情不能忍受，真的不必勉强。现在大家都说有那种对任何事情都能忍受的通达的人，他们外表跟一般世俗的人没有两样，而内心却仍能保持正道，能够与世俗同流合污而没有悔恨的心情，但这只是一种空话罢了。

嵇康认为，君子表现的行为、所走的道路虽然各不相同，但都可以达到相同的目的，顺着各自的本性去做，都可以得到心灵的归宿。所以就有朝廷做官的人为了禄位，因此入仕而不出世；隐居山林的人为了名声，因此往而不返。嵇康说，自己年轻时就失去了父亲，身体也比较瘦弱，母亲和哥哥对自己很娇宠，不去读那些修身致仕的经书，加上性情又比较懒惰散漫，与礼法相违背，又读了《庄子》《老子》，行为更加放任，所以追求仕进荣华的热情日益减弱，而放任率真的本性日益加强。

写到这里，嵇康又说起了阮籍。嵇康说阮籍不议论别人的过失，自己常想学习他但没有能够做到。阮籍天性淳厚，超过一般人，待人接物毫无伤害之心，只有饮酒过度是他的缺点。自己没有阮籍那种天赋，却有傲慢懒散的缺点，又不懂得人情世故，不能随机应变，缺少万石君那样的谨慎，而有直言不知忌讳的毛病，如果长久与人事接触，得罪人的事情就会每天发生，虽然想避掉灾祸，又怎么能够做得到呢？另外，君臣、父子、夫妻、兄弟、朋友之间都有一定的礼法，国家也有一定的法度，自己就算考虑得十分周到，仍有很多事情也会无法忍受。接着，嵇康列举了自己身上的九种"毛病"，说自己心胸狭隘，再加上有这些"毛病"，即使没有外来的灾祸，自身也一定会产生病痛，哪里还能长久地活在人世间呢？一旦做官，就失去了生活的乐趣，怎么能够丢掉自己乐意做的事情而去做那些自己害怕做的事情呢？

最后，嵇康写道："我心口时常发闷，近来又严重了，所以我无法承受去做不愿意做的事，请不要再勉强我，使我陷于走投无路的绝境。我刚失去了母亲和哥哥，我的女儿才13岁，儿子才8岁，都还未成人，且经常生病，想到这些我就十分悲伤，只愿过平淡清贫的生活，教育好孩子，随时能与亲朋好友谈谈家常，喝一杯淡酒，弹一曲琴，这样我的愿望就已经满足了。山野中人认为太阳晒晒脊背就是最快乐的事，认为芹菜是最美好的食物，如果把这些献给君王，虽出自一片至诚，但却不合时宜，也希望你不要这样。"

嵇康的这封绝交信，不仅是写给山涛的，也是写给司马氏的。亮明"绝交"的态度，自然就得罪了司马氏，也为嵇康日后被杀埋下了隐患。景元四年（263），嵇康受司隶校尉

|正|始|十|年|

钟会构陷，被当时掌权的大将军司马昭下令处死。嵇康被杀时仅39岁，他想把弱妻幼子托付给一个朋友，众人以为他想到的是向秀，结果山涛携妻子韩氏来到刑场的时候，嵇康对儿子嵇绍说："巨源在，汝不孤矣。"人们这才明白，嵇康当年对山涛是假绝交、真相知。嵇康是曹氏的女婿，而山涛是司马氏的内亲，嵇康知道自己与司马氏终为陌路，而山涛也终能为司马氏所用，写那封绝交信，就是公开与山涛划清界限，不让好友因为自己而受到连累。嵇康去世后，山涛不遗余力地培养嵇康的儿子嵇绍，嵇绍入晋为官，担任过郡太守、州刺史等职。

高平陵之变对阮籍、嵇康都产生了很大的心理冲击，眼见"名士减半"的惨状，他们也深深地为自己担忧。嵇康看到被杀的名士都是参与政治的官员，认为自己入仕也会招来杀身之祸，加上与曹氏之间的特殊关系，所以不愿意出来做官。阮籍的情况比较复杂，他也不想出来做官，但又害怕会马上招来报复，所以不得不去，但采取的是消极不合作的态度。

"竹林七贤"中的其他几位情况各不相同，王戎很快也出来做事，而且仕途非常顺利，晋朝开国后先后担任过黄门郎、散骑常侍、河东郡太守、荆州刺史、光禄勋卿、建威将军，最终官至司徒，成为七贤中第二个位至三公的人。但后人对王戎评价不高，认为他苟媚取宠，热衷名利，且性情贪吝，田园房产遍及诸州，聚敛无数，是一个典型的守财奴，深夜无人时常"自执牙筹，昼夜算计"。这么有钱的人，常常还动一些小心思。他家有一株李树，由于品种好，结的果子很好卖，但他恐怕别人得到种子，就在卖之前把果核钻透，此事为世人所讥。不过王戎能照顾朋友，他把刘伶召至自己麾下为官。王戎后来因为称颂无为而治，被皇帝认为无能，因此丢了官。阮咸出来做官后担任过郡太守，向秀担任过黄门侍郎、散骑常侍。总体来说，在高平陵之变后，在司马氏掌权的大背景下，"七贤"中的绝大多数走出了"竹林"。无论是出于本心还是违心，他们分别走进了官场或步入新的仕途，开始了结局各异的人生。

第六章 吴蜀风云

|正|始|十|年|

一、牛头山之战

高平陵之变是正始十年(249)发生的最重要的事件,不仅震动并深刻改变了曹魏,而且引起吴、蜀两国的高度关注。曹魏内部突然发生政变的消息传到孙吴和蜀汉,大家都深感震惊,简直无法相信。尤其是蜀汉,还以此为话题展开了一场激烈辩论,组织辩论的是蜀汉大将军费祎,他让大家就司马懿该不该杀曹爽为题进行讨论。讨论非常激烈,最终形成了两种截然不同的观点。

一种观点认为,曹爽兄弟几个都是平庸无能之辈,仅仅因为是曹氏宗亲的原因就荣登高位,得到了主上的重托。但他们的所作所为有负所托,平时骄奢淫逸,拉帮结派,树立私党,危害国家,阴谋叛乱。在这种情况下,司马懿一举将他们消灭,尽到了自己的职责,也符合民意。持这种观点的人认为司马懿做得及时也很应该,在那种情况下必须这么做,因为曹叡临终前以曹芳相托,这是他应尽的责任。

另一种观点则认为,司马懿与曹爽之争属于政治分歧,是由于双方政治观点不同造成的。作为一场政治斗争,司马懿一下子把政敌们全部杀了,而且还夷三族,这难道是安邦定国者应该干的吗?持这种观点的人认为,如果曹爽有大逆不道之罪,他又怎么敢回来束手就擒呢?至于司马懿认为曹爽骄奢淫逸、滥用权势,确实如此的话可以罢免他,也可以加刑于他,但把他们这八家人连带三族男女老幼全杀了,实属不仁。

上述两种观点也代表了天下人的普遍看法,有的赞同司马懿,说曹爽该杀;有的未必赞同,觉得司马懿把政治斗争上升为一场大杀戮,有些过分。关于这场讨论,《三国志·费祎传》裴松之注引殷基在《通语》中记载:

> 司马懿诛曹爽,祎设甲乙论平其是非。甲以为曹爽兄弟凡品庸人,苟以宗子枝属,得蒙顾命之任,而骄奢僭逸,交非其人,私树朋党,谋以乱国。懿奋诛讨,一朝殄尽,此所以称其任,副士民之望也。乙以为懿感曹仲付己不一,岂爽与相干?事势不专,以此阴成疵瑕。初无忠告侃尔之训,一朝屠戮,搤其不意,岂大人经国笃本之事乎!若爽信有谋主之心,大逆已构,而发兵之

日，更以芳委爽兄弟。懿父子从后闭门举兵，蹙而向芳，必无悉宁，忠臣为君深虑之谓乎？以此推之，爽无大恶明矣。若懿以爽奢僭，废之刑之可也，灭其尺口，被以不义，绝子丹血食，及何晏子魏之亲甥，亦与同戮，为僭滥不当矣。

殷基是孙吴零陵郡太守殷礼的儿子。殷礼19岁时便担任县丞，孙权称吴王时任郎中，曾随孙吴名臣张温出使过蜀汉，深得诸葛亮称赞。殷礼担任零陵郡太守期间曾向孙权上过一份全面攻击曹魏、进而统一天下的计划，孙权虽未完全采纳，但也给予肯定。殷基曾任孙吴的无难督一职，以才学知名于世；晋朝建立后担任过尚书左丞等职。

殷基将费祎所设"甲乙论"详细记录下来，说明不仅在蜀汉，在孙吴也对曹魏发生的高平陵之变高度关注。《资治通鉴·魏纪十》记载，孙吴大臣张悌后来谈到高平陵之变时评论说："曹操虽功盖中夏，民畏其威而不怀其德也。丕、叡承之，刑繁役重，东西驱驰，无有宁岁。司马懿父子累有大功，除其烦苛而布其平惠，为之谋主而救其疾苦，民心归之亦已久矣。"张悌认为，曹操虽然功盖中原，但百姓们畏惧他的威严却不感念他的恩德；曹丕、曹叡继承曹操的政治遗产，刑罚苛繁，劳役沉重，驱使人民往来奔走，没有一年安宁过；

第六章 | 吴蜀风云

司马懿父子累世立有大功，废除对百姓烦琐苛刻的法律，实行对百姓较为有利的政策，为百姓着想去解除他们的疾苦，所以民心归顺于他们。

在鼎立的三个政权中，诸葛亮去世后的蜀汉总体上显得较为沉寂，天下发生的大事多与他们无关，但其实诸葛亮生前指定的几位继任者一直没有忘记身上的职责，也做了不少事情，尤其是姜维，做的事情最多。夏侯霸入蜀后被任命为车骑将军，此时蒋琬已去世，蜀汉的大将军是费祎，这是诸葛亮生前做出的安排。费祎之下便是夏侯霸，姜维担任卫将军，论军职在夏侯霸之下。姜维不计名位，他对夏侯霸很重视，专门跑来向他请教曹魏方面的事。《资治通鉴·魏纪七》记载，姜维问夏侯霸："司马懿既得彼政，当复有征伐之志不？"夏侯霸认为："彼方营立家门，未遑外事。"夏侯霸还提醒姜维："有钟士季者，其人虽少，若管朝政，吴、蜀之忧也。"钟士季即钟会，他那时虽然仅担任尚书郎一职，但夏侯霸看出了他的潜能，认为他将是蜀汉未来最强劲的对手。姜维向夏侯霸打听曹魏的情况，是因为他正在准备北伐。

司马懿发动高平陵政变的正始十年（249）是蜀汉后主刘禅延熙十二年，这年秋天，在姜维指挥下，蜀汉发起了一次北伐，路线还是诸葛亮北伐常走的祁山方向，主攻曹魏治下的雍州刺史部。为了发挥夏侯霸的作用,姜维邀请夏侯霸一同随征。蜀军很快越过了祁山,继续向西,攻占了麴山附近的麴城。麴山即今岷山,麴城位于今甘肃省岷县以东。姜维摆出稳扎稳打的态势,下令在麴城附近修筑了两处要塞,让句安、李歆等人把守,以此为中心不断向曹魏的陇右地区扩张。

姜维就是这一带的人,对这里的情况十分了解。蜀军动作很快,扩张势头很猛,曹魏征西将军郭淮与雍州刺史陈泰商量对策。几个月前,陈泰还是尚书台的一名尚书,司马懿让他改任雍州刺史。司马懿做出如此安排是有依据的,陈泰曾任并州刺史兼护匈奴中郎将,所辖地区及周围一带民族众多,陈泰很注意对当地各少数民族采取怀柔政策,在少数民族中威信很高。当时京城里的权贵们经常托陈泰在边地购买奴婢,为此送来很多礼物,陈泰把礼物全部挂在墙上,从不打开。陈泰当了九年刺史,调回京城时把所收到的礼物全部退还。《三国志·陈泰传》记载:"京邑贵人多寄宝货,因泰市奴婢,泰皆挂之于壁,不发其封,及徵为尚书,悉以还之。嘉平初,代郭淮为雍州刺史,加奋威将军。"陈泰一心为公、清廉守正,留下了"陈泰挂壁"的美谈。司马懿调陈泰到雍州任职,并非全看在与陈泰父亲陈群的旧情上,也是看中了陈泰的清正廉洁和处理边疆事务的经验。果然,看到姜维率大军来攻,陈泰很快就想好了对策。《三国志·陈泰传》记载,陈泰向郭淮提出建议：

> 麴城虽固，去蜀险远，当须运粮。羌夷患维劳役，必未肯附。今围而取之，可不血刃而拔其城；虽其有救，山道阻险，非行兵之地也。

陈泰认为姜维所守的麴城虽然坚固，但离蜀国的控制区太远，所有粮草供应都要长途运输，姜维只能大量征调羌人、夷人来运，他们苦于劳役，未必肯屈从。现在只要把敌人围起来，不用进攻就可兵不血刃地将其攻破。蜀军即便举兵来救，但这里山道险阻，他们想取胜也并不容易。围而不攻、拖而不打是司马懿当年对付诸葛亮北伐的制胜法宝，看来陈泰也领悟了其中的真谛。的确，蜀军每次北伐都会为粮草接济不上而烦恼，魏军以逸待劳，以己所长击敌所短，这才是用兵的正道。

郭淮长期征战在西线战场，对这个道理自然也懂，于是同意了陈泰的建议。郭淮命陈泰进攻麴城的蜀军，所部包括讨蜀护军徐质和南安郡太守邓艾等。邓艾也是司马懿重点栽培的对象，他先在司马懿的太尉府当过一段掾属，之后到尚书台任尚书郎，再到夏侯玄手下参征西军事，后任本职。陈泰等人指挥魏军把麴城围了起来，此时姜维不在麴城，魏军把城里的运输通道和水源阻断,只围不攻。蜀将句安挑战,魏军不应。时间一长,蜀军受不了,只得把有限的粮食分给士卒,每天算着日子节省着吃,没有水就化雪水去喝。姜维果然率兵来救,蜀军兵出牛头山,陈泰率魏军与蜀汉援军相对。陈泰对众将说,兵法贵在不战而屈人之兵,现在可以断绝牛头山的归路,让姜维无法返回,可将其生擒。《三国志·陈泰传》记载:

> 淮从泰计,使泰率讨蜀护军徐质、南安太守邓艾等进兵围之,断其运道及城外流水。安等挑战,不许,将士困窘,分粮聚雪以稽日月。维果来救,出自牛头山,与泰相对。泰曰:"兵法贵在不战而屈人。今绝牛头,维无反道,则我之禽也。"敕诸军各坚垒勿与战。

陈泰虽然无法单独击败姜维,但他阻挡住了姜维所部进攻的脚步。双方交战数番,互有胜负,在牛头山附近形成了对峙局面。牛头山位于今甘肃省岷县东南,具体位置在祁山以西。宋元之际历史学家胡三省指出:"牛头山盖在洮水之南,以形名山。"清代顾祖禹《读史方舆纪要》第 60 卷记载:"牛头山在岷州卫东南,又东北即麹山也。"这里峰险势雄,是兵家必争的要地。陈泰命众将坚垒不战,然后派人去见郭淮,

第六章 | 吴蜀风云

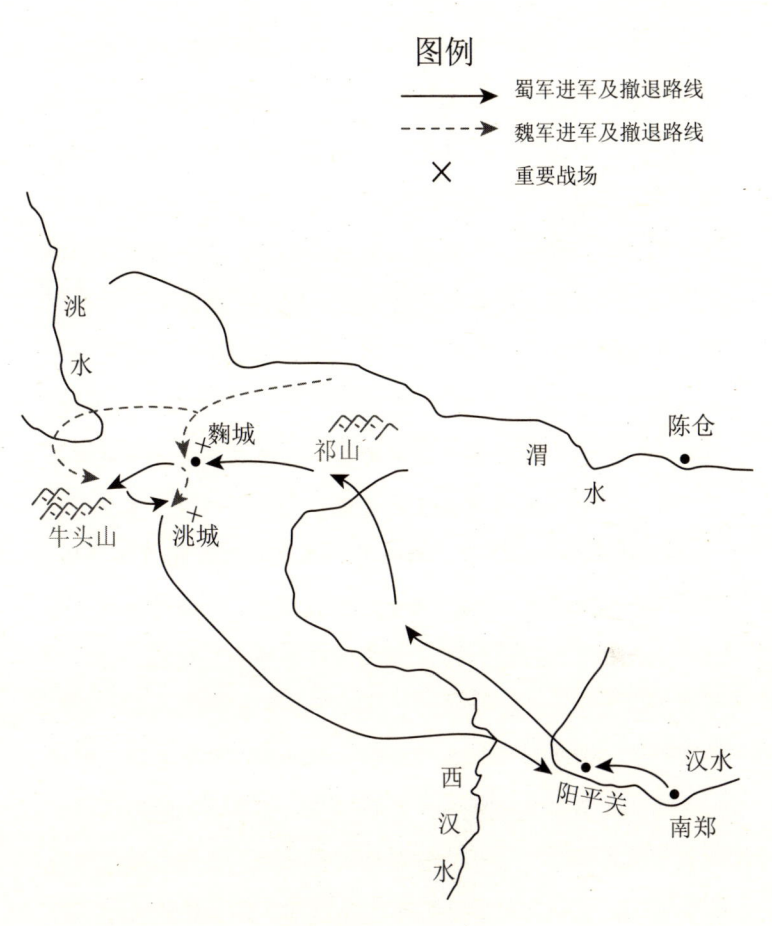

魏蜀牛头山之战示意图

提出由他率部南渡白水河，沿河向东，而请郭淮率军进逼洮水，两路大军齐进，目的是切断姜维的后路。郭淮认为这个作战方案可行，于是向洮水方向移动。姜维接到情报后大惊，粮草接济不上，只能撤军回去。

蜀军主力撤退，陈泰在后面紧追不舍，郭淮截断蜀军粮道后也率军赶来。姜维被前后夹击，损失严重，只得退至汉中的西大门阳平关。这时，司马昭以安西将军的身份到达长安。为配合郭淮等人作战，司马昭率兵进入秦岭山中的骆谷，做出向汉中进攻的架势。姜维担心汉中的安全，退保汉中郡治南郑（今陕西省汉中市南郑区）。《晋书·文帝纪》记载："蜀将姜维之寇陇右也，征西将军郭淮自长安距之。进帝位安西将军、持节，屯关中，为诸军节度。淮攻维别将句安于麴，久而不决。帝乃进据长城，南趣骆谷以疑之。维惧，退保南郑。"姜维率蜀军主力撤退后，句安独自留守麴城，孤立无援，被困日久，粮草消耗殆尽，迫不得已投降了魏军。

姜维此次北伐，原打算与羌兵联手，但羌兵没有来出战，这是蜀军失败的一个重要原因。《三国志·邓艾传》记载，蜀军撤退后，郭淮认为羌兵仍是一大隐患，于是指挥各路人马向西进击各羌人部落。邓艾提出蜀军虽然撤走，但或许还会再来，应该令各部人马分开驻守，以防不测。郭淮于是留下邓艾所部驻扎在白水北面。果然，仅过了三天，姜维就派遣将领廖化在白水南岸结营扎寨。邓艾对部将说:"维今卒还,吾军人少,法当来渡而不作桥。此维使化持吾,令不得还。维必自东袭取洮城。"洮城在白水之北,距离邓艾驻地60里,邓艾当天夜里就秘密出兵直奔洮城。姜维果然渡河而来,但邓艾先期到达,占据了洮城,因此得以不败,蜀军只得再次撤退。

牛头山之战是魏军的一次大捷,此战发生在高平陵之变发生后不久,意义更为特殊。曹爽等人把持朝政近10年,对内作威作福,对外则几乎一事无成。从人口、军队、经济实力等资源看,吴、蜀加在一起也没有曹魏多,但曹魏在军事上却呈被动局面,曹爽、夏侯玄征讨汉中是正始年间唯一一次大规模主动进攻行动,也以失败而告终。司马氏掌权后立即打了漂亮的一仗,令曹魏朝野上下耳目一新,因为政变而带来的不安与担忧情绪被冲淡了不少。

牛头山之战的功臣是郭淮、陈泰和邓艾,他们要么是司马懿的旧部,要么是司马懿刻意栽培的人,此战的大胜证明司马懿有识人之明。《三国志·郭淮传》记载,司马懿以曹芳的名义下诏褒奖郭淮,诏书写道:"昔汉川之役,几至倾覆。淮临危济难,功书王府。在关右三十余年,外征寇虏,内绥民夷。比岁以来,摧破廖化,禽虏句安,功绩显著,朕甚嘉之。今以淮为车骑将军、仪同三司,持节、都督如故。"诏书中提到的"汉川之战"即曹爽、夏侯玄指挥的汉中之战，那一仗郭淮也参加了。同样的军队，由不同的人来指挥，结果竟相差这么大，司马懿在表彰郭淮的同时也"自夸"一下，同时贬低一下死去的对手。郭淮原任的征西将军与车骑将军之间隔着"四方将军"、卫将军，这一次连升了三级，同时"仪同三司"，即享受三公的相关礼仪。郭淮之前有都乡侯的爵位，此次改封为阳曲侯，由乡侯晋爵为县侯，食邑前后相加共2780户，朝廷又分出300户封其一子为亭侯。陈泰加奋武将军军衔，他之前袭有父亲陈群颍阴侯的爵位，那是一个县侯，级别很高，此次不再晋爵。邓艾赐爵关内侯，加讨寇将军军衔，后改任为城阳郡太守。此战中，司马昭也立下一些功劳，但他没有得到封赏，只是由安西将军"平调"为安东将军，率部镇守许昌。

二、诸葛亮的继任者

牛头山之战是姜维指挥的一次北伐，结果以失败告终。姜维难道没有考虑过羌人不出兵的问题吗？这个问题他想必也是考虑过的，但曹魏内部突然发生政变，局势不稳，就连夏侯霸这样的人都投降了蜀汉，这正是伐魏的大好时机。诸葛亮在"隆中对策"中提出了北伐必须具备的三个重要条件：

一是占领襄阳向洛阳进攻，二是占领汉中向长安进攻，三是敌人内部发生变故。鉴于对手过于强大，以上三个条件须同时具备，北伐才有获胜的可能。现在襄阳已落入曹魏之手，要想取胜就很难了，如果第三个条件发生时还不能抓住，那就彻底没有希望了。所以，姜维才急于在高平陵之变发生的当年发动北伐。

这次北伐暴露出蜀军兵力不足的问题。以往诸葛亮每次兴兵都几乎倾尽蜀国的全部兵力而出，通常在10万人上下。这是因为要长途作战，对手是曹魏这样强大的敌人，总兵力至少要与对方不差才有取胜的可能。而姜维此次进取麹城，兵力居然只有一万人左右，失败也就不可避免了。

诸葛亮临终前明确由蒋琬接自己的班，蒋琬于是成为蜀汉大将军。但蒋琬似乎不太服众，先是魏延造反，身死名裂，后来出了一个杨仪不服费祎，又大闹了一场，蜀汉国力有所减弱。在北伐的战略上，蒋琬也与诸葛亮不同，他认为诸葛亮生前多次出兵秦川、祁山，道路艰险，来往不便，不如沿汉水东下。蒋琬于是大造舟船，准备沿汉水东进袭击魏国的魏兴郡、上庸郡，但由于旧病复发而未能成行。蜀汉大臣多认为水路出兵虽然便于行军，但万一失败也会产生严重的后果，那就可能有去无回，因而不是上策。后主派尚书令费祎、中监军姜维来汉中劝阻蒋琬不要这样做。蒋琬跟费祎、姜维商议后调整了策略,认为凉州地势险要,可进可退,可以重点在那个方向用兵。后主于是任命姜维为凉州刺史,出兵凉州,蒋琬进驻涪县以为策应。但这时蒋琬病情加重,姜维北伐之事暂时搁置起来。

蜀汉延熙九年(246)蒋琬病逝,费祎以大将军身份辅政。姜维认为自己熟悉陇右的情况,又能策动西北的羌人、胡人各部族为羽翼,所以在曹魏的侧翼发起进攻,将其一举夺下还是相当有把握的,但费祎对此并不支持。当然,费祎也不能公开反对北伐,因为这是诸葛亮生前制定的国策。于是他在暗地里做手脚,利用职权阻挠姜维调兵,使姜维能调动的人马十分有限。费祎对北伐态度消极,曾对姜维说:"咱们这些人比丞相差远了,丞相尚且不能北定中原,何况我等?咱们不如保国治民、敬守社稷,至于统一天下的功业,干脆等日后出现有能力的人再去做吧,不要期望着侥幸决战而一举成功,如果不然,悔之不及啊!"《三国志·姜维传》裴松之注引《汉晋春秋》记载:

> 费祎谓维曰:"吾等不如丞相亦已远矣;丞相犹不能定中夏,况吾等乎!且不如保国治民,敬守社稷,如其功业,以俟能者,无以为希冀徼倖而决成败于一举。若不如志,悔之无及。"

面对不思进取的费祎，姜维也很无奈。不过私下里说给姜维的那些话，费祎并不敢公开讲，他还得做出北伐的样子。费祎先进驻汉中，后又移驻梓潼郡的汉寿县。梓潼郡是蜀汉在北部增设的一个郡，下辖梓潼、汉寿、白水、涪城、汉德等五个县，其中汉寿县在今四川省广元市西南。汉中如果是蜀汉北部的第一道防线，梓潼就是第二道防线，费祎在这里开府治事，与蒋琬在时一样，朝中所有大事都要先征求他的意见才能施行。《三国志·费祎传》记载："自琬及祎，虽自身在外，庆赏刑威，皆遥先谘断，然后乃行，其推任如此。"

蜀汉延熙十六年（253），费祎在汉寿举办岁首大会，驻汉寿的文武官员都参加了，费祎在宴会上喝得很高兴，酩酊大醉，结果竟然被一名刺客瞅准机会杀了。这不是一名普通的刺客，他名叫郭修，是蜀汉的左将军，在军中的地位几乎与姜维相当。郭修是陇右人，原来是曹魏的一名中郎将，后被姜维俘虏，投降了蜀汉，大概他在陇右一带也有很大影响力，所以被提拔为左将军。看来蜀汉一贯重视降将，马超来投，一开始被任命为平西将军，地位在关羽、张飞等人之上，后又担任车骑将军；姜维来投，年纪轻轻就被任命为奉义将军，后成为征西将军、卫将军；夏侯霸来投，被直接任命为车骑将军。如此厚待降将，而像张嶷那样一直忠心耿耿、屡立战功的将领，奋斗了几十年也不过是个荡寇将军，所以夏侯霸刚来蜀汉时主动跟张嶷交朋友,张嶷却表现得十分冷淡。

郭修虽然投降了蜀汉,但内心却不愿意当蜀臣,他想找机会刺杀后主刘禅,计划利用向刘禅道贺的时机,一边拜贺一边趋前,"坐飞机"行刺。可是,有机会见到刘禅时,总有人在旁边阻隔,无法行动。郭修于是另找行刺目标。费祎举办岁首大会,郭修也在座,费祎是蜀汉的辅政大臣,论地位仅次于后主,干脆就朝他下手。于是郭修亲手刺杀了费祎,自己也被蜀人所杀。曹魏这边得到消息,认为郭修是烈士,朝廷下诏予以褒奖,说他杀身成仁、舍生取义,论勇猛赛过战国时期著名刺客聂政,论功劳超过西汉初年的刺客傅介子,追封其为长乐乡侯,食邑1000户,爵位由郭修留在曹魏的儿子继承。

费祎死后,姜维都督中外诸军事,不久正式继任大将军一职,他可以全力准备北伐了。但在朝政方面,姜维介入得比较少,从诸葛亮到蒋琬、费祎,实际上是一种摄政的状态,后主并无多少实权,随着费祎的死去,这种局面得到了改变。姜维是费祎之死的最大受益者,考虑到郭修和姜维都是陇右人,郭修又是姜维收降的,于是有人大胆猜测,认为郭修之所以刺杀费祎并非出于对曹魏的忠诚,而是受姜维暗中指使,但这种看法没有什么依据,只能算一种臆测。费祎之死改变了蜀汉的政治格局,由于历史原因,蜀汉内部一向存在派系之争,刘备、诸葛亮可以充分平衡各派的力量,蒋琬、费祎主政期间也基本能做到表面上无事，而姜维缺乏相应的资历和基础，后主也无法完全掌控一切，蜀汉内部的斗争自此步入复杂化阶段。

姜维先后主持过的北伐有11次之多，具体是：延熙元年（238），姜维和蒋琬兵出陇右，在南安郡与魏军相持不下；延熙七年（244），曹爽征汉中，姜维和费祎出兵兴势，与王平一起大败曹爽；延熙十年（247），姜维兵出陇西，与魏将郭淮、夏侯霸战于洮西；延熙十二年（249），姜维再出陇西，以廖化为先锋，与曹魏多名将领在陇西展开会战，此战即牛头山之战；延熙十三年（250），姜维以羌人和胡人为辅助，与魏将郭淮战于洮西；延熙十六年（253），姜维出兵包围南安，粮尽而退；延熙十七年（254），姜维出兵陇西的狄道，斩魏将徐质；延熙十八年（255），姜维率夏侯霸等兵出狄道，在洮西大破魏将王经，后魏将陈泰派兵前来解围；延熙十九年（256），姜维再次出兵陇西，蜀将胡济进兵迟缓，蜀军被魏将邓艾击破于段谷；延熙二十年（257），曹魏发生诸葛诞之叛，姜维趁机出兵秦川，魏军坚守不战，至次年蜀兵撤退；景耀五年（262），姜维出兵与魏将邓艾战于侯和，蜀军为邓艾所破，撤往沓中。以上11次北伐，具体战绩是：大胜2次，小胜3次，相拒不克4次，小败1次，大败1次。仅从战绩看似乎胜多败少，但这说明不了什么问题，因为曹魏在西线战场向来坚持防御作战的原则，能拖就拖、能避就避，不求一城一地得失，更看中大局。这个办法虽然使魏军打了更多的败仗，但却以较小的代价维持了西线战场的总体格局。盘点下来，蜀汉在西线战场并没有太多的实质性进展。而蜀汉频繁用兵，极大地消耗了财力和国力，最后到了兵困民疲的程度，各种反对用兵的声音也多了起来，姜维面对的压力越来越大。

三、江陵之战

曹魏不仅在西线战场取得大捷，在中线战场也很快取得了一场胜利。曹魏的中线战场通常指的是荆州方向，它处东线的扬州、西线的"关中—汉中"之间，军事上通常由"都督荆、豫诸军事"或"都督荆州诸军事"的重臣负责。如前所述，高平陵之变后"都督荆、豫诸军事"的是王昶，他的军职是征南将军，拥有持节的特权。王昶到荆州后不负重托，在荆州刺史王基等人支持下大力发展经济，加强军队训练，又在新野建水军，曹魏在南线战场的实力大增。王昶后来秘密上报，计划发动一次对孙吴的作战，主攻方向为孙吴的军事要地江陵（今湖北省荆州市）。近年来，孙吴趁曹魏内乱，在南线战场一直采取攻势，气势咄咄逼人，不断侵占蚕食曹魏的土地，适时发动一次反攻，一来可振奋士气，二来可以试试魏军的战力。接到王昶的报告,司马懿很高兴,批准了这项计划。

王昶将此次战役的目标定为攻取江陵。孙吴之前镇守江陵的是老将朱然,但他不久前去世了。孙吴在江陵周边的重镇还有夷陵(今湖北省宜昌市)和公安(今湖北省公安县),长期镇守夷陵的孙吴名将步骘也于不久前去世;长期驻守公安的是孙吴大将军诸葛瑾,他去世得更早。孙吴实行世兵制,依据其惯例,朱然、步骘、诸葛瑾所率各部分别由他们的儿子统领,朱然的儿子朱绩、步骘的儿子步协、诸葛瑾的儿子诸葛融便成为孙吴在荆州方面的主要将领,他们虽然也有一定才干,尤其朱绩表现得较为突出,但总体而言,他们与父辈相比还有很大差距,不仅作战经验不如他们的父亲,而且他们在军中的威望也不足,这一点同样十分重要。

嘉平二年(250),王昶正式向荆州的吴军发起攻击,主力分为三路:第一路由新城郡太守州泰率领,进攻秭归、巫县;第二路由荆州刺史王基率领,进攻夷陵;第三路由王昶亲自率领,进攻江陵。以上三路大军中,江陵这一路是主攻,其他两路为策应。

守卫江陵的吴将是朱绩,见魏军来攻,他没有据城自守,而是向西沿沮水、漳水设置防线。这是聪明的一招,但王昶早有预料,他下令就地取材,用竹子架设桥梁,从北向南渡过沮漳水。水面并不宽，渡河的难度不大。退守南岸的吴军见状，开辟了七条道路阻击南渡的魏军。王昶这边则预备好弓箭手，将前来反击的吴军射了回去。在平原地区野战是魏军的强项、吴军的短板，朱绩见阻击无效，于是领军退入江陵城，准备据城与王昶打持久战。

王昶无法攻下江陵，想引出朱绩到魏军擅长的平地决战，于是命令一部分军队从大道退回，以使吴军松懈。王昶还下令将缴获的铠甲等环绕摆放在城池外，以激怒吴军，暗中则设下伏兵等待吴军追击。朱绩写信给奋威将军诸葛融，认为王昶军队远来疲困，加上粮草匮乏，所以现在退走，正是出击的时刻。朱绩提出自己破王昶于前，让诸葛融在后面追杀，这样就不只是自己一个人的功劳，而是两个人共同的功劳了。《三国志·朱绩传》记载："魏征南将军王昶率众攻江陵城，不克而退。绩与奋威将军诸葛融书曰：'昶远来疲困，马无所食，力屈而走，此天助也。今追之力少，可引兵相继，吾欲破之于前，足下乘之于后，岂一人之功哉，宜同断金之义。'"诸葛融答应了。于是朱绩率领本部人马追击王昶的军队，一直追到距离城池30里的纪南（今湖北省江陵县北）。但诸葛融却没有进军，造成朱绩失利。此战中，魏军斩杀了吴将钟离茂、许旻，缴获敌人的铠甲、旗、鼓、珍宝、武器无数，班师回朝。《三国志·王昶传》记载：

乃遣新城太守州泰袭巫、秭归、房陵，荆州刺史王基诣夷陵，昶诣江陵，两岸引竹𦆕为桥，渡水击之。贼奔南岸，凿七道并来攻。于是昶使积弩同时俱发，贼大将施绩夜遁入江陵城，追斩数百级。昶欲引致平地与合战，乃先遣五军案大道发还，使贼望见以喜之，以所获铠马甲首，驰环城以怒之，设伏兵以待之。绩果追军，与战，克之。绩遁走，斩其将钟离茂、许旻，收其甲首旗鼓珍宝器仗，振旅而还。

这次失败，朱绩本来是要被治罪的，不过事情很快就弄清楚了，主要责任应当由诸葛融承担。孙权认为朱绩制定的战术是正确的，导致失败的原因是诸葛融畏战不前。孙权嘉奖了朱绩在此战中的表现，斥责诸葛融失职。然而，诸葛融的哥哥诸葛恪此时正处在事业的上升期，连孙权都对他十分看好，由于这个原因，诸葛融勉强保住了官位。朱绩与诸葛恪、诸葛融的关系本来就不好，江陵之战后，双方的关系更恶劣了。《三国志·朱绩传》记载："融答许绩。绩便引兵及昶于纪南，纪南去城三十里，绩先战胜而融不进，绩后失利。权深嘉绩，盛责怒融，融兄大将军恪贵重，故融得不废。初绩与恪、融不平，及此事变，为隙益甚。"

不仅王昶这一路取得大胜，王基、州泰也进展顺利。王基率军进攻夷陵,步协紧闭城门,拒不出战,准备采取拖延战术把魏军耗走。王基一边假装部署兵马攻城,一边暗中分兵袭取吴军的粮仓雄父。此战中魏军得手,缴获粮食 30 多万斛,俘虏孙吴安北将军谭正,还收降了几千名百姓。为安置吴人,曹魏新设置了一个夷陵县。王基提出建议,请王昶将江夏作为首脑之地,以紧逼吴军的战略要地夏口(今湖北省武汉市)。《三国志·王基传》记载:"基别袭步协于夷陵,协闭门自守。基示以攻形,而实分兵取雄父邸阁,收米三十余万斛,虏安北将军谭正,纳降数千口。于是移其降民,置夷陵县。赐爵关内侯。基又表城上昶,徙江夏治之,以逼夏口,由是贼不敢轻越江。"

南线战场的连续大胜进一步振奋了曹魏朝野的信心,这时有人提出应趁势扩大对孙吴的战争规模,甚至一举灭掉孙吴,至少也将其从荆州赶出去。对此,王基有着清醒的头脑,他认为取得这些胜利还无法改变荆州的总体局势,孙吴在荆州仍然控制了很多地方,不是那么容易被消灭的。而且,如果扩大对孙吴的战争却不能取胜的话,不仅会使自己威名尽扫,而且也会虚耗大量钱粮。《三国志·王基传》记载了王基对现阶段扩大对孙吴用兵规模的看法及未来用兵的建议:

夫兵动而无功,则威名折于外,财用穷于内,故必全而后用也。若不资通川聚粮水战之备，则虽积兵江内，无必渡之势矣。今江陵有沮、漳二水，溉灌膏腴之田以千数。安陆左右，陂池沃衍。若水陆并农，以实军资，然后引兵诣江陵、夷陵，分据夏口，顺沮、漳，资水浮谷而下。贼知官兵有经久之势，则拒天诛者意沮，而向王化者益固。然后率合蛮夷以攻其内，精卒劲兵以讨其外，则夏口以上必拔，而江外之郡不守。如此，吴、蜀之交绝，交绝而吴禽矣。不然，兵出之利，未可必矣。

王基认为，对孙吴的全面战争还需要做更多的准备，待准备工作做充分后再率大军攻向江陵、夷陵，之后占据夏口，沿沮水、漳水运输粮食。敌人知道魏军有充分的准备和强大的实力，信心就会丧失，变得沮丧。这样一来，弃暗投明的人会越来越多，那时再联合江东的"蛮夷"从其内部发起攻击，魏军主力则分头征讨，夏口以上各个据点一定可以攻下来。孙吴在长江之外的州郡也都守不住了，吴国与蜀国之间的交通也就断绝了，两国无法联合，吴国就成了瓮中之鳖。曹魏朝廷对王基的建议进行了讨论，最终采纳了他的建议，王昶也接受建议将南线战场的指挥部移至江夏。

魏军在江陵战役中取得大捷，司马懿十分高兴，让曹芳帝升王昶为征南大将军。征南大将军比征南将军多了一个"大"

|正|始|十|年|

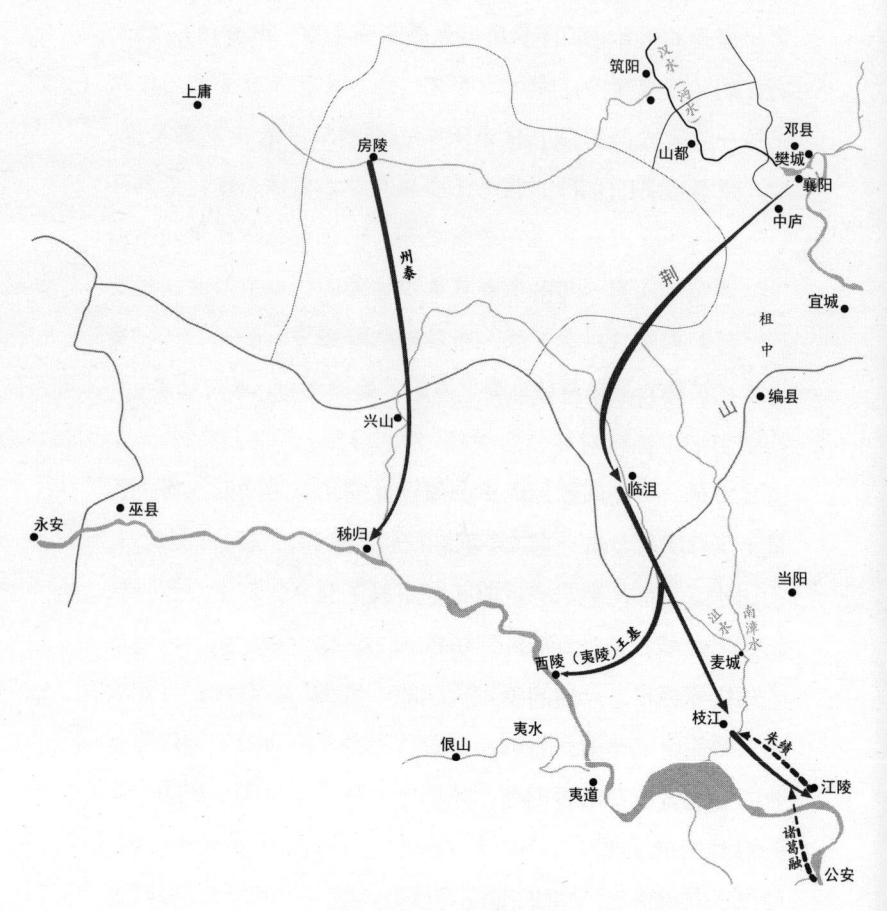

魏吴江陵之战示意图

字，提高了征南将军的等级。王昶同时享受三公的待遇，即"仪同三司"，还晋爵为京陵候。曹芳还下诏，赐王基关内侯。州泰这一路虽然战绩不明显，但也有力配合了另外两路魏军的进攻。州泰后来升任兖州刺史、豫州刺史，官至征虏将军。

四、孙吴陷于内耗

在江陵之战中暴露出孙吴的一个严重问题：世兵制。世兵制影响了孙权对将领的选拔，进而影响到吴军的战斗力，这其实是一个老问题，也是令孙权最为头疼的问题，其核心是孙权与江东大族的关系问题。

孙策早年在平定江东期间对江东大族多持打压态度，由此产生过很多矛盾，孙策临终前反思了自己的做法，交代弟弟孙权要缓和与大族的关系。孙权按照哥哥的交代做了很多努力，任用了顾雍、陆逊等大族出身的人，这些人为孙吴事业的发展做出了重要贡献。孙权成为吴王，之后又称帝，霸业相对稳定，这时与江东大族之间的矛盾又开始显露出来。孙权一向重情义，忘过记恩，对大族子弟广加延用，每每给以高官重位，一些大族子弟能力平平，靠着父祖辈的影响力青云直上，从而堵塞了有能力但没有背景的寒门子弟的晋身之阶。孙权想打破现状，在重大事务上摆脱对大族的依赖。

| 正 | 始 | 十 | 年 |

孙权在背后主导过一场人事改革，目的就是打破大族对政治的牵制，这场改革的前台主角名叫暨艳。暨艳性格狷介，好清议，喜欢以儒家的伦理道德为依据臧否人物。孙权看中暨艳，命他任尚书台选曹尚书，类似于何晏在曹魏担任的职位。暨艳上任后，发现了人事管理方面存在的那些问题，决心加以改革。汉末至两晋门阀制度盛行，孙吴人事方面存在的那些问题只是门阀制度的缩影，这是政治体制使然，要想破之，需要相当长的时间。但暨艳不想等，他既然身为选曹尚书，改革人事制度、完善官员考核办法就是他分内的职责。为此，他大刀阔斧地干了起来，重点从郎官的选拔和考核开始。郎官是朝廷中下级官员的骨干，汉朝最多时达 5000 人，分议郎、中郎、侍郎、郎中等，由五官将署、左中郎将署、右中郎将署等部门统管，故也称为"三署郎"，他们以在天子身边守卫门户、出充车骑为主责，除议郎外均须执戟宿卫殿门，轮流当值。郎官品秩不高，但在天子身边工作，号称"天子门生"，经常有出任地方长官的机会，被人视为出仕的重要途径。又因为朝廷各要害部门的往来流转实际上由他们把持，为办事方便，人们不得不贿以行货，有人又称他们为"山郎"。

放眼孙吴朝廷上下，庸庸碌碌的郎官比比皆是，大多不符合任职要求。暨艳在选曹郎徐彪等人的支持下开始了大规模的官员考核，根据考核结果重新确定郎官人选。他制定的标准十分严格,被考核者压力很大。考核结果出来了,只有10%的人合格,继续留在原位。对于考核不合格的,暨艳一律给予降职,有的被连降了好几级。在考核中发现有问题的人则全部贬为军吏,很多人遭到了这种处分,以至于朝廷设置了专门的部门来管理他们。《资治通鉴·魏纪二》记载:"艳好为清议,弹射百僚,核奏三署,率皆贬高就下,降损数等,其守故者,十未能一;其居位贪鄙,志节污卑者,皆以为军吏,置营府以处之;多扬人暗昧之失以显其谪。"

　　暨艳倡导的人事制度改革力度空前,措施相当严厉,自然触动了不少人的切身利益。推出这样的改革,显然不是品秩只有六百石的暨艳所能决定的。有人认为张温是暨艳等人的后台,这其实并不可能。暨艳虽然是张温推荐给孙权的,但张温不是尚书令,而且孙权也不是很喜欢张温,张温是没有办法推动这场改革的。这是一场涉及成百上千人仕途命运的改革,即便是丞相恐怕也难以有这么大的魄力。所以,暨艳、徐彪等人的后台只能是孙权本人。孙权虽然重用世族子弟,但他也知道什么人能用、什么人不能用,肯定不希望朝堂上下充斥着碌碌庸人,来一场改革,肃清朝堂,整顿吏治,这正是孙权所需要的。但孙权一向重情义,让他直接出面与世族交锋,他拉不下这个脸,这些人大都随他们父子兄弟征战多年,一辈接一辈出生入死,用血汗换来了今日的荣耀,把他们的子弟扫地出门，孙权张不开这个口。

但是，在江山社稷和人情面前，孙权最终选择了前者。他暗中支持暨艳等人搞改革，希望自己不出面也能达到目的，大家要埋怨也只能怨暨艳等人。可是，接下来发生的事却让孙权很吃惊。随着大批官员被贬斥，世族们开始反击，他们争相指责暨艳、徐彪等人主持考核没有出于公心，只讲私人感情。客观地说，任何一场有实质内容的改革都会触及一些人的利益，而改革的过程中因为改革者自身的不足也会出现一些问题。比如，暨艳等人在对官员考核中揭发了一些人的隐私和短处，以炫耀自己的弹劾之功，这种做法就欠妥，容易引发众人反感。陆逊的弟弟陆瑁曾给暨艳写信，让他不要这么做，但暨艳不听。

对暨艳改革的反击之声一浪高过一浪，充满了埋怨与愤慨，一些很有杀伤力的传言也在滋长，远远超出了暨艳、徐彪等人的掌控范围，连孙权也控制不住了。为安抚众人，孙权下令对暨艳、徐彪进行审查，后来二人在狱中自杀。这成为一桩历史悬案，暨艳、徐彪也许因激起众怒而恐惧，所以在绝望中自杀，但也许另有隐情。因为当时的民怨非常大，暨艳、徐彪等人被罢官、审查都无法平息众怒，同时也担心暨艳、徐彪在审查中说出一些不该说的话，孙权也有可能果断出手，让二人"被自杀"。

第六章 吴蜀风云

孙权亲自在背后推动的暨艳改革失败了,但他并不甘心,后来又推动了新一轮的改革,这一次手段更为严厉,改革的主角就是之前提到的吕壹。吕壹是孙吴的校事,职务不高,权力却极大,孙权视吕壹等人为心腹爪牙。吕壹等人随意诬陷、处置百官,制造了许多冤假错案,激起大臣们的反感。

太子孙登带头反对,他向孙权进谏,认为吕壹等人生性严苛、手段残忍,要求废止。孙登连谏多次,孙权不接受。丞相顾雍也向孙权进谏,孙权仍然不听。被吕壹诬告过的重臣除顾雍、朱据外,还有陆逊、诸葛瑾等人,看到这些重臣被校事打压,群臣不敢出声,激怒了骠骑将军步骘。那时步骘以骠骑将军的身份在夷陵负责长江上游防务。经过深入思考,步骘向孙权上了一篇长疏,痛陈校事的四宗罪:一是轻忽人命,已招来举国称怨;二是政令有失,导致阴阳失和,近期连续发生两次地震,天地示变,人主当警醒;三是离间股肱之臣,有损社稷;四是校事之设,造成吏多民烦,成为弊政。

步骘的上疏让孙权冷静了不少,孙吴的武将,以陆逊为首,诸葛瑾为次,以下就是步骘、朱据,这些人如果都陷于校事之争,将来谁为自己打仗?朱据的案子这时还没有结论,他每天还睡在草垛上待罪。典军吏刘助发现了案情的真相,把吕壹陷害朱据的过程秘密报告了孙权。自己的女婿遭

| 正 | 始 | 十 | 年 |

到如此下场,孙权震惊之余陷入深刻反思。孙权下令赏赐刘助 100 万钱,同时逮捕吕壹,严加审问。

案件审结,有关部门报告,拟对吕壹执行焚如、车裂之刑。焚如是王莽首创,即用火把人活活烧死;车裂是传统酷刑,即用车驾从不同方向把人撕成碎片。看来吕壹这些年真把人祸害得不浅,大家觉得不用这些刑罚不足以解气。可能孙权觉得太血腥,毕竟吕壹为自己卖命,并没有批准这么做,而是将吕壹处斩。孙权纵容校事弄权,在他看来大概属于某种形式的改革,这种改革的核心是加强对官员的监督,以巩固权力基础,但校事手里的权力一旦失去约束,就变成了权力的失控和滥用,孙权不得不叫停了这场改革。

正始十年(249)年初,曹魏发生了高平陵之变,姜维尚知道趁对手内部生乱发动北伐,而孙权却没有这方面的想法和行动。不仅如此,孙权还被对手打了一个反击,在江陵之战中损兵折将。近年来,孙权已经很少再对北方进行主动出击了。孙吴向曹魏发动的最后一次大规模攻击行动发生在正始二年(241),那时老将诸葛瑾、步骘、朱然还在,加上陆逊、全琮、诸葛恪,吴军仍算得上名将云集。吴军分四路进攻曹魏,其中全琮进攻淮南,诸葛恪进攻六安,朱然进攻襄阳,诸葛瑾、步骘进攻柤中。曹魏方面则由司马懿任总指挥,在王凌、孙礼、胡质等配合下，将各路吴军一一击退。从那以后，孙权对北方的大规模军事行动便没有了。现在，孙吴的老将已纷纷凋零，而新一代将领还没有成长起来，孙权也想亲自出征，但又怕内部生乱，所以只能采取守势。

正始十年（249）前后的孙吴正面临一场危机，危机的核心与太子有关。孙权称帝后，立长子孙登为太子。孙权汲取了袁绍、曹操、刘表等人的教训，不敢"废长立幼"。长子为太子，一切顺理成章，本来不会在这个问题上生出波澜。然而，孙吴赤乌四年（241），年仅33岁的太子孙登却突然因病去世，打乱了孙权的部署。

孙登临终前向孙权上疏，希望立弟弟孙和为太子。孙权有七个儿子，按年龄大小依次是孙登、孙虑、孙和、孙霸、孙奋、孙休、孙亮。孙虑已经去世，孙和是在世儿子中年龄最长的，由他继为太子也符合嫡长子世袭制，孙权立孙和为新太子。为了纪念这件事，孙权下诏将吴郡的禾兴县改名为嘉兴县，即今浙江省嘉兴市。

孙和被立为太子时19岁，他的生母是孙权的王夫人。孙和从小就很聪明，孙权特别喜爱他，常把他带在身边，孙和得到的珍宝珠玩衣物等赏赐在各皇子里最多。孙和爱好文学，善骑射，不仅聪明还善于思考，尊敬老师，爱护人才。孙权的儿子们虽然没有曹操的儿子曹植、曹丕、曹冲、曹彰那样显名，但也都很优秀，可不知道为什么，从孙虑到孙登，都在青年阶段病故，让孙权一次又一次白发人送黑发人。所以，孙权对孙和抱有很大的期望。

赤乌六年（243），孙吴第二任丞相顾雍去世，孙权下诏拜陆逊为丞相，陆逊不再担任上大将军一职，但仍兼任荆州牧、右都护，统领武昌一切事宜。陆逊和顾雍一样都出身于吴郡世族，这是孙权当年重用提拔他的重要原因。孙吴政坛由两大势力构成：一是祖籍在江北地区的所谓外地人，其中以徐州、豫州及扬州的庐江郡、九江郡为最多，有人称其为淮泗集团，代表人物有张昭、张纮、周瑜、鲁肃、诸葛瑾、步骘等；二是祖籍吴郡的世族，其中以顾、陆、朱、张四姓为首。吴郡以外的江东世族也有不少人物，但实力相对较弱。孙权深得帝王术，在治人拢心方面颇有手段。从本意上讲，他更倾心于淮泗集团，因为他们是"外来户"，为自己所用又不会构成威胁。但仅靠他们又难以巩固江东，所以对以吴郡四姓为代表的江东世族也加以延揽。

这时孙权已经60多岁了，身体大不如前，病患不断。人一旦意识到自己身体出了问题就容易多想，孙权也不例外，他知道自己终将老去，于是不得不思考孙吴的未来。曹魏一代不如一代，出现了司马懿那样的权臣；蜀汉的接班人也差强人意，大权长期被诸葛亮独揽，这是孙权不愿意看到的情况。孙吴的下一代君主应该像他一样强势而掌控一切，不能出现任何权臣。这些问题孙权之前也许没有认真想过，但现在不得不想了，一细想，却让孙权难以心安。问题出在丞相陆逊身上。在孙权眼里，不是陆逊做丞相能力不够、威望不足、不称职，而是陆逊能力太强、威望太高，在长期的军旅生涯中，陆逊创造了一个又一个辉煌的战绩，在吴军中享有绝对威望，这样的人既是忠臣，也是下一个权臣。

孙权又看看太子孙和，这个儿子身上有许多普通人的优点，如善良、好学、待人诚恳、能体谅别人等，可是作为孙吴未来的皇帝，他缺少帝王的霸气，根本驾驭不了陆逊这样的大臣。孙权陷入深深的忧虑，他觉得自己临终之前必须将这件事处理好，否则闭不上眼。或许正是基于这样的考虑，就在孙和被立为太子后不久，孙权突然下诏，封孙和的弟弟孙霸为鲁王，并对他特别宠爱。太子初立，理应维护太子，树立其权威，而立孙霸为鲁王又特加宠爱，无疑给人以太子地位不稳的暗示。

皇家无私事，帝王的家事就是国事，江山易代之际正是政治风云变幻之时，有人沉，有人浮，所以众人无时无刻不在关注着帝王家的一举一动，一部分嗅觉灵敏的投机者看出了玄机，在孙霸周围渐成一股势力。孙霸生年不详，哥哥孙和被立为太子时，他不过十几岁，不可能主动发起一场争夺太子之位的战斗。说到底，他是被一部分人所利用，这一部分人的核心是孙霸的姐姐孙鲁班。

孙和、孙霸都是孙鲁班的弟弟，她支持孙霸反对孙和，动机最初不是来自争权，而是争气。孙鲁班和孙鲁育是已故步夫人的女儿，步夫人虽得孙权宠爱，却一直没有机会被册封为皇后，直到死后才被追封，这成为孙鲁班的心病。史书记载，孙鲁班跟孙和的母亲王夫人不和，孙鲁班对王夫人十分不满，所以对孙和当太子持反对态度。史书没有揭示孙鲁班与王夫人构恶的原因，推测起来，可能早在步夫人在世时二位夫人就开始争宠。孙权之前最宠爱的是步夫人，但对王夫人也差不了太多，根据宫斗的经验，这样的局面想保持一团和气很难。但那时孙权的后宫相对平静，因为步夫人生性和善不喜争斗，她处处忍让，未使矛盾激化。其中内情外人虽不知，作为女儿的孙鲁班应该清楚，所以对王夫人积攒下怨气。

让孙鲁班不忿的是，王夫人母以子贵，孙权准备册封她为皇后。母亲生前未能达成的心愿，对手轻易就将实现，孙鲁班对王夫人的怨恨更多了。可怕的是，父皇一旦驾崩，孙和继位，王夫人成为皇太后，如果秋后算账，自己已经没有保护伞，处境将十分凶险，所以孙鲁班认为无论如何要扳倒太子，让王夫人的美梦破产。孙鲁班姐俩一向深受孙权的宠爱，孙鲁班的话对孙权有相当大的影响力，她便经常在孙权

第六章 吴蜀风云

面前说太子和王夫人的坏话。

如果认为只说说坏话就能完成一场政变那就太幼稚了，孙鲁班不是一个人在战斗，她的身后逐渐聚集了一个团队。孙鲁班初嫁周瑜的儿子周循，周循死后改嫁全琮，全氏也是江东大族，全琮是孙权深为信赖的将领之一，刚刚由卫将军升为大司马，是仅次于陆逊的重臣。在孙鲁班的影响下，全琮也义无反顾地站在孙霸的一边。还有骠骑将军步骘，他是孙鲁班生母的同族，因为有孙鲁班的母亲，步骘才有了今天，所以步骘也支持孙霸。此外还有镇南将军吕岱、吕岱之子荡魏将军吕据、中书令孙弘等人，他们结成了一个势力很大的集团。这样，孙吴的大臣们便分成了两派：一派支持太子，一派支持鲁王。太子居南宫，这场政治斗争也被称为"南鲁之争"。

一些人看得很清楚，孙霸和孙鲁班之所以能挑战太子，背后是孙权的纵容和默许，所以两派之外还有不少内心其实支持太子的朝臣却不敢公开表态。太子一派里只有丞相陆逊、太常卿顾谭、太子太傅吾粲、左将军朱据、威北将军诸葛恪、会稽郡太守滕胤、平魏将军施绩、尚书丁密等人态度鲜明，他们建议孙权坚持长幼之分，继续拥立太子。顾谭是顾雍的孙子，诸葛恪是诸葛瑾的儿子，施绩是名将朱然之子，朱然本姓施，过继给朱治后改姓，朱然死后施绩重新改姓为施。

孙霸年纪虽然不大，但在孙鲁班等人的策划下，也有意识地主动结交知名人士。史书上记载，孙霸曾亲临施绩的官署，为了表示亲近，孙霸主动坐在施绩的近旁，施绩立即从座位上站起来，表示自己不敢承当。顾谭多次上书孙权建议对孙和太子之位再次予以明确，以绝孙霸争位之心。吾粲也上书，不仅建议申明孙和的地位，更建议让孙霸出驻夏口，把孙霸的心腹杨竺等调离建业。全琮曾给陆逊写信，说太子府、鲁王府里有不少空缺，朝臣们争着把子弟送到那里当差，自己也想这么办。全琮作为孙鲁班的丈夫，政治态度早已不言而喻，他写这封信，实际上是想对陆逊进行试探和拉拢。陆逊给全琮回了信，信中说：子弟们如果有才能，不愁没地方当差，不必通过"走后门"的方式谋取荣华富贵；如果没有才，必然取祸。陆逊还说，听说二宫已成对立，将来有可能会出现厚此薄彼的情况，这是古人所忌的事。陆逊还向孙权上疏，认为太子是正统，地位应如磐石之固；鲁王是藩臣，宠秩应当有差别，这样上下才得以安定。陆逊前后多次上疏孙权，但都没有得到孙权的回应。陆逊请求回建业，想当面与孙权论嫡庶之分，以匡得失。孙权下诏，不许陆逊回建业。

一次，孙权与鲁王党一派的重要成员杨竺单独谈话，涉及二宫优劣，杨竺抓住机会竭力夸赞鲁王的才能，说他适合当太子，孙权当场表示赞同。但是，这场谈话并非没有第三者在场，有个到孙权这里送东西的小吏躲在床下，把他们说的话全听到了。《三国志·陆胤传》裴松之注引张勃《吴录》记载："太子自惧黜废，而鲁王觊觎益甚。权时见杨竺，辟左右而论霸之才，竺深述霸有文武英姿，宜为嫡嗣，于是权乃许立焉。有给使伏于床下，具闻之，以告太子。"这是一件很诡异的事，这名小吏如此大胆，竟然冒着灭族的危险偷听皇帝的秘密谈话，他的动机是什么？如果不是此人智商有问题，那答案只有一个，此人是太子一派或太子的同情者，他知道杨竺单独面见孙权必然有不利于太子的话，所以特意偷听。这个小吏赶紧报告了孙和，孙和十分紧张，他想向陆逊求援。当时陆氏有个宗族子弟叫陆胤，在尚书台担任选曹郎，他正因公务要去武昌，孙和换了便服偷偷去见他，二人在一辆车上密议，决定由陆胤告诉陆逊，让陆逊上表劝谏。

陆逊上表后，孙权震怒，他怀疑杨竺泄露了消息。但杨竺矢口否认，孙权也知道杨竺是鲁王的死忠分子，根本不可能把消息告诉陆逊，其中一定另有隐情，就让杨竺调查。杨竺后来怀疑到陆胤，他告诉孙权，陆胤刚好去过武昌，陆逊的上表紧接着就来了，消息一定是陆胤泄露的。孙权下令把陆胤抓起来拷问，陆胤为掩护太子，就说是杨竺告诉他的，孙权下令把杨竺也抓了起来。杨竺经不起拷打，只得承认是自己说出去的，

| 正 | 始 | 十 | 年 |

孙权把杨竺杀了，陆胤反而保住了一命。孙权死后，陆胤成为孙吴的高级将领，担任过西陵都督等重要军职。

对陆逊等人的坚决反对，孙权决定反击。这时发生了芍陂论功事件，给孙权打击太子一党提供了机会。在之前提到的赤乌四年（241）孙吴向曹魏大规模用兵中有一场芍陂之战，吴军在这场战斗中取得了一些胜利，顾谭的弟弟顾承、张昭的儿子张休等随全琮父子参战。本来这件事早已过去，论功行赏都已经结束了，但全琮父子突然旧事重提，向孙权揭发行赏不公，背后有问题。全琮父子认为此战他们功劳最大，但张休、顾承等人得到的赏赐反而更多，原因是张休、顾承与典军陈恂有私下往来，因此得到了更多的奖赏。孙权接到举报后，命令有关部门予以调查。

这是一件未必能说得清楚的事情，但孙权办得很认真，处罚更是严厉，结果顾谭、顾承获罪，被流放到交州，最后都死在了那里。一件说大不大的事竟然让孙权下了狠手，这是有原因的，孙权这么做是冲着陆逊来的。顾谭、顾承不仅是顾雍的孙子，还是陆逊的外甥，孙权对陆逊已到了忍无可忍的程度，借此事向陆逊表达自己强烈的不满。不久，太子太傅吾粲受孙霸、杨竺等人的陷害，被孙权处死。吾粲曾多次写信给陆逊，通报建业的情况。孙权又抓住这个把柄，派人到武昌责问陆逊。陆逊大为忧愤，竟然去世了。陆逊死于孙吴赤乌八年（245），也就是曹魏正始六年，死时63岁。陆逊死后，孙权进行了一次人事调整，擢升步骘当丞相，全琮升为右大司马，鲁王一派看样子已大获全胜。在这次人事调整中，诸葛瑾的儿子诸葛恪异军突起，被任命为大将军，这是他父亲生前担任的职务。

五、孙权老了

陆逊死后，孙鲁班加紧了对太子的陷害。孙权生了一次病，孙和到孙策庙里祈祷，希望父亲的病能早点儿好。孙和的妃子张氏是张休的侄女，张休的府邸刚好在孙策庙附近，孙和祈祷完，张休邀请他到府中坐坐。孙鲁班一直派人跟踪太子，知道了这件事，觉得可以做文章。孙鲁班跑到孙权那里告状，说太子根本没去庙里，而是跑到张休那里商量大事去了。孙鲁班还说，太子的母亲王夫人听说皇上有病，不忧反喜。孙权对孙鲁班一向宠信，听后大发雷霆。消息传到王夫人那里，王夫人感到非常恐惧，竟然忧愁而死。孙权因此对孙和更加失望。在芍陂论功事件中也牵扯到张休，中书令孙弘等人进谗，张休的处罚比顾谭、顾承还重，居然被赐死了。

现在只要再向前一步，太子孙和就将被废；孙霸一旦被立为太子，鲁王一派就可以庆贺胜利了，但孙权的这一步迟迟没有迈出。孙权曾与侍中孙峻有过一次谈话。孙峻的父亲孙恭是孙暠的三子,孙暠是孙坚弟弟孙静的长子,孙峻是孙权的侄孙。在孙氏的后代中,孙峻比较突出,他骁勇果敢,精明强干,胆大刚决,深得孙权的喜欢,孙权让他担任武卫都尉,是禁军的高级将领,同时担任侍中。孙权对孙峻说:"子弟不和,臣下分成两派,将导致袁氏之败,被天下人耻笑。太子只能立一个人,怎能不引起争斗?"从这些话中可以看出孙权的忧虑。改立太子是他初始的想法,扳倒陆逊也是他的目标,但是当看到由此带来的巨大的负面作用时,孙权的内心开始了犹豫,下一步是不是立即废掉太子,孙权觉得不必太急。孙权担心袁绍立嗣的悲剧在自己身上重演,裴松之就此评价说他其实还不如袁绍、刘表。袁绍、刘表认为袁尚、刘琮更贤能,所以立他们为嗣,并不愿意改变;而孙权既立孙和,又宠信孙霸,酿成混乱,自构家祸,孙权比起袁绍、刘表来要昏聩不明智得多。裴松之在注《三国志·孙和传》时指出:

> 袁绍、刘表谓尚、琮为贤,本有传后之意,异于孙权既以立和而复宠霸,坐生乱阶,自构家祸,方之袁、刘,昏悖甚矣。步骘以德度著称,为吴良臣,而阿附于霸,事同杨竺,何哉?和既正位,适庶分定,就使才德不殊,犹将义不党庶,况霸实无闻,而和为令嗣乎?夫

第六章 | 吴蜀风云 |

邪僻之人，岂其举体无善，但一为不善，众美皆亡耳。鹫若果有此事，则其余不足观矣！吕岱、全琮之徒，盖所不足论耳。

犹豫了一年后，孙权下令将太子孙和软禁于宫中，但仍没有废掉他。骠骑将军朱据上书予以争辩，认为太子是国之根本，孙和为人雅性仁教，天下归心，现在猝然责罚他，将引发满朝疑虑，当年晋献公偏信骊姬而害申生，汉武帝听信江充而让戾太子冤死，自己担心太子不堪其忧而身亡，到时候再想建思子宫也无法使太子复生了！朱据说的是汉武帝时太子刘据因巫蛊事而自杀一事，汉武帝后来醒悟，思念刘据，修建了思子宫和归来望思台。朱据提醒孙权，不要犯前人的错误。朱据言辞恳切，为了能使孙权转意，宁愿一死，但孙权置之不理。

在"南鲁之争"中，孙权的小女儿孙鲁育没有公开表态，但她的丈夫朱据显然是支持太子的。朱据急了，联络了尚书仆射屈晃等一批朝臣跑到宫外为太子请愿，他们把自己绑起来，叩头触地。孙权登上宫里的白爵观看到朱据他们，十分厌恶。孙权下诏斥责朱据、屈晃等人没事找事，但毕竟涉及朝臣较多，又在外界产生了广泛影响，孙权没开杀戒，而是把朱据降为新都郡丞，把屈晃斥归田里。朱据曾得罪过中书令孙弘，他还没有到达新的任所，孙弘便私自冒用孙权的名义下发诏书，把堂堂的前骠骑将军、皇帝的女婿杀了。事后，孙弘并未被追究，有人认为其实这是孙权本人的旨意。

在高平陵之变发生的正始十年(249)，孙吴的"南鲁之争"仍没有结束，且呈白热化之势。太子孙和虽被软禁，但鲁王一派仍无法称庆，因为孙权已厌烦了二宫争斗，面对斗争后的惨景，孙权对鲁王及其一党也失去了好感和信任，孙权决定另立他人。

孙霸下面还有三个弟弟，一个是孙奋，一个是孙休，一个是孙亮。孙亮年龄最小，年事已高的孙权对他格外疼爱，他的母亲潘夫人近年来也最受孙权宠爱，孙权有立孙亮为太子的打算。最早看出端倪的还是孙鲁班，她察觉到孙权对鲁王已不感兴趣，转而全力支持孙亮。她不断在孙权面前称颂孙亮，并把丈夫全琮侄子全尚的女儿嫁给孙亮，鲁王被抛弃。

孙吴赤乌十三年（250），孙权下诏正式罢黜孙和，贬其为平民，放逐到故鄣（今浙江省长兴县）。孙权同时立7岁的皇子孙亮为太子，并下诏将鲁王孙霸赐死，全寄、吴安、孙奇等孙霸身边亲近的人全部诛杀。仍有人对孙权另立太子的做法表示反对，无难督陈正、五营督陈象上书，援引战国时晋文公杀太子申生另立奚齐从而导致晋国混乱的事进行劝谏，陈正、陈象还提出为朱据、屈晃平反。孙权大怒，朝廷上下

第六章 吴蜀风云

已被弄得千疮百孔，眼下急需安定，还要折腾，没完没了。孙权下令诛杀陈正、陈象三族。

这场实际上由孙权在背后挑起的"南鲁之争"以双方最终的惨败而结束，此事牵涉的范围之广、官员之多，在汉末三国时期历次政治斗争中都首屈一指，对孙吴政权的打击也相当巨大，在整个赤乌年间，孙吴上下一直忙着这些事，十几年里没有对曹魏有过像样的军事行动。此事也极大地损伤了孙权的威望，陆逊、朱据等重臣受株连致死，伤害了一大批吴郡世族的感情，为孙吴政权的短命埋下了伏笔。从孙登到孙和再到孙亮，孙权三易太子，最后选定的是只有7岁的孙亮。此时孙权年事已高，经过一场政治洗礼，朝廷上下一片黯淡，大家互相设防，不敢轻信任何人，一旦孙权不在，年幼的孙亮如何接好这个班，更让孙权头疼。人们发现，近些年来孙权老得很快。但孙权不服老，还经常安排一些类似打猎的活动，以显示自己仍然年轻。只是接二连三的打击一次次摧残着他，让他不服老也不行。

孙吴赤乌十三年（250），也就是高平陵之变发生的次年，孙权宣布接到神人所授书册，建议改元、立皇后。这件事有些诡异，什么样的神人？书册上都写了什么？史书均没有记载。对于一个近70岁的老人来讲，诡异也许不是迷信，而是信仰。孙权本来就信巫卜，人老了就更深信不疑，推测起来，神人和书册不大可能是孙权胡编乱造，一定是下面的人针对孙权的喜好弄出来的，目的是讨孙权的欢心。每有重大自然灾害和灵异事件发生，都被认为是异兆，地震、洪水是异兆中的凶兆，而发现黄龙、凤凰、麒麟这些东西则被认为是异兆中的吉兆。

在整个孙吴赤乌年间，史书中关于孙吴各地出现各种"吉兆"的记录突然增加，比如，赤乌十一年（248）云阳郡发现黄龙，鄱阳郡发现白虎；赤乌十二年（249）临平湖发现宝鼎，章安郡发现白鸠。孙权对神人书册很重视，于赤乌十四年（251）五月下诏改年号为太元，册立太子孙亮的母亲潘夫人为皇后——这是孙权第一位，也是唯一的在任皇后。

潘皇后是会稽郡人，父亲是一名县吏，犯罪被判处死刑。按法律，潘皇后和她的姐姐都被罚为官家奴婢，在宫里的织室做苦工，一次偶然的机会，孙权看到她，把她召进后宫，她又生下孙亮，从而彻底改变了命运。史书中对孙权这位唯一的皇后评价不高，认为她为人阴险、妒忌，又特别会讨孙权欢心。步夫人死后，孙权最喜欢的人其实不是她，而是袁术的女儿袁夫人。袁夫人有节行，但没有生下儿子，孙权想立她为皇后，袁夫人因为自己没有儿子而固辞。

还是在这一年，孙权听说临海郡的罗阳县出了一位神人，名叫王表。这个人在民间被传得神乎其神，说他言谈饮食虽

第六章 | 吴蜀风云

然与常人没有区别，但有本事让人看不到他的身体。孙权于是派中书郎李崇去把这个人迎进宫中，带去的有辅国将军、罗阳王的印绶，准备把这两项官职授予王表。张昭为孙氏三代人辛苦了一辈子，临死才是辅吴将军，一个江湖骗子轻松就能登此高位，张昭地下有知，情何以堪？王表随李崇出来，还带着一个叫纺绩的婢女。一路上，王表与各地郡县长官交谈，没有能难倒他的。每过高山大河，王表都让婢女鼓捣一些神秘仪式，说是在与山神河神互通消息。王表到建业后，孙权在皇宫东门苍龙门外为他建起府邸，经常派大臣去请王表预测水旱灾害，往往都能应验，孙权对王表更是深信不疑。

这时吴地多处突遭大风袭击，江海涌溢，有的地方平地水深八尺，从曲阿传来消息，孙权父亲孙坚的高陵松柏全被大风吹倒，吴郡郡治所在地南城门居然被大风吹起，又落到地上。太子、丞相不得善终，大臣广受株连，又发生了严重的谋反事件，孙吴的国运就像孙权的身体一样，一天不如一天了。孙权下诏大赦天下，此前他以中原尚未一统为由不同意郊祭，现在下诏在南郊进行祭祀。这时已经到了冬天，从南郊祭祀回来后，孙权就因受风寒而病倒了。孙权意识到大限已至，不得不认真考虑身后事了，新太子年幼，看来也得效仿魏国、蜀国那样来一次托孤了。

第七章　正始余音

|正|始|十|年|

一、兖州与扬州

再回到高平陵之变后的曹魏,回到已经掌握大权的司马氏父子。曹魏有三大战场,西线、中线都没有问题了,还剩下一个东线战场。曹魏东线战场指的是扬州方向。西线的核心是长安,中线的核心是襄阳,而东线的核心是合肥。从曹操到曹叡,曹魏如果从东线出击孙吴,通常以合肥为基地;而孙权如果从东线出击曹魏,通常也以进攻合肥为作战目标。合肥距离长江较近,孙吴在长江上修建濡须坞后,战船可沿水道进入巢湖,直抵合肥城下。所以后来曹魏把合肥作为前线基地,而将后方基地放在合肥以北的寿春(今安徽省寿县),扬州刺史部的治所也在寿春。

相对于征西将军郭淮、征南大将军王昶,坐镇曹魏东线战场的王凌资历更老、职位更高。王凌现在已70多岁了,正始初年(240)他便以征东将军的身份都督扬州诸军事,曹爽对他刻意拉拢，后升其为车骑将军，仪同三司，又升为司空。曹魏治下的扬州刺史部论地盘其实并不大，只下辖两个郡，即淮南郡和庐江郡，都督扬州诸军事通常也只包括扬州一州的军事事务，但由于是东线战场的核心地区，所以这里兵马云集。王凌在扬州经营多年，树大根深，不太容易对付。司马懿诛曹爽后改任王凌为三公之首的太尉，王凌对这项任命显然持不欢迎态度，他找了各种借口，一直没去洛阳上任。不过，还有一种解释，认为司马懿并没有要求王凌来洛阳上任，而是在寿春拜王凌为太尉。三公在京师以外任职，从汉末起就有先例。《资治通鉴·魏纪七》记载："十二月，辛卯，即拜王凌为太尉。"这里的时间是嘉平元年（249）十二月，宋元之际历史学家胡三省注："即拜者，就寿春拜为太尉。"

王凌的简历是这样的：年轻时举孝廉，之后担任发干县（今山东省冠县）县令，后因罪获刑。这时正值汉末群雄混战初期，曹操刚刚就任兖州牧，发干县归兖州管辖。曹操外出巡察期间得知王凌是王允的侄子，又是因公犯罪，当即解除了他的劳役，委任以主簿之职。之后王凌出任郡太守，有治绩，受到曹操赏识，出任丞相掾属。那时司马懿也在曹操的丞相府任职，担任过文学掾、主簿等职，二人职务相当，司马懿略高些。曹丕称帝后，王凌任散骑常侍，出任兖州刺史，曾参加洞口之战，与张辽等人进军到广陵，因功封为宜城亭侯，加建武将军。之后，王凌出任青州刺史，整理法度，重建社会秩序，得到百姓称颂，曾随曹休征伐东吴，参与了夹石之战。此战中魏军失利，王凌拼死突围，使曹休得以撤退。此后，王凌又担任豫州刺史，在任期间，表彰当地先贤的后代，征召俊才，颇得军民欢心。又出任扬州刺史，吴军数万人马进攻寿春附近的芍陂，王凌率诸军迎战，奋战数日，斩杀秦晃等10多位吴将，吴军退走，王凌因此进封南乡侯，食邑1350户，代高柔为司空，又升任车骑将军，都督扬州军事，假节。司马懿拜王凌为太尉后，授予王凌假节钺的特权。

看《后汉书》《三国志》，经常遇到"假节""持节""使持节""假节钺""假黄钺"等，它们都是皇帝授予的某种特权，在等级上有所不同。"节"是一种符信，"钺"为一种刑具，皇帝不能事事躬亲，便将"节""钺"授予大臣、将领，拥有此物者便拥有皇帝授予的特权：假节，有此特权者平时没有权力处置人，战时可斩杀犯军令之人；持节，有此特权者平时可杀无官位之人，战时可斩杀品秩二千石以下官员；使持节，有此特权者平时及战时皆可斩杀品秩二千石以下官员；假节钺，亦称假黄钺，有此特权者可斩杀假节、持节、使持节者。

王凌比司马懿年长七岁，论资历与司马懿不相上下，且也具有军政两方面的干才。王凌出任过兖州、青州、豫州、扬州等州的刺史，每在一地均政绩突出，深受军民欢迎。王凌还参加过多场重要战役，与张辽、曹休等名将并肩作战，还独自指挥了芍陂保卫战，均有突出表现。面对这样一个几乎没有缺陷的对手，司马懿也觉得不好对付，所以他对西线、中线的军事负责人及州刺史、郡太守等多有调整，但涉及东线战场的几乎没有动。《三国志·王凌传》记载，王凌与司马懿的大哥司马朗关系很好，可惜司马朗早已去世。

王凌与王昶都出自太原王氏，年轻时二人关系密切。但王凌与王昶不同，他对曹魏十分忠心，故对司马懿杀曹爽等人的做法感到震惊。王凌也意识到司马懿对自己的忌惮与敌意，所以不肯赴洛阳，知道一进牢笼，自己及本族人的生命都将无法保障。相同的想法也出现在王凌的外甥、兖州刺史令狐愚的心头。作为另一位政治上倾向于曹氏的地方大员，他也意识到司马懿将会采取措施对付自己，舅舅或许是第一个，而下一个或许就是自己。

令狐愚原名令狐浚，是曹魏弘农郡太守令狐邵的族子，年轻时就有远大志向，众人也认为令狐浚一定会让令狐家族发扬光大。魏文帝时，乌丸校尉田豫讨伐胡人有功，但犯了一点小过错，令狐浚那时负责执法，就对田豫以律法相制裁。魏文帝大怒，下令给令狐浚戴上镣铐，拘禁起来，后免官治罪,并在诏书中说令狐浚愚蠢至极。魏文帝怒意难消,顺势将令狐浚的名字改成了令狐愚,说的还是愚蠢之意。《三国志·令狐愚传》裴松之注引《魏书》记载:

> 愚,字公治,本名浚,黄初中,为和戎护军。乌丸校尉田豫讨胡有功,小违节度,愚以法绳之。帝怒,械系愚,免官治罪,诏曰"浚何愚"!遂以名之。

魏明帝时期,令狐愚一直默默无闻,命运的转机出现在曹爽辅政以后。曹爽为拉拢王凌,征令狐愚为大将军长史,令狐愚成为大将府的总管,是炙手可热的人物。后来,令狐愚又出任兖州刺史。《魏书》记载,令狐愚自视甚高,众人也认为他是一个人物,但同族中的令狐邵却认为他"性倜傥,不修德而愿大,必灭我宗",令狐愚闻知,心不能平。后来令狐邵在虎贲军中任职,而令狐愚已在仕途多年,有了一定名气和地位。见到令狐邵,令狐愚故意道:"先时闻大人谓愚为不继,愚今竟云何邪?"令狐邵盯着他看了半天,不语。令狐邵回到家,偷偷对妻子说:"公治的性情还是那个样,我看他终当败灭。不知道我会不会因此受牵连,到时候就连你们也跟着遭殃!"令狐邵认为令狐愚虽然经过一些磨砺,但性情始终未变,最终仍会败灭,不知道自己会不会因此受牵连,

第七章 正始余音

到时候就连家人也跟着遭殃！

现在，王凌内心充满着不安，而令狐愚也希望放手一搏，大干一场，二人一拍即合。王凌派心腹秘密前往兖州，与外甥商议如何应对。令狐愚提出了一个惊天计划：以扬州和兖州为基地另立新帝，与洛阳的朝廷分庭抗礼，即使取代不了司马懿掌控下的洛阳朝廷，也可以自成一方，把"三国鼎立"变成"四国鼎立"。王凌虽然没有太大胜算，但事已至此，只能一试，总比束手就擒好。

要想另立新帝，必须在曹氏宗亲中物色一位合适的人选，令狐愚推荐了楚王曹彪。曹彪是曹操的儿子，在仍在世的曹氏宗亲中，他的辈分最高。魏文帝黄初年间，曹彪被封为白马王，曹植有一首诗，题目为《赠白马王彪》，就是写给他的。曹植在这首诗的序文中写道："黄初四年五月，白马王、任城王与余俱朝京师，会节气。到洛阳，任城王薨。至七月与白马王还国。后有司以二王归藩，道路宜异宿止。意毒恨之。盖以大别在数日，是用自剖，与王辞焉。愤而成篇。"据序文讲，黄初四年（223）五月，曹植与白马王曹彪、任城王曹彰一齐赴京师朝见魏文帝。到了洛阳，曹彰就死了。两个月后，曹植与曹彪各自还国。有人认为曹植与曹彪回各自藩地，一路上不能同行同止。这让曹植非常痛恨，与曹彪分别时，曹植愤而成诗。魏明帝太和六年（232），曹彪改封为楚王，其间曾违禁来朝，被有关部门检举，被削去三个县的封地。《赠白马王彪》是一首抒情长诗，共分为七章，是曹植的代表作之一。其中第三章写道：

> 玄黄犹能进，我思郁以纡。
> 郁纡将何念？亲爱在离居。
> 本图相与偕，中更不克俱。
> 鸱枭鸣衡轭，豺狼当路衢。
> 苍蝇间白黑，谗巧令亲疏。
> 欲还绝无蹊，揽辔止踟蹰。

诗中写道："马染玄黄，仍能奋蹄；我怀哀思，却只能忧郁；忧郁而曲折的心志啊，只为即将的分离而牵挂；原来只是想一同踏上归路，中途却发生变化而无法再相聚；可恨鸱鸮鸣叫着阻挠着车马，豺狼阻绝了前面的道路；苍蝇让黑白混淆，谗言疏远了血肉之亲；想要归去却无路可行，手握缰绳踟蹰难进。"诗写得很直白，气魄宏伟，感情深郁。清代学者方东树在《昭昧詹言》中评论："此诗气体高峻雄浑，直书见事，直书目前，直书胸臆，沉郁顿挫，淋漓悲壮。与以上诸篇空论泛咏者不同，遂开杜公之宗。"

第七章 正始余音

曹丕称帝后对宗室十分严苛，这与他曾经与弟弟曹植争夺继承权的斗争有关。曹丕当皇帝后也封了一些曹姓的宗亲王，但这些宗亲王并不掌握实际权力，他们到封地后既不领兵，也不掌管民事，身边只有百余名老兵，根本起不到镇服地方、拱卫朝廷的作用。曹丕的做法有很大弊端，在此次高平陵之变中就表现得很明显：当曹魏皇权受到异姓权臣威胁时，地方上的曹氏宗亲王根本无力援救。司马懿的孙子司马炎后来建立了晋朝，他看到了这一点，所以大封同姓宗亲王，不仅给他们藩王的名分，而且让他们掌握实权，包括领兵权和行政治理权。司马炎的初衷是当皇权受到威胁时，地方上有援助的力量。然而晋朝初年，分封的同姓宗亲王数量太多，权力又过大，造成政治结构失衡，一些有野心的宗亲王趁乱起兵夺权，导致了"八王之乱"。司马炎本意是汲取曹魏的教训，但矫枉过正，给同姓宗亲王权力过大，导致王朝过早灭亡，这是其教训所在。

现在，令狐愚之所以想到曹彪有三个原因：一是曹彪辈分高，令狐愚听说他有勇有谋，打出他的旗帜，影响力大；二是曹彪与曹植、曹彰的经历很相似，长期以来过着被监视、限制的生活，虽为宗室，却没有太大自由，而曹彪生性不是逆来顺受之人；三是曹彪目前的封地在兖州境内，是令狐愚控制的地盘，联络方便，不会引人注目。除此之外还有一个原因，与一个传说和一首民谣有关。令狐愚听说东郡一带有传言，白马河里出了妖马，夜里经过官家牧场时鸣叫，众马皆应，天亮时人们看见了这匹马的蹄迹，大如斛，一直连续数里，没入河中。这时还流传起了一首民谣，其中唱道："白马素羁西南驰，其谁乘者朱虎骑。"曹彪字朱虎，又是白马王，结合以上传说和民谣，令狐愚坚信拥立曹彪一定能成事。令狐愚派亲信张式前去密会曹彪，曹彪对令狐愚的计划给予默许，并让张式回去向令狐愚表示谢意。《三国志·令狐愚传》裴松之注引《魏略》记载：

> 愚闻楚王彪有智勇。初东郡有讹言云："白马河出妖马，夜过官牧边鸣呼，众马皆应，明日见其迹，大如斛，行数里，还入河中。"又有谣言："白马素羁西南驰，其谁乘者朱虎骑。"楚王小字朱虎，故愚与王凌阴谋立楚王。乃先使人通意于王，言"使君谢王，天下事不可知，愿王自爱"！彪亦阴知其意，答言"谢使君，知厚意也"。

汉末三国的著名术士朱建平擅长相术，这种方术具体如何操作不详，但跟算命先生打卦等原理相似。朱建平常在闾巷之间给大家算一卦，事后往往都能得到验证，知名度逐渐上升。《三国志·朱建平传》记载，有一次曹丕主持聚会，夏侯威、应璩、曹彪等 30 多人在座，曹丕让朱建平给自己算算能活多少岁，同时又让朱建平给大家都算一下。朱建平把众人观察了一遍，对曹丕说："将军当寿八十，至四十时当有小厄，愿谨护之。"再对夏侯威说："君四十九位为州牧，而当有厄，厄若得过，可年至七十，致位公辅。"又对应璩说："君六十二位为常伯，而当有厄，先此一年，当独见一白狗，而旁人不见也。"最后对曹彪说："君据藩国，至五十七当厄于兵，宜善防之。"

曹丕登基后的第七年正好是他 40 岁，得了一场大病，不久曹丕就驾崩了。临终前，曹丕想起朱建平的话，感叹道："建平所言八十，谓昼夜也，吾其决矣。"夏侯威后来当了兖州刺史，49 岁那年的十二月上旬也得了病，想起朱建平之前说的话，知道必死无疑，于是写了遗书，又准备了后事，只等一死。但没承想，病却一点点好转。到三十日下午，夏侯威以为年一过，这个坎儿就过去了，十分高兴。夏侯威设宴招待众人，席间说："建平之戒，真必过矣。"送走客人，夏侯威天黑时开始发病，半夜里就死了。应璩 61 岁时确实当上了侍中，有一次在宫内，他果真看见了一只白狗，问其他人，大家都没有看见，到 63 岁时他死了。朱建平说曹彪 57 岁时有刀兵之灾，需要妥善预防。令狐愚派人来联络曹彪时，曹彪刚好 56 岁，不知道他还记不记得朱建平说过的话？

| 正 | 始 | 十 | 年 |

二、引蛇出洞

令狐愚派张式去联络曹彪的时间是嘉平元年（249）九月，此时距离高平陵之变发生才半年多。张式回去报告给令狐愚，令狐愚得到曹彪的默许，大喜，立即通报给王凌。王凌也默默下定决心，不过在正式起事前他还要再做一件事：把儿子王广从洛阳接出来。

汉末三国时期朝廷有一条"潜规则"：手握重兵的将领或担任州牧、刺史等重要职务的地方大员，自己可以赴外地任职，但不能把儿子带在身边，至少不能全部带在身边。这样做给人的感觉是朝廷要拿这些官员的儿子做人质，虽然没有明确这样说，但实际作用确实是这样的，只是不会把留在京城的儿子们关押起来，而是任命其一定的职务，只要他们不脱离朝廷的控制就行。汉末刺史改州牧的倡导者刘焉赴益州担任刺史，他有四个儿子，其中三个留在了朝廷任职，之所以身边留有一个，是因为这个儿子有"狂疾"，也就是精神病，朝廷认为这个儿子无法承续刘焉的事业，所以准许留下。刘焉如果想造反当皇帝，即便成功了，却没有儿子可以继承大业，岂不是白忙活一场？但刘焉不顾这些，仍暗中筹划另立朝廷。此事被荆州牧刘表察知，密报给朝廷，朝廷派刘焉的儿子刘璋去益州规劝。刘焉见刘璋回来了，大喜，把刘璋留下来，不让他再回去。刘焉虽然至死未敢称帝，但他死后刘璋继任为益州牧，也算有人继承了事业。当然，并非所有地方大员都"享受"这样的待遇，刘表的几个儿子就一直待在身边，原因可能是他去荆州的时间较晚，朝廷内乱不止，有些制度就没有那么严格了。

王凌的儿子王广曾任尚书，目前任屯骑校尉。王凌想在起事前把王广从洛阳弄出来，就派了一个名叫劳精的心腹秘密来到洛阳，转告王广现在"帝幼制于强臣，不堪为主，楚王彪长而才，欲迎立之，以兴曹氏"，让王广有所准备，一旦这边起事，就设法脱身，谁知王广听后却十分反对。王广写了一封信，让劳精转告父亲。《三国志·令狐愚传》裴松之注引《汉晋春秋》记载：

> 凌、愚谋，以帝幼制于强臣，不堪为主，楚王彪长而才，欲迎立之，以兴曹氏。凌使人告广，广曰："凡举大事，应本人情。今曹爽以骄奢失民，何平叔虚而不治，丁、毕、桓、邓虽并有宿望，皆专竞于世。加变易朝典，政令数改，所存虽高而事不下接，民习于旧，众莫之从。故虽势倾四海，声震天下，同日斩戮，名士减半，而百姓安之，莫或之哀，失民故也。今懿情虽难量，事未有逆，而擢用贤能，广树胜己，修先朝之政令，副众心之

> 所求。爽之所以为恶者，彼莫不必改，夙夜匪解，以恤民为先。父子兄弟，并握兵要，未易亡也。"

王广认为，举大事应考虑民心所在，曹爽因为骄奢而失民心，何晏虚而不治，丁谧、毕轨、桓范、邓飏等人专权于世，又强变制度，数改政令，而百姓习惯于旧制，所以众人不从。从他们的教训中可以看出，即使势倾四海、声震天下，一旦失去民心也会失败。王广认为，司马懿的内心虽然难以捉摸，但他没有做过大逆之事，政变之后，司马懿能擢贤用能，广树政绩，修先朝政令以应百姓诉求，对于曹爽犯下的过错，全部予以改正，政令莫不以体恤百姓为先。以上这些做法，已令司马懿父子得到官民拥护，况且他们现在还掌握着兵权，并不是那么容易能打倒的。

王广的这封信是一个重要历史文献，它以第一手资料的形式从侧面记述了高平陵之变后曹魏朝野发生的变化，指出民心所向，揭示了司马懿父子成功的原因。王广并非司马懿父子的心腹，甚至还算是对手，他没有为司马懿父子刻意美言的动机，所以他的话较为可信。这封信记载在《汉晋春秋》一书中，该书的作者习凿齿一反以曹魏为正统的著史方法，提出以蜀汉为正统，说司马氏日后继承的是汉祚而非从曹魏手中夺来的政权。为此，习凿齿对诸葛亮大加称颂，后世广

第七章 正始余音

为争论的《后出师表》就是《汉晋春秋》一书最早收录。对于王广所说的这段话,裴松之认为是习凿齿编造的:"如此言之类皆前史所不载,而犹出习氏。且制言法体不似于昔,疑悉凿齿所自造者也。"不过,细品王广说的这些话,应该在理,司马懿父子发动政变夺权以来确实干得不错,很得人心,现在起兵与他们对抗,方方面面都不占优势,没有成功的可能。不过,王广的这些话并没有发挥作用,因为王凌与令狐愚已经下定了决心,准备放手一搏。

正当王凌和令狐愚摩拳擦掌、跃跃欲试的时候,发生了一件事,使另立新君的计划不得不暂时中止:令狐愚死了,时间是嘉平元年(249)十一月。令狐愚是得病死的,事发偶然,真所谓人算不如天算。这项计划的总发起人是王凌,但具体工作尤其是与楚王曹彪的联络事宜都是令狐愚来执行的。令狐愚的突然去世让王凌措手不及,失去了兖州这个重要盟友和楚王曹彪的参与,王凌更没有胜算了。

就在王凌为下一步行动伤神的时候,兖州这边的情况进一步恶化——令狐愚的一个心腹叛变了。这个人名叫杨康,是令狐愚手下的治中从事,他知晓令狐愚的整个行动计划。《三国志·令狐愚传》裴松之注引《魏略》记载,令狐愚有两个重要的心腹,一个是杨康,另一个名叫单固。史书对杨康的记载不多，倒是说单固为人诚实，令狐愚与单固的父亲单伯龙关系很好，于是征辟单固，想让他当兖州别驾。单固不喜欢做州吏，以身体有病为由相辞。令狐愚礼意愈厚，单固仍然不答应，单固的母亲夏侯氏对单固说："使君与汝父久善，故命汝不止，汝亦故当仕进，自可往耳。固不获已，遂往，与兼治中从事杨康并为愚腹心。"单固听了母亲的话，就去了，任别驾，与治中从事杨康一道成为令狐愚的左膀右臂。令狐愚之死事发突然，杨康和单固也毫无准备。当时杨康正好在洛阳，他是应司徒之命来谈公事的。此时的司徒是高柔，在高平陵之变中坚定支持司马懿。《魏略》说杨康来洛阳是应高柔的征召，这次召见是例行公务还是有专门用意不得而知，但对杨康而言，令狐愚之死意味着另立新君的计划已提前失败了。

经过一番思想斗争，杨康决定主动坦白揭发。杨康先找到高柔，把令狐愚与王凌准备另立楚王曹彪为帝的惊天秘密报告给高柔，高柔不敢怠慢，带着他去见司马懿。司马懿知道王凌和令狐愚存有二心，迟早会是麻烦，但对于他们已经开始密谋另立朝廷的事还是感到很吃惊。司马懿的第一个反应是迅速发兵兖州和扬州，趁令狐愚新死、王凌正在慌乱之时发起攻击，把叛乱消灭于萌芽之中。

第七章 | 正始余音 |

但司马懿很快冷静下来,知道现在不能这么做。一方面,兖州和扬州地域不算小,王凌和令狐愚在此经营多年,既然敢于叛乱,自然已有万全的准备,兵事一起,势必有一场血战,取胜不成问题,但对国家将是一次重创,所以非万不得已不可擅用武力。另一方面,王凌、令狐愚谋反的事情目前仅有这个名叫杨康之人的一面之词,他与令狐愚是什么关系?有没有诬告的可能?他的话里有没有虚张声势的成分?这些还不好马上判断。即使杨康所言不虚,但仅凭他的证言就能请天子颁诏讨伐吗?天下人能否信服?基于以上这些考虑,司马懿决定先隐而不发,观察一下再说。司马懿告诉杨康,此事不要再提,让杨康仍回兖州,不要引起别人的怀疑。

表面上看,一切风平浪静。令狐愚死后,朝廷派了一个名叫黄华的人前去接任。黄华事迹不详,但可以肯定的是,他是司马懿信得过的人,因为他此去兖州是要执行一项特殊使命。

令狐愚死后,还要不要继续执行原先的计划?王凌一度有所犹豫,但他从占星师那里得知:"荧惑入南斗……当有王者兴。"荧惑即火星,它是夜空中最亮的星之一,但它的亮度时常发生变化,在天空中的运行轨迹也不定,令人捉摸不透,故诗云"荧荧火光,离离乱惑"。在星象学家看来,火星又是凶星,火星的红色预示死亡、战乱和流血。《搜神记》中记载

| 正 | 始 | 十 | 年 |

着一件很诡异的事:孙权建立的吴国是草创之国,总担心国家的安危存亡,所以要边屯守将将妻儿留在国都做人质,名曰"保质"。这样的孩子有不少,他们经常在一起玩。孙权死后,孙休继位,有一年三月,一群做人质的少年正在一起玩,过来一个身高四尺多、穿着青衣的孩子,也和他们一同游戏。大家不认识这个孩子,就问他是谁家的小孩。这个孩子不回答,只是说:"见尔群戏乐,故来耳。"大家再看,只见这个孩子眼露光芒,熠熠外射,诸儿皆畏。他说:"你们怕我吗?我非人类,乃荧惑星也,有事要告诉你们。"接着,这个自称为荧惑星的孩子说了一句莫名其妙的话:"三公钼,司马如。"少年们大惊,回来告诉大人,大人们赶紧去看,那个孩子已耸身而跃,似一匹白练登天而去,一会儿就看不见了。大家回味那个孩子说的话,不知何解。21年后孙吴为曹魏所灭亡,曹魏在此前便禅让于晋,大家才知道原来意指如此。有人说《搜神记》的这个记载是一次"外星人事件",这当然是臆测,不足为据。不过,在古人眼中荧惑星是神秘星辰,它的异常变化往往预示着有大事发生,而火星一旦侵犯南斗则预示着凶险,往往指帝王之灾,天下大乱。王凌听说一个名叫浩详的人对星象有研究,就把他找来。浩详大致猜出了王凌的用意,担心若说得不符合王凌的想法自己会遭不测,于是说此星象预示着楚地有王者兴。王凌深信不疑,认为拥立楚王曹

第七章 正始余音

彪一定会成功，于是决心继续干下去。《三国志·令狐愚传》裴松之注引《魏略》记载：

> 凌闻东平民浩详知星，呼问详。详疑凌有所挟，欲悦其意，不言吴当有死丧，而言淮南楚分也，今吴、楚同占，当有王者兴。故凌计遂定。

对于黄华的到来，王凌并没有引起足够警惕，因为他不知道杨康已经叛变，司马懿对他们的事也了如指掌。王凌甚至派人前去联络黄华，约黄华共同起事。这件事情相当匪夷所思，如果不是王凌的智商太低，那就是黄华演技太高。综合起来看，后者的可能性更大。黄华有备而来，司马懿事先肯定交代给他到兖州后该如何做，一切以稳住王凌为核心。同时，在王凌看来，杨康也不会告密。王凌知道杨康和单固是外甥的心腹，杨康是知道整个计划的，如果他有别的想法，计划早就暴露了。现在王凌平安无事，说明秘密仍然被保守着，也就说明杨康一直是可靠的人。王凌的逻辑没有错，错的是他不知道密谋之外还有另外的密谋。

对于令狐愚死后扬州与兖州是如何互动的，没有留下什么史料，只能根据常理去推测。在司马懿的导演下，一场围绕着王凌的大戏正在悄悄上演，杨康和黄华都是这出戏的主角，他们的任务就是取得王凌的信任。在杨康的"撮合"下，黄华想得到王凌的信任并不难，他要让王凌觉得兖州仍然可靠，如果他想有所行动，兖州仍然是盟友，这一招就是引蛇出洞。在司马懿看来，如果扬州是一个脓包，就早点儿把它挤破吧，别让它烂到了肉里。但对王凌来说，形势仿佛正朝着乐观的方向发展，就差上天给一个起兵的契机了！

三、王凌束手就擒

到了嘉平二年（250）十二月，王凌还没有赴洛阳上任，仍在扬州刺史部治所寿春。司马懿仍然希望王凌抓住最后的机会来洛阳就任太尉，如果他今后能安守本分，那就当一切没有发生过。司马懿等了整整一年，王凌那里都没有动静，也没有异常反应。王凌不来洛阳上任，就在扬州待着。又过了一年，进入了嘉平三年（251），王凌再不去赴任，已经没有借口了。

这一年四月十七日，曹魏管辖的中原地区发生了地震，王凌觉得机会来了。他立即上奏，称得到确切情报，孙吴利用涂水上涨的机会将由水路向扬州发起进攻，为此向朝廷申请调兵的虎符，以便就近调动各路魏军向孙吴发起反击。王凌曾是车骑将军，现在又是名义上的太尉，在三公中是分管

第七章 | 正始余音 |

军事的，他要率兵反击孙吴还需要申请虎符吗？一般说来，"都督某州诸军事"已包含了一定规模用兵的授权，不需要事事都使用虎符。但是，去年（250）五月王凌被免去了车骑将军一职，天子也已擢升郭淮为车骑将军，太尉尽管分管军事，可现在的太尉仅是荣誉性职务，调兵这一类的事太尉其实无权。如果王凌以太尉的身份指挥这次反击战，他必须有虎符。王凌的奏疏呈报不久，皇帝曹芳的诏书便下达到寿春：不准。

涂水即今滁河，发源于安徽省肥东县境内，向东流去，在今江苏省南京市六合区境内汇入长江。王凌所报之事并非虚构，这一年春天，孙吴方面确实出动了 10 万兵士筑坝，堵塞了涂水下游，致使上游河水泛滥。《三国志·令狐愚传》记载："三年春，吴贼塞涂水。"孙权正被内部事务搞得焦头烂额，哪有精力向北方发动这么大规模的战争呢？其实这是孙权的防御之策。王凌准备起事，故而摆出向孙吴进攻的架势，为自己扩军及获得更大的军事调动权做准备。孙吴方面不明就里，见魏军向南移动，担心长江防线不保，于是通过堵塞涂水以制造水患的办法迟滞魏军的行动。

司马懿不是孙权，他知道王凌要干什么，所以没有批准王凌的请求。王凌多少有些意外，因为他并不知道司马懿早在一年前便掌握了他们另立新君的计划，隐而不发就是在等他的进一步反应。王凌预感到不妙，发现再不动手就晚了，

| 正 | 始 | 十 | 年 |

于是立即派手下将军杨弘前往兖州，找黄华商议起兵的事。黄华把杨弘留下，向他摊牌，对他晓以利害。杨弘见王凌胜算太小，结果倒戈。杨弘和黄华立即联合上书太傅司马懿，把王凌的整个计划和盘托出。《三国志·令狐愚传》记载：

> 三年春，吴贼塞涂水。凌欲因此发，大严诸军，表求讨贼；诏报不听。凌阴谋滋甚，遣将军杨弘以废立事告兖州刺史黄华，华、弘连名以白太傅司马宣王。

司马懿接到兖州方面的报告，知道时机成熟了，脓包到了该挤破的时候。司马懿决定亲自率兵赴淮南，讨伐王凌。当时黄河、淮南和长江之间水系发达，由洛阳可以乘船经过若干条水道的转运抵达王凌在扬州的基地寿春，司马懿就是乘战船前往的，陆路的几支大军随同行动，直逼淮南。

司马懿料定王凌一定很惊慌，所以在大军南下的同时还做了两件事：一件事是以天子的名义下诏，对王凌的谋叛行为进行揭露，有杨弘的密报，王凌所有的计划包括行动细节都不再是秘密，对此王凌想抵赖都不能；但诏书同时回顾了王凌的功绩，说明他也是一时糊涂犯了错误，只要迷途知返，仍可以原谅，只要他主动投降，可既往不咎。另一件事是亲自给王凌写了一封私信，信中言辞恳切，对此次淮南之行进行了解释，对

第七章 | 正始余音

王凌进行安慰，并保证不会伤害王凌及其家人的性命。

之后，司马懿率中军沿水道讨伐王凌，九天后到达甘城。《晋书·宣帝纪》记载："帝自帅中军，汎舟沿流，九日而到甘城。"此处的中军指拱卫京城的中央军，由于来不及调集外军，司马懿率领平时驻扎在洛阳附近的军队就出发了。司马懿还把尚书王广带上，让他给父亲王凌写信，进行劝降。之后，大军继续东进，到达百尺（今河南省沈丘县以北）。《水经注·渠水》记载："沙水东南过陈县，又东南流注于颍，谓之交口。水次有大堰，即古百尺堰。司马宣王讨王凌，大军掩至百尺，即此地。"看到司马懿亲征，王凌产生了动摇。《三国志·令狐愚传》裴松之注引《魏略》记载，王凌给司马懿写信乞降，信中写道：

> 卒闻神军密发，已在百尺，虽知命穷尽，迟于相见，身首分离，不以为恨，前后遣使，有书未得还报，企踵西望，无物以譬。昨遣书之后，便乘船来相迎，宿丘头，旦发于浦口，奉被露布赦书，又得二十三日况，累纸诲示，闻命惊愕，五内失守，不知何地可以自处。仆久忝朝恩，历试无效，统御戎马，董齐东夏，事有阙废，中心犯义，罪在三百，妻子同县，无所祷矣。不图圣恩天覆地载，横蒙视息，复睹日月。亡甥令狐愚携惑群小之

言，仆即时呵抑，使不得竟其语。既人已知，神明所鉴，夫非事无阴，卒至发露，知此枭夷之罪也。生我者父母，活我者子也。

这封信透露出，王凌之前曾给司马懿写过好几封信，时间大概在接到王广的劝降信后，但司马懿都没有回复，这让王凌十分焦虑。后来王凌接到了司马懿的回信，司马懿在信中约王凌在丘头相见，王凌立即动身来见，路上接到了赦免自己的诏书和司马懿的第二封信，感到很激动，更坚定了投降的决心。王凌在信中用近乎哀求的语气乞降，并恳请司马懿饶过自己及家人。

丘头距百尺不远，在今河南省沈丘县东南的颍水北岸。为显示投降的诚意，王凌乘着一艘小船逆水而上，前去迎接司马懿。王凌走前，交代属下王彧把自己的印信、符节等物都带上，由陆路先行去拜见太傅请罪。见到司马懿时，王凌让人把自己绑了，上前请罪。司马懿派主簿前往王凌的船上，替王凌解了绳索。王凌心中升起了希望，天真地以为皇帝既有诏书赦免自己的罪行，司马懿也向他做过保证，看来事情不会那么糟糕。

但是，当王凌的小船靠近司马懿的水军舰船时，却被拦住了。此处是淮河之上，司马懿率领的水军战船云集，高大威猛，浩浩荡荡。王凌乘一叶小舟，形单影只，孤苦伶仃，任人驱使。王凌乘坐的小船被牵引着慢慢靠近司马懿乘坐的战船，相距10多丈时，船停了下来。当王凌看到了战船上坐着的司马懿时，忽然意识到自己太乐观了。王凌向司马懿喊道："接到你的信我就来了，你为什么还带这么多军队？"司马懿回答说："那是因为你不是一个写几个字就能叫来的人。"王凌又悲又愤，说："你欺骗我！"司马懿平淡地说："宁可骗你，我也不能有负于国家。"《三国志·令狐愚传》裴松之注引《魏略》记载：

> 及到，如书。太傅使人解其缚。凌既蒙赦，加怙旧好，不复自疑，径乘小船自趣太傅。太傅使人逆止之，住船淮中，相去十余丈。凌知见外，乃遥谓太傅曰："卿直以折简召我，我当敢不至邪？而乃引军来乎！"太傅曰："以卿非肯逐折简者故也。"凌曰："卿负我！"太傅曰："我宁负卿，不负国家。"

王凌被抓捕，司马懿命步骑600人押解他由陆路返回洛阳。一路上王凌心潮起伏，他想到自己马上就80岁了，死不足惜，但他的家人，还有那些跟了他多年的属下，都要因此而遭殃，到时候司马懿肯定会大开杀戒，想到这里，他痛苦万分。王凌更后悔轻信了司马懿。曹爽出事时,王凌不在洛阳,但有些事情也听说过一些,知道曹爽当时不束手就擒或许还有一条生路,曹爽也是轻信了司马懿,结果那么多家庭被夷灭。看来司马懿此人对待对手比较狠毒,对那些能威胁到自己的人绝不会留情。王凌不知道还有没有一线生机,为试探司马懿,王凌向押解自己的军士要了几个钉子。军士问王凌做什么用,王凌说用来钉棺材,并请他们务必向司马懿报告一下。司马懿明白王凌的心思,便让人把钉子给他。看到钉子的王凌非常绝望,知道自己唯有一死了。

走到项县时,看到谷水岸边有一座祠堂,细观,发现是贾逵的祠堂,王凌大悲。贾逵是曹魏旧臣,死于魏明帝时。贾逵一生最突出之处是对曹魏无比忠诚。贾逵曾在豫州等地为官,豫州官民为追思他,专门刻石立祠,也就是王凌眼前的这个祠堂。青龙年间魏明帝东征,曾乘辇进入贾逵祠,次日颁诏:"昨过项,见贾逵碑像,念之怆然。古人有言,患名之不立,不患年之不长。逵存有忠勋,没而见思,可谓死而不朽者矣!其布告天下,以劝将来。"

王凌睹物大悲,他也与贾逵一样以曹魏的忠臣自诩,但结局如此,让他情何以堪。《三国志·令狐愚传》裴松之注引干宝《晋纪》记载,王凌大呼:"贾梁道,王凌固忠于魏之社稷者,唯尔有神,知之!"贾逵本名贾衢,字梁道。裴

第七章 | 正始余音

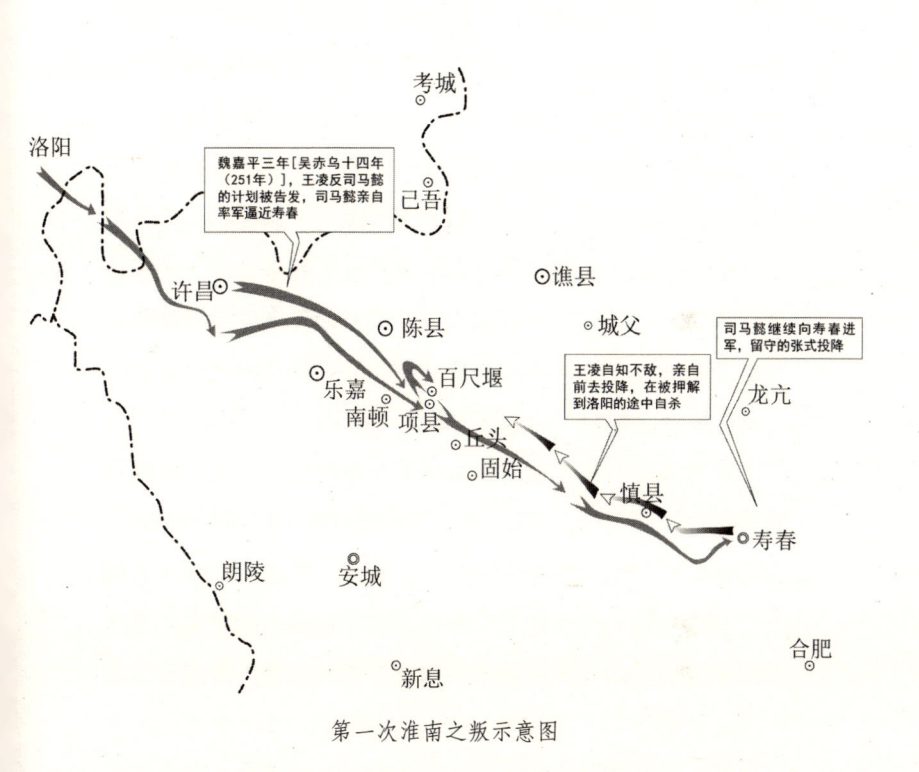

魏嘉平三年[吴赤乌十四年（251年）]，王凌反司马懿的计划被告发，司马懿亲自率军逼近寿春

王凌自知不敌，亲自前去投降，在被押解到洛阳的途中自杀

司马懿继续向寿春进军，留守的张式投降

洛阳　考城　己吾　谯县　许昌　陈县　城父　百尺堰　乐嘉　南顿　项县　丘头　龙亢　固始　慎县　寿春　朗陵　安城　合肥　新息

第一次淮南之叛示意图

|正|始|十|年|

松之注引《魏略》记载,当天夜里,王凌把随他而来的几个扬州旧部叫到跟前,对他们说:"行年八十,身名并灭邪!"言毕,服毒自杀。

王凌发动的淮南叛乱就这样落下了帷幕,这是曹魏时期的第一次淮南叛乱,之后在淮南地区还有毌丘俭、文钦之叛和诸葛诞之叛,分别被称为第二次淮南之叛和第三次淮南之叛,合称"淮南三叛",背景都是司马氏夺权并专政导致掌握军事重镇寿春的将领起兵反抗,结果都被司马氏所平定。

严格说来,第一次淮南之叛并没有大规模发动起来,王凌败得有点儿窝囊。按理说,王凌的智商、胆识比曹爽都要高得多,但他灭亡的过程几乎与曹爽如出一辙。如果王凌拒绝投降,或许还有其他选择,比如与孙吴联手,那样一来或许可与司马懿一拼。就这样落幕了,总有点儿不甘心。造成王凌失败的原因是多方面的,最重要的一点就是拖的时间太长了,从嘉平元年(249)到嘉平三年(251),王凌等人用了近两年时间一直在密谋这件事,不够坚决果断。造反这种事情,得说干就干,不能拖泥带水,否则夜长梦多。时间拖得太长,知道的人就会越来越多,杨康、黄华、杨弘等人都是知情者,指望他们全都严守秘密是不可能的,只要有一个人走漏了消息,整个计划至少先失败了一半。

四、又一场清算

司马懿没有立即回洛阳，他下令船队继续前进，到达寿春。在这里，司马懿主持了大规模清算行动，王凌的旧部张式等纷纷自首。经过审讯，根据张式及之前杨康、杨弘等人的口供，司马懿掌握了大量参与王凌密谋的人员名单，他下令，凡涉及的人全部夷三族。当年曹操四处征战，也遇到过后方反叛的事，但平息之后，曹操基本上都采取了宽容的处理方式，即使首谋重犯，能不杀的也尽可能不杀，更不要说夷三族了。现在司马懿不仅大开杀戒，仅凭有关人员的口供就判定一个个死刑，可谓宁枉勿纵，而且还要夷其三族，这就是极度高压下采取的威吓式心理战了——看谁还敢有造反的念头？

王凌虽然自杀，令狐愚虽然一年多前就死了，但他们二人罪恶最深重，司马懿让相关部门研究该如何发落。相关部门经过商议，主张处置王凌一案应以《春秋》为典。汉代决狱，有时不根据法律法令，或者法律法令也有不曾明载的事，这些都可以在《春秋》一书中寻找依据。有关部门查阅了《春秋》，发现春秋时齐国处理崔杼、郑国处理归生两案可供参考。崔杼是春秋时齐国大臣，曾拥立齐庄公、齐景公，是一个权臣，齐庄公私通崔杼之妻，被崔杼发现后杀死。后来崔杼家族发生内乱，崔杼被杀。死后，齐国重新改葬齐庄公，把崔杼的坟墓挖开，戮尸示众。归生是郑国大夫，曾杀害国君郑灵公，归生死后，郑人掘开他的坟墓，曝尸示众，同时驱逐其家族。有关部门建议按照以上两个典故对令狐愚和王凌治罪。司马懿同意，于是下令将令狐愚开棺剖尸，与王凌的尸体一起在野外曝晒三天示众。之后，下令就地掩埋，不必棺殓。

有一个名叫马隆的人，曾是兖州刺史部武吏，也是令狐愚的老部下，他用自己的资财悄悄把令狐愚安葬，并为其守丧三年，一度在全州被传为美谈。《三国志·令狐愚传》裴松之注引干宝《晋纪》记载："兖州武吏东平马隆，托为愚家客，以私财更殡葬，行服三年，种植松柏。一州之士愧之。"马隆倒没有因为这件事而受到株连，西晋建立后，朝廷打算征伐孙吴，下诏给各州郡举荐一些强壮勇猛、有出色才智和气力的优秀人才到朝廷。兖州官员就举荐马隆，说他的才能可以担任杰出的将领。马隆于是参军，任司马督、武威郡太守、宣威将军等职，《晋书》中还有他的传记。

王凌的儿子王广被杀，死时40多岁。明代学者严衍《通鉴补》记载，王凌受降后，有人把王广绑着押到司马懿面前，王广之前给父亲写过劝谏的信，这次还写过劝降信，司马懿不准备让他连坐，对他说："彦云早听卿言，不及也。"彦云，是王凌的表字。哪知王广正色道："广父非反也，广所以劝父弗举者，欲须时耳。广父不幸，举不当而败。广父，太傅之贼，而曹氏之忠臣也。广，太傅之忠臣，而父之贼也。贼父以求生，广不为也。"说完，王广"伏剑而死"。

王广还有至少两个弟弟，分别名叫王飞枭、王金虎，他们都有才学，且武艺过人，也全部被杀。《三国志·王凌传》裴松之注引《魏末传》记载，王广自己有一个小儿子，不知何名，只知道字明山，擅长书法，在当时便已出名，很多人都把他的字拿来当字帖。王凌事败后，明山逃脱了。他向太原老家逃去，追捕的人紧追不舍，眼看追上了，前面有棵桑树，上面聚集了很多鸟，正好压弯了树枝，明山便躺在树后。追捕之人放箭射他，他佯装中箭，追捕的人以为他被射死，就返回了。但明山仍未逃过一死。他回到老家，到一个亲戚家中要吃的，被亲戚告发，于是被抓起来杀了。

王凌三族之内唯一侥幸生还的人是他的妹妹，因为她有一个特殊的身份：车骑将军郭淮之妻。郭淮是司马懿最信赖和倚重的将领之一，有郭淮坐镇关中，司马懿完全可以放心。但郭淮偏偏娶了王凌的妹妹。王凌被诛，郭淮的妻子应当从坐，御史前往收捕。郭淮的妻子很贤惠，也很得人心，郭淮手下的督将及羌、胡渠帅数千人叩头，请郭淮上表留下妻子，郭淮不从。妻子上路，众人莫不流涕，人人扼腕，有人甚至想劫持御史以留人。郭淮与妻子所生的五个儿子都叩头流血，

| 正 | 始 | 十 | 年 |

请父亲救母亲一命。郭淮不忍看，他的内心在忠于司马懿还是忠于亲情之间苦苦挣扎，最后命人把妻子追回。郭淮给司马懿写了一封信，请求看在自己五个儿子的份上，饶妻子一死。司马懿接到郭淮的信，想必看了良久。最终，司马懿同意特赦。《世说新语·方正》记载：

> 淮妻，王凌之妹。凌诛，妹当从坐，御史往收。督将及羌、胡渠帅数千人叩头请淮表留妻，淮不从。妻上道，莫不流涕，人人扼腕，欲劫留之。淮五子叩头流血请淮，淮不忍视，乃命左右追妻。于是追者数千骑，数日而还。淮以书白司马宣王曰："五子哀母，不惜其身；若无其母，是无五子；无五子，亦无淮也。今辄追还，若于法未通，当受罪于主者，觊展在近。"书至，宣王亦宥之。

郭淮对司马懿十分忠心，当年魏明帝任命司马懿为大将军，任命张郃为车骑将军，命二人同在西线战场对抗诸葛亮北伐。魏明帝有意扶持张郃，以抵消司马懿不断上升的威势，二人渐生矛盾。郭淮那时也在西线战场，他站在司马懿一边，张郃最终不明不白死在了木门道。高平陵之变后，司马懿让郭淮负责整个西线战场，显示出极大的信任。但郭淮在处理妻子的事情上让司马懿失望，他在司马懿心中的分量大减。不出两年，郭淮便病故了。郭淮受王凌之叛影响而黯然离世，这是司马懿的一大损失，但司马懿对西线战场早有布局，除郭淮外，陈泰、邓艾也在那里，他们在军中的威望不断上升，可以填补郭淮留下的空缺。

　　杨康虽然揭发有功，但他没有那么好的运气。司马懿在寿春亲自审讯了单固。根据杨康的举报，原兖州别驾单固不仅知道令狐愚反叛的事，而且还参与其中。司马懿命人把单固抓来。司马懿问："你知道我为何把你叫来吗？"单固回答说不知。司马懿问令狐愚是否有谋反之举，单固回答说没有。但杨康再三肯定，说令狐愚的全部谋反计划单固样样都知晓，司马懿于是下令收捕单固家属，将其全都押在廷尉。对单固拷打审讯了数十次，单固坚持说没有。司马懿让杨康与单固对质。单固见到杨康，大骂。口供录完，在上报之前，廷尉念单固是条汉子，就让他与母亲、妻子见上最后一面。单固在母亲面前不敢抬头相看，至死无法面对母亲。杨康自以为告发了令狐愚和单固，一定会得到赏赐甚至封拜。但是，有人认为他在与单固对质过程中言辞错乱，有很多事情说不清，于是建议一并问斩。临刑之前，单固又看到了杨康，继续大骂。《三国志·令狐愚传》裴松之注引《魏略》记载：

正始十年

康在京师露其事，太傅乃东取王淩。到寿春，固见太傅，太傅问曰："卿知其事为邪？"固对不知。太傅曰："且置近事。问卿，令狐反乎？"固又曰无。而杨康白，事事与固连。遂收捕固及家属，皆系廷尉，考实数十，固故云无有。太傅录杨康，与固对相诘。固辞穷，乃骂康曰："老庸既负使君，又灭我族，顾汝当活邪！"辞定，事上，须报廷尉，以旧皆听得与其母妻子相见。固见其母，不仰视，其母知其惭也，字谓之曰："恭夏，汝本自不欲应州郡也，我强故耳。汝为人吏，自当尔耳。此自门户衰，我无恨也。汝本意与我语。"固终不仰，又不语，以至于死。初，杨康自以白其事，冀得封拜，后以辞颇参错，亦并斩。临刑，俱出狱，固又骂康曰："老奴，汝死自分耳。若令死者有知，汝何面目以行地下也！"

楚王曹彪自然难逃一劫。曹芳命侍御史奉旨持节前往曹彪的封地赐给他玺书。《三国志·楚王彪传》裴松之注引《汉魏春秋》记载，玺书写道："夫先王行赏不遗仇雠，用戮不违亲戚，至公之义也。故周公流涕而决二叔之罪，孝武伤怀而断昭平之狱，古今常典也。惟王，国之至亲，作藩于外，不能祗奉王度，表率宗室，而谋于奸邪，乃与太尉王淩、兖州刺史令狐愚构通逆谋，图危社稷，有悖忒之心，无忠孝之意。

宗庙有灵，王其何面目以见先帝？朕深痛王自陷罪辜，既得王情，深用怃然。有司奏王当就大理，朕惟公族甸师之义，不忍肆王市朝，故遣使者赐书。王自作孽，匪由于他，燕刺之事，宜足以观。王其自图之！"曹芳在玺书中斥责曹彪："你身为楚王，是宗室至亲，却不能遵守国家法令，为宗室做出榜样，你与奸佞之徒勾结，和太尉王凌、兖州刺史令狐愚等人密谋造反，妄图推翻朝廷。你这种有背叛之心、无忠孝之义的行为，有何脸面去见父兄亡灵？"在玺书中，曹芳教训这位长辈："有关部门要将你送交大理寺行刑，我念及咱们都是同宗，不忍心看你暴尸街头，因此派御史赐你玺书，这些都是你自作自受，怨不得他人。汉代燕王谋反，最后被赐死，这个办法对你来说已经够宽容的了，你好自为之吧！"这份玺书自然是经司马懿授意并同意的，但对曹芳来说，里面也未必都是违心之语，毕竟另立皇帝是要取代自己的，哪怕自己这个皇帝只是一个傀儡，也是不能接受的。

曹彪无奈，于是自杀。诏书同时贬曹彪的妃嫔及儿子们为庶人，流放到平原郡。没有被灭三族，算是格外开恩了。司马懿对曹彪的属下却没那么宽大：曹彪的所有属下及朝廷派来监视曹彪的官员，都因犯了知情却不及时劝阻或报告的罪过被处死。曹彪的封地也被收回，改为淮南郡。但不知是何故，曹彪这一支却没有消散，相反很快便得到了复兴。几年后，曹魏皇帝下诏封曹彪的儿子曹嘉为常山真定王，食邑达到 2500 户。西晋开国，曹嘉还被封为高邑公，不仅如此，曹嘉还进入晋朝为官，先后担任过国子博士、东莞郡太守等职。

在曹氏后裔中，曹嘉是为数不多的几个改朝换代后处境和待遇仍然都不错的人。作为曹操的孙子，曹嘉得到了祖上的遗传，也很会写诗。曹嘉有一个要好的朋友，他就是石苞的儿子、晋朝有名的富豪石崇。石崇后来担任征虏将军，负责青州、徐州的军事，曹嘉在那里当郡太守，二人算上下级关系。曹嘉曾写诗给石崇：

文武应时用，兼才在明哲。
嗟嗟我石生，为国之俊杰。
入侍于皇闼，出则登九列。
威检肃青徐，风发宣吴裔。
畴昔谬同位，情至过鲁卫。
分离逾十载，思远心增结。
愿子鉴斯诚，寒暑不逾契。

这种"马屁诗"当然比不上其祖"三曹"，但作为曹氏宗亲，父亲又背着反叛的罪名，曹嘉不仅在晋朝官场上站住了脚，而且能与晋朝的这些达官贵人相往来，说明他适应时代变化的能力很强。石崇收到曹嘉写的诗，还专门写诗相和：

> 昔常接羽仪，俱游青云中。
> 敦道训胄子，儒化涣以融。
> 同声无异响，故使恩爱隆。
> 岂惟敦初好，款分在令终。
> 孔不陋九夷，老氏适西戎。
> 逍遥沧海隅，可以保王躬。
> 世事非所务，周公不足梦。
> 玄寂令神王，是以守至冲。

在西晋的官场上，曹嘉有不少朋友，其口碑也还不错。曹嘉当了多年郡太守，职务一直没有升迁，吏部郎李重启为此专门上疏替他说话，认为魏氏宗室地位卑下，职位难以升迁，东莞郡太守曹嘉才干学义虽然比不上曹志、曹翕，但他洁身自好，性情方面优于二人，且已在两个地方当过郡太守，应该从优待先代皇室后裔的角度嘉勉其为员外散骑侍郎。曹嘉最终有没有当上员外散骑侍郎？史书没有记载。曹嘉还是一名学者，撰有《晋纪》10卷，是编年体史书，已佚。

|正|始|十|年|

五、一代魏臣入《晋书》

楚王曹彪事件提醒了司马懿，看来曹魏宗室仍有相当大的政治号召力，如果仍然分散于各地，将会带来风险，最好的办法是把曹魏王公们全部集中于某地，派人严加看管。司马懿觉得邺县是个好地方，那里是曹魏的发祥地，曹操身故后还有不少妃嫔、宫人在那里居住。《资治通鉴》记载："六月，赐楚王彪死。尽录诸王公置邺，使有司察之，不得与人交关。"

处理完这些事，司马懿率大军返程。行至五池，遇到侍中韦诞一行，他们奉天子之命前来劳军。行至甘城，遇到太仆庾嶷一行，除劳军外，他们还肩负着一项重要使命。庾嶷带来了曹芳的诏书，为司马懿加官晋爵。之前司马懿已坚辞了一次，但曹芳很执着，这一次给他的职位更高：拜司马懿为相国，晋爵为安平郡公，食邑增至五万户，子弟19人全部封侯。曹操当年为晋爵魏公费尽周折，背地里招来了无数唾骂，现在公爵之位主动送上了门，而且是天子主动为之。但是，司马懿仍不同意。司马懿写了一封奏疏让庾嶷带回去。司马懿在奏疏中写道："臣亲受顾命，忧深责重，凭赖天威，摧弊奸凶，赎罪为幸，功不足论。又三公之官，圣王所制，著之典礼。至于丞相，始自秦政。汉室因之，无复变改。今三公之官皆备，横复宠臣，远越先典，革圣明之经，袭秦汉之路，虽在异人，臣所宜正，况当臣身而不固争，四方议者将谓臣何！"奏疏送达曹芳，但他依然执着，再派人来下诏："既然相国和郡公不要，那就加九锡。"司马懿仍固辞不受。

这时已经是嘉平三年（251）六月，司马懿已是70多岁的老人。毕竟年事已高，最近几个月不仅劳心费神，而且随大军行动，一路颠簸，司马懿病倒了。

这一回是真的病了。再坚强的人也有倒下的一天，尤其在岁月面前。放到现在，70多岁还算不上高寿；但在古代，能活到这个年龄的绝对是少数人。要想活到70岁以上，不仅需要好身体，还需要好运气。司马懿的身体不错，这似乎得益于家族的遗传，他的父亲司马防及弟弟司马孚等人都很长寿，他的大哥司马朗英年早逝，但那是得了瘟疫去世的。

七月，司马懿抱病回到洛阳后，病情加重。他知道自己来日无多了，于是立下遗嘱，交代后事。遗嘱共有四条：一是葬于京城东北80里的首阳山，不坟不树，保持原地形不变；二是陪葬品用一些平时穿的衣服就行，不设明器；三是日后死者不得与其合葬；四是日后子孙不得祭陵。

首阳山在洛阳东北不远，属今河南省偃师市邙岭乡，是邙山在偃师境内的最高处，因太阳光先照到而得名。首阳山最早出名与伯夷、叔齐两位著名隐士有关，他们耻食周粟，

| 正 | 始 | 十 | 年 |

隐居于首阳山，采薇而食，死后葬于首阳山。魏文帝、魏明帝的陵墓都在这一带。司马懿早为自己看好了陵墓的位置，他死后也葬于此。汉魏之际兵荒马乱，盗墓盛行，所以司马懿想到不坟不树，也不要用值钱的东西陪葬，一方面出于节俭的考虑，另一方面也是怕招来盗墓贼。

八月初，洛阳太傅府。

如果从高高的屋顶沿着黔黑色粗壮的立柱去俯视，看那床榻之上的老者，会看到一缕缕惨淡的光从窗棂透进去，映在他的脸上、胸前和手上。目睹于此，会油然生出对生命的感伤。那双手骨瘦如柴，胡须花白而稀疏，脸上折皱纵横，目力稀微，眼睑耷拉着，不用靠得太近，依然可以听到从眼前这个老者胸腔里传递出来的呼呼噜噜的声响——胸部拼命地起伏着，节奏很快。这就是司马懿吗？那个让对手闻风丧胆、不战而退，让政敌恨之入骨又无可奈何的"巨人"？

这就是司马懿，此刻他的生命已经进入倒计时。在司马懿身边的是他的弟弟司马孚和儿子司马师、司马昭，除此之外，屋里没有别人。在亲人们的守候下，司马懿已昏睡了很久。突然，他醒了，手指颤巍巍地缓慢抖开来。久在近旁侍立的司马师赶紧上前。司马懿睁了睁眼，努力从喉咙里传出几个字来，但是谁也听不清楚那是什么。司马师似乎有所会意，把头往前靠了靠，问道："是不是又梦见他们了？"司马师说的"他们"指的是王凌、贾逵。自从淮南归来父亲一病不起后，父亲便多次梦见王凌、贾逵等人扮作厉鬼来索命，王凌痛诉自己死得冤枉，贾逵则以曹魏忠臣的身份数落，说父亲是一个奸臣。司马懿似乎听懂了儿子的话，但摇了摇头。关于司马懿临终前所做的噩梦，《晋书·宣帝纪》记载："六月，帝寝疾，梦贾逵、王凌为祟，甚恶之。"一本名叫《还冤记》的书也记载："宣王有疾，白日见凌来，并贾逵为祟，因呼字曰：'彦云缓我！'宣王身亦有打处，少日遂薨。"

司马师问父亲还有什么没有交代的，弥留之际的司马懿或许在想：那倒不用了，该安排的都已经安排好了。对于家事，司马懿完全放心，他对自己亲手调教的两个儿子感到骄傲。作为一生都笃信天命的人，并且亲身经历了魏文帝、魏明帝父子临终托孤，司马懿以前多次想象过自己临终的情形，想过他到那时应该见哪些人，说些什么话。然而，现在终于到了这一时刻，他的内心却被一些无聊的往事和一些无聊的人所占据着，这让他烦恼。司马懿摇了摇头，慢慢闭上了眼睛。

嘉平三年（251）八月五日，曹魏太傅司马懿在洛阳病逝，时年73岁。回顾司马懿的一生，可谓波澜起伏：22岁时第

| 正 | 始 | 十 | 年 |

一次踏入仕途,却因故离职,在家休养了多年,直到 29 岁第二次出来做事,来到曹操手下;41 岁时,曹操去世曹丕继位,他的人生才翻开了新的一页;43 岁时被封为乡侯,担任朝廷尚书仆射的要职;46 岁时,他担任了抚军大将军,开始领兵,这是他人生中的又一次重要转折,第二年文帝驾崩,他成为三名辅政大臣之一;从 47 岁到 60 岁,他一直在曹氏第三代君王魏明帝驾下为臣,其间平孟达、抗诸葛亮、讨伐公孙渊,建立了不世功勋,确立了巨大的个人威望,职务也升至大将军、太尉,几近人臣的顶点;司马懿试图成为曹魏的忠臣,至少在第二次托孤之前他从未有过谋叛的念头,但是,事情的发展不由他来操控,在人生的最后十多年里,他大部分时间都处在被排挤、受打压的状态,这对一个为曹魏社稷倾心竭力、建立了丰功伟绩的四代老臣来说,是多么的不公;在最后几年,司马懿的生命反而再一次燃放,他以垂暮之年先是发起政变,绝地反击,继而以霹雳手段镇压叛乱,为子孙的基业再添一把火。为此,他大开杀戒,因为他知道有些人他不去杀就要留给子孙,与其让子孙的霸业一开始就背上滥杀的包袱,不如就让他这个快死的人来做这个恶人吧。

　　司马懿死后,群臣纷纷向曹芳进言,说"伊尹既卒,伊陟嗣事"。伊尹是殷商宰辅,伊陟是他的儿子,商王太戊继位后伊尹去世,太戊即任用伊陟担任宰辅大臣。由于伊陟辅佐

第七章 正始余音

朝政得力，太戊在祖庙称赞伊陟，不把他当臣子看待。在多数大臣看来，伊尹就是司马懿，而伊陟就是司马师。曹芳下诏，命司马师以抚军大将军的身份辅政。这时，有人提出改朝换代的建议，司马师认为不可。《晋书·景帝纪》记载："或有请改易制度者，帝曰：'不识不知，顺帝之则，诗人之美也。三祖典制，所宜遵奉；自非军事，不得妄有改革。'""三祖典制"指的是魏武帝、魏文帝、魏明帝三朝留下的制度典章。"不识不知，顺帝之则"出自上古一首题为《康衢谣》的儿歌。《列子》记载，尧治理天下50年后的一天，微服私访至一个叫康衢的地方，听见一群小孩在唱着民歌："立我蒸民，莫匪尔极，不识不知，顺帝之则。"大意是，让咱们百姓有衣有食，莫不是得益于你的英明政策？让大家不投机、不取巧，这些都顺乎自然的法则。尧听后很高兴，觉得自己可以功成身退了，于是招来舜，禅让天下。

在经历了曹爽、王凌等事件后，司马师仍然高举着曹魏的旗帜。父亲临终前把骂名尽可能替他背了，他在这方面的包袱比较少，但掌权伊始就强调"三祖"，这是高明之处。在司马师看来，除非有军事方面的应急需要，其他方面不能妄加推翻。从司马师的一生看，他并不是一个保守派，反对一切改革；相反，他是一个最能适应变化的人，他不愿意改变，不是因为不需要改变，也不是不想改变，而是他看清现在不

| 正 始 十 年 |

能改变、不宜改变。原因很简单,现在朝野上下最需要的就是政治上的稳定,稳定人心,稳定政局,先稳住这一切,其他的事情慢慢再说。

嘉平六年（254）二月发生了中书令李丰与张皇后的父亲、光禄大夫张缉等人谋反事件,他们准备废掉司马师,改立夏侯玄为大将军。事情败露,李丰、张缉、夏侯玄等被司马师灭族。司马师逼曹芳废黜张皇后,改立王皇后。司马师仍担心有后患,于是与郭太后联手废掉了曹芳,另立东海王曹霖之子曹髦为帝。曹芳于西晋泰始十年（274）去世,时年43岁,谥号厉公。曹芳曾被晋武帝封为邵陵县公,史书一般称他为邵陵厉公,其在位期间的年号均为"邵陵厉公某年"。

正元二年（255）,司马师病逝于许昌,时年47岁,大权由司马昭掌握。甘露五年（260）,曹魏皇帝曹髦实在无法忍受司马昭的独断专权,带领身边的一些人"讨伐"司马昭,结果被太子舍人成济弑杀,年仅20岁,以王礼葬于洛阳西北。曹髦死后不仅被褫夺了皇帝封号,而且死后无谥号,由于他在做皇帝前的封号是高贵乡公,所以其在位期间的年号均为"高贵乡公某年"。司马昭与郭太后联手,立燕王曹宇的儿子曹奂为帝。

景元四年（263）,司马昭命邓艾、钟会等人率兵讨蜀,蜀汉于当年灭亡。次年五月,曹魏皇帝曹奂封司马昭为晋王,

第七章 | 正始余音

增加10个郡作为封地，加上之前的10个郡，司马昭的封地达到了空前绝后的20个郡。曹奂同时下诏追封舞阳侯司马懿为晋宣王，追封忠武侯司马师为晋景王。又过一年，司马昭去世，时年55岁，儿子司马炎即晋王位。第二年，司马炎逼迫曹魏皇帝曹奂禅让，建立新朝，定国号为晋，司马懿被追封为晋宣帝，司马师被追封为晋景帝，司马昭被追封为晋文帝。曹奂被降封为陈留王，于西晋太安元年（302）去世，时年58岁，谥号为元皇帝，其在位期间的年号均为"魏元帝某年"。

晋武帝司马炎称帝后，下诏改年号为泰始。泰始，如泰山般稳固的基业就从今天开始。这样，继蜀汉之后曹魏政权也灭亡了，时间是曹魏咸熙二年十二月，对应公历是266年1月。曹魏建立于220年，算起来前后存在了46年。司马炎下诏奉曹魏最后一个皇帝曹奂为陈留王，命其迁往邺县居住，各项礼节参照当年曹魏优待汉献帝的做法执行，同样被集中在邺县居住的原曹氏诸王公一律降为侯。从曹操到曹丕、曹叡，奋斗了几十年，皇位没了，只剩下最后一个象征性的陈留王，而司马氏一族却一夜间诞生出一大批藩王：晋武帝封叔祖父司马孚为安平王，还封叔父司马干为平原王、司马亮为扶风王、司马伷为东莞王、司马骏为汝阴王、司马肜为梁王、司马伦为琅邪王，封弟弟司马攸为齐王、司马鉴为乐安王、司马机为燕王，加上堂兄弟、堂伯父、堂叔父，司马氏

357

一族共有 27 个人被封王。

晋武帝任命石苞为大司马、郑冲为太傅、王祥为太保、何曾为太尉，任命安平王司马孚为太宰并"都督中外诸军事"，任命贾充为车骑将军、王沈为骠骑将军。上面这些人曾经都是曹魏的臣子，但他们中绝大多数人的传记不是出现在《三国志》里的《魏书》中，而是出现在专门为晋朝作史的《晋书》中。

一代魏臣入《晋书》！看到这样的结局，那些忠于曹魏的人一定无比伤感，唏嘘不已。但这就是历史，既有着许多的偶然，也包含着太多的必然。

也许不用为这样的结果而感伤，因为从分裂走向统一才是历史发展的潮流。蜀臣也罢，吴臣也罢，魏臣也罢，最终将身份转换为统一王朝的臣民，这才代表着历史前进的方向！

公元 249 年大事记
(曹魏邵陵厉公正始十年、嘉平元年,蜀后主延熙十二年,吴大帝赤乌十二年)

【一月】

一、曹魏太傅司马懿趁曹魏皇帝曹芳、大将军曹爽朝谒高平陵之际在洛阳发动政变

嘉平元年春正月甲午,车驾谒高平陵。太傅司马宣王奏免大将军曹爽、爽弟中领军羲、武卫将军训、散骑常侍彦官,以侯就第。(《三国志·齐王芳纪》)

十年正月,车驾朝高平陵,爽兄弟皆从。宣王部勒兵马,先据武库,遂出屯洛水浮桥。奏爽曰:"臣昔从辽东还,先帝诏陛下、秦王及臣升御床,把臣臂,深以后事为念。臣言'二祖亦属臣以后事,此自陛下所见,无所忧苦。万一有不如意,臣当以死奉明诏'。黄门令董箕等,才人侍疾者,皆所闻知。今大将军爽背弃顾命,败乱国典,内则僭拟,外专威权;破坏诸营,尽据禁兵,群官要职,皆置所亲;殿中宿卫,历世旧人皆复斥出,欲置新人以树私计;根据盘互,纵恣日甚。外既如此,又以黄门张当为都监,专共交关,看察至尊,候

伺神器，离间二宫，伤害骨肉。天下汹汹，人怀危惧，陛下但为寄坐，岂得久安！此非先帝诏陛下及臣升御床之本意也。臣虽朽迈，敢忘往言？昔赵高极意，秦氏以灭；吕、霍早断，汉祚永世。此乃陛下之大鉴，臣受命之时也。太尉臣济、尚书令臣孚等，皆以爽为有无君之心，兄弟不宜典兵宿卫，奏永宁宫。皇太后令敕臣如奏施行。臣辄敕主者及黄门令罢爽、羲、训吏兵，以侯就第，不得逗留以稽车驾；敢有稽留，便以军法从事。臣辄力疾将兵屯洛水浮桥，伺察非常。"爽得宣王奏事，不通，迫窘不知所为。大司农沛国桓范闻兵起，不应太后召，矫诏开平昌门，拔取剑戟，略将门候，南奔爽。宣王知，曰："范画策，爽必不能用范计。"范说爽使车驾幸许昌，招外兵。爽兄弟犹豫未决，范重谓羲曰："当今日，卿门户求贫贱复可得乎？且匹夫持质一人，尚欲望活。今卿与天子相随，令于天下，谁敢不应者？"羲犹不能纳。侍中许允、尚书陈泰说爽，使早自归罪。爽于是遣允、泰诣宣王，归罪请死，乃通宣王奏事。遂免爽兄弟，以侯还第。（《三国志·桓范传》）

嘉平元年春正月甲午，天子谒高平陵，爽兄弟皆从。是日，太白袭月。帝于是奏永宁太后，废爽兄弟。时景帝为中护军，将兵屯司马门。帝列阵阙下，经爽门。爽帐下督严世上楼，引弩将射帝，孙谦止之曰："事未可知。"三注三止，皆引其肘不得发。大司农桓范出赴爽，蒋济言于帝曰："智囊往矣。"帝曰："爽与范内疏而智不及，驽马恋短豆，必不能用也。"于是假司徒高柔节，行大将军事，领爽营，谓柔曰："君为周勃矣。"命太仆王观行中领军，摄羲营。帝亲帅太尉蒋济等勒兵出迎天子，屯于洛水浮桥，上奏曰："先帝诏陛下、秦王及臣升于御床，握臣臂曰'深以后事为念'。今大将军爽背弃顾命，败乱国典，内则僭拟，外专威权。群官要职，皆置所亲；宿卫旧人，并见斥黜。根据盘互，纵恣日甚。又以黄门张当为都监，专共交关，伺候神器。天下汹汹，人怀危惧。陛下便为寄坐，岂得久安？此非先帝诏陛下及臣升御床之本意也。臣虽朽迈，敢忘前言。昔赵高极意，秦是以亡；吕霍早断，汉祚永延。此乃陛下之殷鉴，臣授命之秋也。公卿群臣皆以爽有无君之心，兄弟不宜典兵宿卫；奏皇太后，皇太后敕如奏施行。臣辄敕主者及黄门令罢爽、羲，训吏兵各以本官侯就第，若稽留车驾，以军法从事。臣辄力疾将兵诣洛水浮桥，伺察非常。"爽不通奏，留车驾宿伊水南，伐树为鹿角，发屯兵数千人以守。桓范果劝爽奉天子幸许昌，移檄征天下兵。爽不能用，而夜遣侍中许允、尚书陈泰诣帝，观望风旨。帝数其过失，事止免官。泰还以报爽劝之通奏。帝又遣爽所信殿中校尉尹大目谕爽，指洛水为誓，爽意信之。桓范等援引古今，谏说万端，终不能从。乃曰："司马公正当欲夺吾权耳。吾得以侯还第，不失为富家翁。"范拊膺曰："坐卿。灭吾族矣！"遂通帝奏。既而有司劾黄门张当，并发爽与何晏等反事，乃收爽兄弟及其党与何晏、丁谧、邓飏、毕轨、李胜、桓范等诛之。蒋济曰："曹真之勋，不可以不祀。"帝不听。初，爽司马鲁芝、主簿杨综斩关奔爽。及爽之将归罪也，芝、综泣谏曰："公居伊周之任，挟天子，杖天威，孰敢不从？舍此而欲就东市，岂不痛哉！"有司奏收芝、综科罪，帝赦之，曰："以劝事君者。"二月，天子以帝为丞相，增封颍川之繁昌、鄢陵、新汲、父城，并前八县，邑二万户，奏事不名。固让丞相。冬十二月，加九锡之礼，朝会不拜。固让九锡。（《晋书·宣帝纪》）

宣帝之将诛曹爽，深谋秘策，独与帝潜画，文帝弗之知也。将发夕乃告之，既而使人觇之，帝寝如常，而文帝不能安席。晨会兵司马门，镇静内外，置阵甚整。宣帝曰："此子竟可也。"初，帝阴养死士三千，散在人间，至是一朝而集，众莫知所出也。事平，以功封长平乡侯，食邑千户，寻加卫将军。及宣帝薨，议者咸云"伊尹既卒，伊陟嗣事"，天子命帝以抚军大将军辅政。（《晋书·景帝纪》）

及诛曹爽，帅众卫二宫，以功增邑千户。（《晋书·文帝纪》）

在官二十三年，转为太常，旬日迁司空，后徙司徒。太傅司马宣王奏免曹爽，皇太后诏召柔假节行大将军事，据爽

营。太傅谓柔曰:"君为周勃矣。"爽诛,进封万岁乡侯。高贵乡公即位,进封安国侯,转为太尉。(《三国志·高柔传》)

二、曹爽、曹羲、曹训、何晏、邓飏、丁谧、毕轨、李胜、桓范、张当等人伏诛,夷三族

戊戌,有司奏收黄门张当付廷尉,考实其辞,爽与谋不轨。又尚书丁谧、邓飏、何晏、司隶校尉毕轨、荆州刺史李胜、大司农桓范皆与爽通奸谋,夷三族。(《三国志·齐王芳纪》)

初,张当私以所择才人张、何等与爽。疑其有奸,收当治罪。当陈爽与晏等阴谋反逆,并先习兵,须三月中欲发,于是收晏等下狱。会公卿朝臣廷议,以为"春秋之义,'君亲无将,将而必诛'。爽以支属,世蒙殊宠,亲受先帝握手遗诏,讬以天下,而包藏祸心,蔑弃顾命,乃与晏、飏及当等谋图神器,范党同罪人,皆为大逆不道"。于是收爽、羲、训、晏、飏、谧、轨、胜、范、当等,皆伏诛,夷三族。(《三国志·桓范传》)

初,夏侯玄、何晏等名盛于时,司马景王亦预焉。晏尝曰:"唯深也,故能通天下之志,夏侯泰初是也;唯几也,故能成天下之务,司马子元是也;唯神也,不疾而速,不行而至,吾闻其语,未见其人。"盖欲以神况诸己也。初,宣王使晏与治爽等狱。晏穷治党与,冀以获宥。宣王曰:"凡有八族。"晏疏丁、邓等七姓。宣王曰:"未也。"晏穷急,乃曰:"岂谓晏乎!"宣

王曰:"是也。"乃收晏。(《三国志·桓范传》裴松之注引《魏氏春秋》)

三、曹魏右将军夏侯霸叛逃蜀汉

霸,正始中为讨蜀护军右将军,进封博昌亭侯,素为曹爽所厚。闻爽诛,自疑,亡入蜀。以渊旧勋赦霸子,徙乐浪郡。(《三国志·夏侯渊传》)

夏侯霸奔蜀,蜀朝问:"司马公如何德?"霸曰:"自当作家门。""京师俊士?"曰:"有锺士季,其人管朝政,吴、蜀之忧也。"(《三国志·钟会传》裴松之注引《世语》)

初,夏侯霸降蜀,姜维问之曰:"司马懿既得彼政,当复有征伐之志不?"霸曰:"彼方营立家门,未遑外事。有锺士季者,其人虽少,终为吴、蜀之忧,然非非常之人亦不能用也。"后十五年而会果灭蜀。按习凿齿此言,非出他书,故采用世语而附益也。(《三国志·钟会传》裴松之注引《汉晋春秋》)

时征西将军夏侯玄,于霸为从子,而玄于曹爽为外弟。及司马宣王诛曹爽,遂召玄,玄来东。霸闻曹爽被诛而玄又徵,以为祸必转相及,心既内恐;又霸先与雍州刺史郭淮不和,而淮代玄为征西,霸尤不安,故遂奔蜀。南趋阴平而失道,入穷谷中,粮尽,杀马步行,足破,卧岩石下,使人求道,未知何之。蜀闻之,乃使人迎霸。初,建安五年,时霸从妹年十三四,在本郡,出行樵采,为张飞所得。飞知其良家女,遂以为妻,产息女,为刘禅皇后。故渊之初亡,飞妻请而葬之。及霸入蜀,禅与相见,释之曰:"卿父自遇害于行间耳,非我先人之手刃也。"指其儿子以示之曰:"此夏侯氏之甥也。"厚加爵宠。(《三国志·夏侯渊传》裴松之注引《魏略》)

夏侯霸之降蜀也,姻亲多告绝,祜独安其室,恩礼有加焉。寻遭母忧,长兄发又卒,毁慕寝顿十余年,以道素自居,恂恂若儒者。(《晋书·羊祜传》)

【三月】

孙吴左大司马朱然去世

(赤乌)十二年春三月,左大司马朱然卒。(《三国志·吴主传》)

然长不盈七尺,气候分明,内行脩絜,其所文采,惟施军器,余皆质素。终日钦钦,常在战场,临急胆定,尤过绝人,虽世无事,每朝夕严鼓,兵在营者,咸行装就队,以此玩敌,使不知所备,故出辄有功。诸葛瑾子融、步骘子协,虽各袭任,权特复使然总为大督。又陆逊亦卒,功臣名将存者惟然,莫与比隆。寝疾二年,后渐增笃,权昼为减膳,夜为不寐,中使医药口食之物,相望于道。然每遣使表疾病消息,权辄召见,口自问讯,入赐酒食,出送布帛。自创业功臣疾病,权意之所钟,吕蒙、凌统最重,然其次矣。年六十八,赤乌十二年卒,权素服举哀,为之

感恸。子绩嗣。(《三国志·朱然传》)

【四月】

一、曹魏改年号为嘉平

夏四月乙丑，改年。(《三国志·齐王芳纪》)

二、曹魏太尉蒋济去世

是时，曹爽专政，丁谧、邓飏等轻改法度。会有日蚀变，诏群臣问其得失，济上疏曰："昔大舜佐治，戒在比周；周公辅政，慎于其朋；齐侯问灾，晏婴对以布惠；鲁君问异，臧孙答以缓役。应天塞变，乃实人事。今二贼未灭，将士暴露已数十年，男女怨旷，百姓贫苦。夫为国法度，惟命世大才，乃能张其纲维以垂于后，岂中下之吏所宜改易哉？终无益于治，适足伤民，望宜使文武之臣各守其职，率以清平，则和气祥瑞可感而致也。"以随太傅司马宣王屯洛水浮桥，诛曹爽等，进封都乡侯，邑七百户。济上疏曰："臣忝宠上司，而爽敢苞藏祸心，此臣之无任也。太傅奋独断之策，陛下明其忠节，罪人伏诛，社稷之福也。夫封宠庆赏，必加有功。今论谋则臣不先知，语战则非臣所率，而上失其制，下受其弊。臣备宰司，民所具瞻，诚恐冒赏之渐自此而兴，推让之风由此而废。"固辞，不许。是岁薨，谥曰景侯。子秀嗣。秀薨，

子凯嗣。咸熙中，开建五等，以济著勋前朝，改封凯为下蔡子。（《三国志·蒋济传》）

初，济随司马宣王屯洛水浮桥，济书与曹爽，言宣王旨"惟免官而已"，爽遂诛灭。济病其言之失信，发病卒。（《三国志·蒋济传》裴松之注引《世语》）

【七至九月】

一、蜀汉卫将军姜维北伐曹魏，曹魏征西将军郭淮、雍州刺史陈泰、讨蜀护军徐质、南安郡太守邓艾共同抵御，魏军取得大捷

嘉平元年，迁征西将军，都督雍、凉诸军事。是岁，与雍州刺史陈泰协策，降蜀牙门将句安等于翅上。（《三国志·郭淮传》）

蜀将姜维之寇陇右也，征西将军郭淮自长安距之。进帝位安西将军、持节，屯关中，为诸军节度。淮攻维别将句安于麹，久而不决。帝乃进据长城，南趣骆谷以疑之。维惧，退保南郑，安军绝援，帅众来降。转安东将军、持节，镇许昌。（《晋书·文帝纪》）

嘉平初，代郭淮为雍州刺史，加奋威将军。蜀大将军姜维率众依麹山筑二城，使牙门将句安、李歆等守之，聚羌胡质任等寇偪诸郡。征西将军郭淮与泰谋所以御之，泰曰："麹城虽固，去蜀险远，当须运粮。羌夷患维劳役，必未肯附。

今围而取之，可不血刃而拔其城；虽其有救，山道阻险，非行兵之地也。"淮从泰计，使泰率讨蜀护军徐质、南安太守邓艾等进兵围之，断其运道及城外流水。安等挑战，不许，将士困窘，分粮聚雪以稽日月。维果来救，出自牛头山，与泰相对。泰曰："兵法贵在不战而屈人。今绝牛头，维无反道，则我之禽也。"敕诸军各坚垒勿与战，遣使白淮，欲自南渡白水，循水而东，使淮趣牛头，截其还路，可并取维，不惟安等而已。淮善其策，进率诸军军洮水。维惧，遁走，安等孤县，遂皆降。(《三国志·陈泰传》)

嘉平元年，与征西将军郭淮拒蜀偏将军姜维。维退，淮因西击羌。艾曰："贼去未远，或能复还，宜分诸军以备不虞。"于是留艾屯白水北。三日，维遣廖化自白水南向艾结营。艾谓诸将曰："维今卒还，吾军人少，法当来渡而不作桥。此维使化持吾，令不得还。维必自东袭取洮城。"洮城在水北，去艾屯六十里。艾即夜潜军径到，维果来渡，而艾先至据城，得以不败。赐爵关内侯，加讨寇将军，后迁城阳太守。(《三国志·邓艾传》)

二、曹魏司空王凌、兖州刺史令狐愚密谋，准备另立楚王曹彪为帝

是时，凌外甥令狐愚以才能为兖州刺史，屯平阿。舅甥

并典兵,专淮南之重。凌就迁为司空。司马宣王既诛曹爽,进凌为太尉,假节钺。凌、愚密协计,谓齐王不任天位,楚王彪长而才,欲迎立彪都许昌。嘉平元年九月,愚遣将张式至白马,与彪相问往来。凌又遣舍人劳精诣洛阳,语子广。广言:"废立大事,勿为祸先。"(《三国志·令狐愚传》)

嘉平元年,兖州刺史令狐愚与太尉王凌谋迎彪都许昌。语在凌传。乃遣傅及侍御史就国案验,收治诸相连及者。廷尉请征彪治罪。于是依汉燕王旦故事,使兼廷尉大鸿胪持节赐彪玺书切责之,使自图焉。(孔衍《汉魏春秋》载玺书曰:"夫先王行赏不遗仇雠,用戮不违亲戚,至公之义也。故周公流涕而决二叔之罪,孝武伤怀而断昭平之狱,古今常典也。惟王,国之至亲,作藩于外,不能祗奉王度,表率宗室,而谋于奸邪,乃与太尉王凌、兖州刺史令狐愚构通逆谋,图危社稷,有悖忒之心,无忠孝之意。宗庙有灵,王其何面目以见先帝?朕深痛王自陷罪辜,既得王情,深用怃然。有司奏王当就大理,朕惟公族甸师之义,不忍肆王市朝,故遣使者赐书。王自作孽,匪由于他,燕刺之事,宜足以观。王其自图之!")彪乃自杀。妃及诸子皆免为庶人,徙平原。彪之官属以下及监国谒者,坐知情无辅导之义,皆伏诛。国除为淮南郡。(《三国志·楚王彪传》)

凌、愚谋,以帝幼制于强臣,不堪为主,楚王彪长而才,

|正|始|十|年|

欲迎立之，以兴曹氏。凌使人告广，广曰："凡举大事，应本人情。今曹爽以骄奢失民，何平叔虚而不治，丁、毕、桓、邓虽并有宿望，皆专竞于世。加变易朝典，政令数改，所存虽高而事不下接，民习于旧，众莫之从。故虽势倾四海，声震天下，同日斩戮，名士减半，而百姓安之，莫或之哀，失民故也。今懿情虽难量，事未有逆，而擢用贤能，广树胜己，修先朝之政令，副众心之所求。爽之所以为恶者，彼莫不必改，夙夜匪解，以恤民为先。父子兄弟，并握兵要，未易亡也。"凌不从。臣松之以为如此言之类，皆前史所不载，而犹出习氏。且制言法体不似于昔，疑悉凿齿所自造者也。（《三国志·令狐愚传》裴松之注引《汉晋春秋》）

魏齐王嘉平初，东郡有讹言，云白马河出妖马，夜过官牧边鸣呼，众马皆应，明日见其迹，大如斛，行数里，还入河。楚王彪本封白马，兖州刺史令狐愚以彪有智勇，及闻此言，遂与王凌谋共立之。事泄，凌、愚被诛，彪赐死。此言不从之罚也。《诗》云："人之讹言，宁莫之惩。"（《晋书·五行志》）

齐王嘉平中，有谣曰："白马素羁西南驰，其谁乘者朱虎骑。"朱虎者，楚王小字也。王凌、令狐愚闻此谣，谋立彪。事发，凌等伏诛，彪赐死。（《晋书·五行志》）

【十一月】

曹魏兖州刺史令狐愚卒

其十一月,愚复遣式诣彪,未还,会愚病死。(《三国志·令狐愚传》)

【十二月】

曹魏以司空王凌为太尉,以司隶校尉孙礼为司空

冬十二月辛卯,以司空王凌为太尉。庚子,以司隶校尉孙礼为司空。(《三国志·齐王芳纪》)

主要参考书目

范晔:《后汉书》,李贤等注,北京:中华书局,1965。

陈寿:《三国志》,北京:中华书局,1959。

陈寿:《三国志集解》,裴松之注,卢弼集解,钱剑夫整理,上海:上海古籍出版社,2009。

梁章钜:《三国志旁证》,杨耀坤校订,福州:福建人民出版社,2000。

吴金华:《三国志校诂》,南京:江苏古籍出版社,1990。

房玄龄等:《晋书》,北京:中华书局,1974。

司马光:《资治通鉴》,北京:中华书局,2019。

熊明:《汉魏六朝杂传集》,北京:中华书局,2017。

孙星衍等:《汉官六种》,周天游点校,北京:中华书局,1990。

郦道元:《水经注》,陈桥驿点校,上海:上海古籍出版社,1990。

马端临:《文献通考》,北京:中华书局,1986。

欧阳询:《艺文类聚》,汪绍楹校,北京:中华书局,1965。

萧统:《文选》,李善注,北京:中华书局,1977。

李昉等:《太平御览》,北京:中华书局,1960。

熊方等:《后汉书三国志补表三十种》,刘祜仁点校,北京:中华书局,1984。

　　钱仪吉:《三国会要》,上海:上海古籍出版社,1991。

　　严可均:《全三国文》,马志伟审订,北京:商务印书馆,1999。

　　王夫之:《读通鉴论》,北京:中华书局,1975。

　　严耕望:《两汉太守刺史表》,上海:上海古籍出版社,2007。

　　万国鼎:《中国历史纪年表》,万斯年、陈梦家补订,北京:中华书局,2018。

　　谭其骧:《中国历史地图集》,北京:中国地图出版社,1982。